シルクロード交通路

サライ
トクマク
アクス
アレッポ
サマルカンド
トムシュク
パルミラ
カシュガル
ダマスカス
バグダッド
テヘラン
ホータン
バーミヤーン
カブール
ペシャワール
カラチ
デリー
ムンバイ

# 悠久なるシルクロードから平城京へ

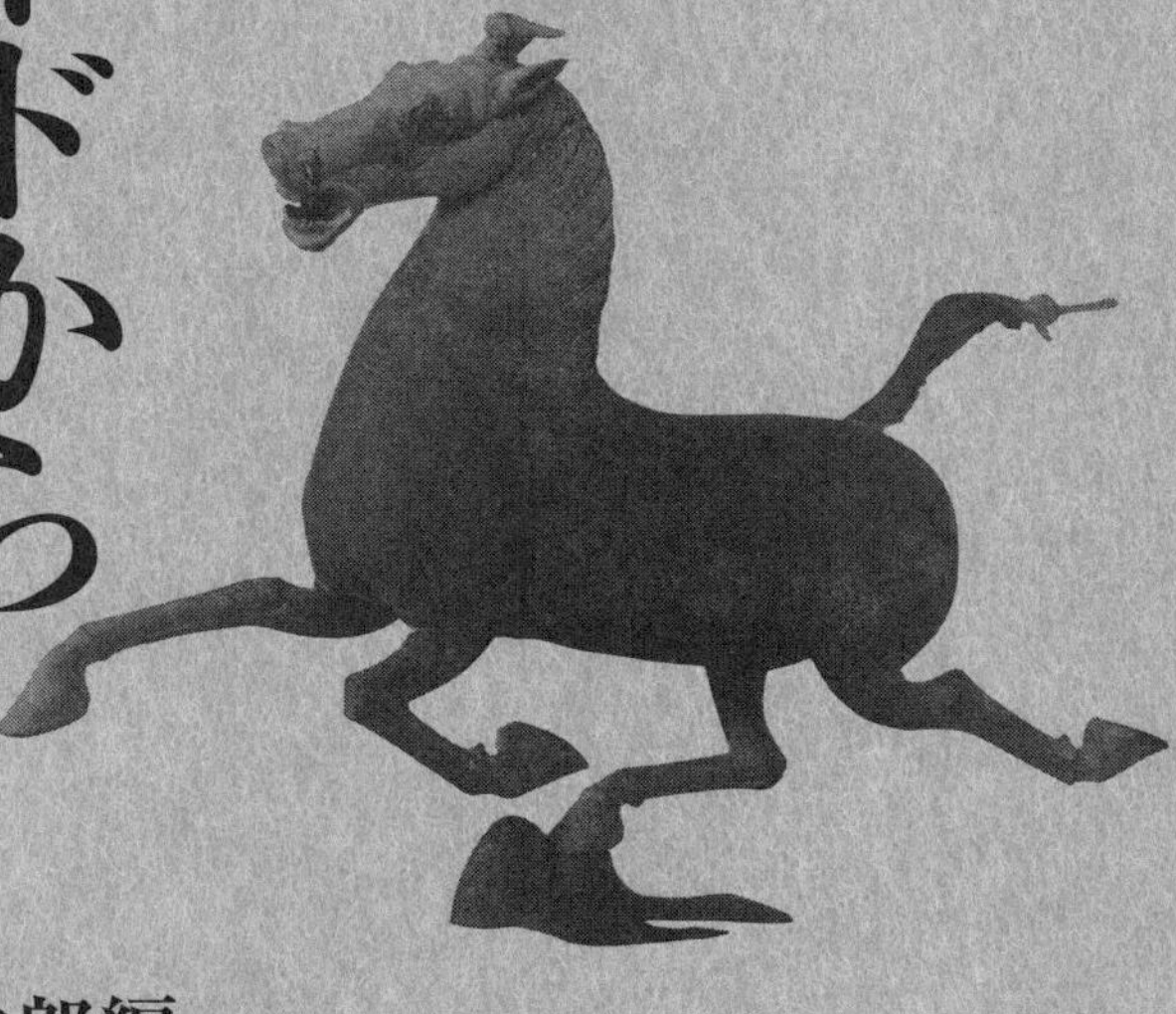

児島建次郎編
樋口隆康　山田勝久　菅谷文則

雄山閣

流砂をこえるキャラバン隊

『漢書』西域伝に記されている
トクズサライ仏教寺院

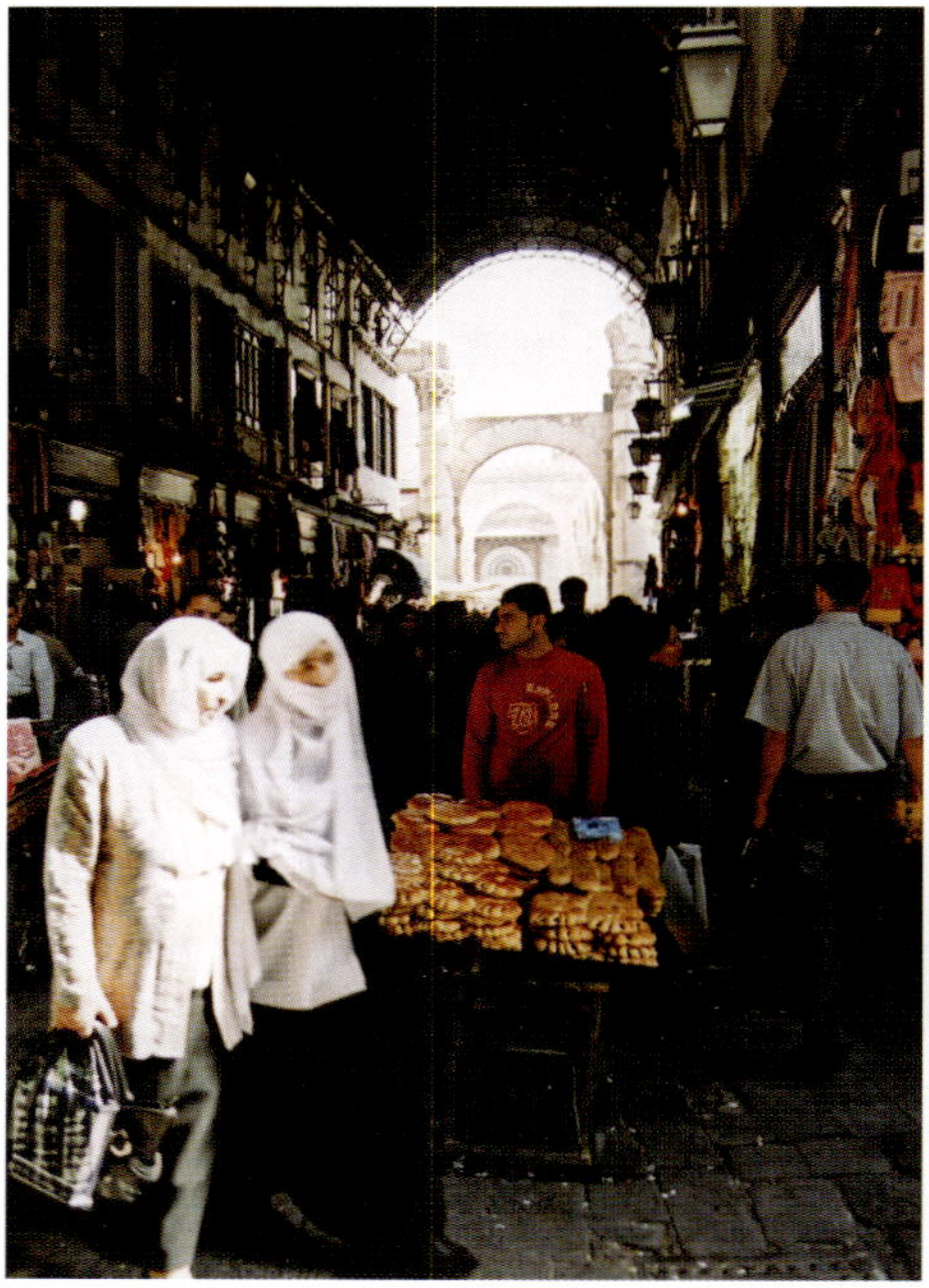

中国・カシュガルのバザール

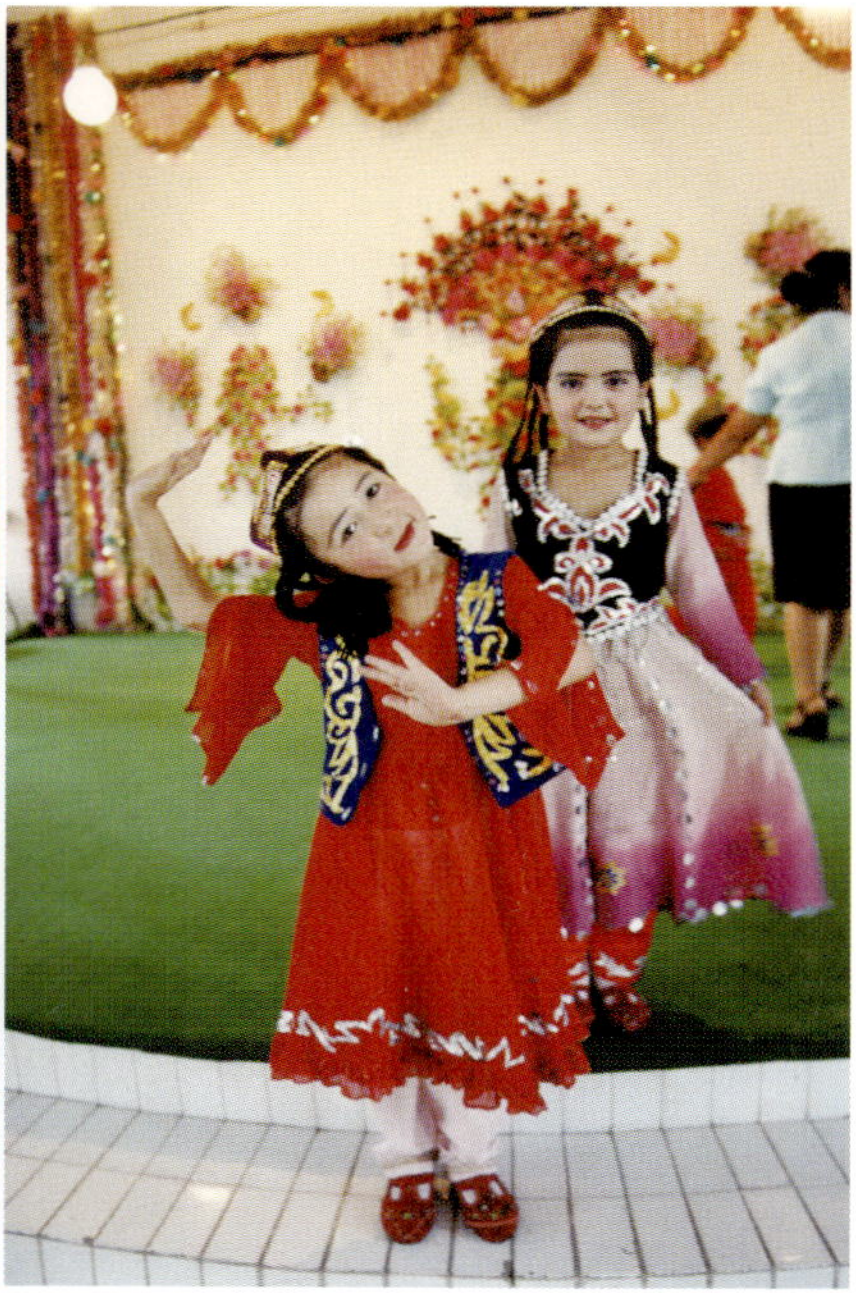

中国・トルファンの高昌故城にて

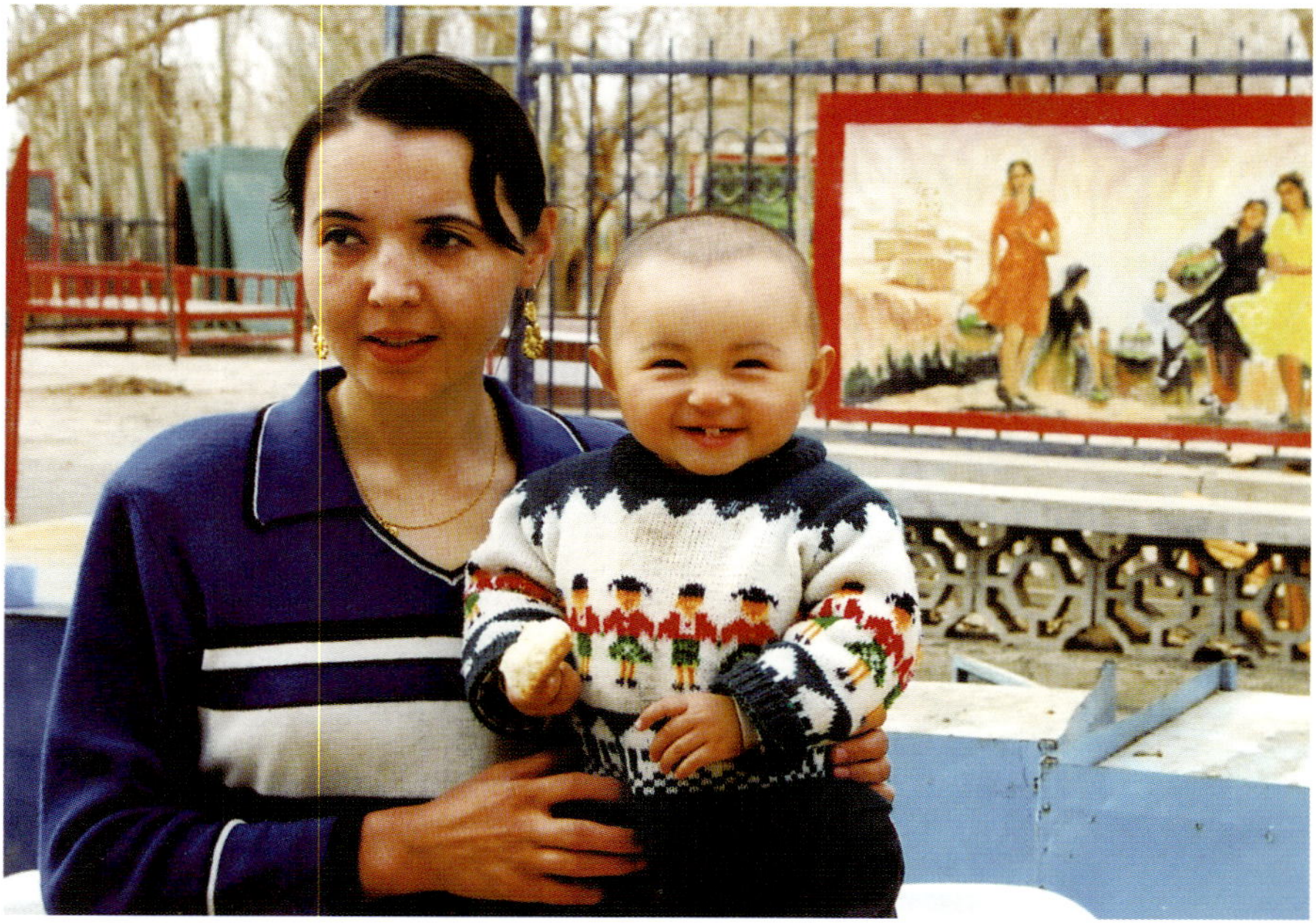

中国・トルファンの母子

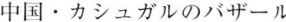

東大寺大仏・盧舎那仏

龍門石窟・奉先寺大仏
東大寺大仏のモデルともいわれている。

東大寺落慶法要
昭和の大修理

正倉院宝物・鳥毛立女屏風

唐の時代の墓に描かれている
領隊宮女

# はじめに

私が初めてシルクロードに足を踏み入れたのは、一九七九年夏のことである。黄河上流をさかのぼり、敦煌・トルファン・クチャ・カシュガル・ホータンを訪ねた。

シルクロードの漢詩を、一般には辺塞詩《へんさいし》というが、『全唐詩』には約二百ほどの作品が収録されており、出発前にはすべて読んでおいた。文学の世界と現実の風土との相異を確認したかったからである。

トルファンでは、ホテルの庭に設置された歌舞場に入った。ブドウ棚の下で軽やかに踊るウイグル族の姿を見て、私は白楽天の、

胡旋《こせん》の女、胡旋の女
心は絃《げん》に応じ、手は鼓《こ》に応ず

の詩篇を思い出した。目前にくりひろげられた若き女性の妙なる舞は、まさに詩中の胡旋の女が今に蘇《よみがえ》ったかのようであった。

ウルムチから北東一二〇キロ、北庭《ほくてい》故城《こじょう》を調査していた時、美しく流れる笛の音を聴いた。その夜、私の脳裡《のうり》に浮かんだのは、唐の辺塞詩人、岑参《しんじん》の

君聞かずや胡笳《こか》の声　最も悲しきを
紫髯緑眼《しぜんりょくがん》の胡人《こじん》吹く

シリアのパルミラ遺跡

との一節であった。岑参は北庭に約二年ほど赴任して多くの名作を残し、城中の池や川、城壁や高楼、そして遠く天山に浮かぶ月を詠んだ。一二〇〇年前にも、岑参はこの月を眺め、長安の父母や妻子を思いやったことであろうと思うと、表現しがたい感動につつまれ、胸が熱くなった。

ところで、私は日本人として最初に、楼蘭《ろうらん》王国の地下墓の美しい壁画を調査した。その折、唐の詩人である王昌齢《おうしょうれい》の漢詩を思い起こした。

　黄沙百戦　金甲《きんこう》を穿《うが》つも
　楼蘭を破らずんば終《つい》に還《かえ》らず

輝ける楼蘭王国は、西暦四九二年に歴史上から姿を消している。その大きな原因は、住民による環境破壊である。二毛作をはじめて土地を傷め、大切な草も羊やヤギに根こそぎ食べさせてしまった。また、木棺《もっかん》を作るために、貴重な胡楊《こよう》の大樹を次々と伐採していった。自然破壊により食糧不足に陥ったのである。

私はシルクロードに郷愁を覚え、ここ二〇年ほどは、年に三、四回、未開放の遺跡を調査してきた。新疆ウイグル自治区だけでなく、サマルカンドやパルミラへ、また、ネパールやインドの仏教遺跡をひたすら歩き続けている。

どこの町にも、どの村にも永い文化と伝統が息づき、その悠久の歴史には、夢とロマンがあった。今は心なしか静かであるが、二世紀から八世紀頃までは、絢爛《けんらん》たる仏教文化が咲き薫り、塞外《さいがい》の江南《こうなん》、人間讃歌の歴史舞台

楼蘭故城の仏舎利塔

であった。

昨年暮れ、私はシリア砂漠の中央に位置するパルミラ遺跡の調査を終えて、ダマスカス南方一三〇キロの古都ボスラを訪ねた。市街地をくまなく巡り歩いてみると、往時のビザンチン様式の家が建ち並び、その建物の中には灯りがともり、今なお人々が生活しているのには驚嘆した。城壁の一部を切り取って石段の上の飾りにしたり、植木の台にしている。まさに古代と現在が混然と調和して息づいているのである。

広場に出てみると、数人の子供が、私のもとに駆け寄ってきた。突然の東洋人の来訪に大喜びしている。一人ひとりの髪や目の色、そして肌の色の違いは、この町が民族の十字路であったことを如実《にょじつ》に証明している。私は思わずその可憐《かれん》さに魅せられて、シャッターを切った。そして、ポケットに入っていたチョコレートや菓子を全部わたすと、みなこぼれる笑顔で受け取った。

シリアの古都ボスラの子供たち

夕刻、六時を迎えた頃、夕陽は孤城の上空に美しく輝き、アーチ型の城門は真っ赤に染まった。二十四日だというのに、その夜は満月だった。ローマ時代の住人もこの月を眺め、町の繁栄を喜び、人生を謳歌《おうか》していたことであろう。まさにシルクロードは、人はどう生きるべきかを考えさせる滋味《じみ》あふれる天地なのである。

二〇〇八年三月一六日

山田勝久

# 目次

# 第一章
# シルクロードからのメッセージ・いま、文明が問いかけるもの

いまや、わが日本は世界の文明国の中にいる。文化、すなわち、生活様式が最も進んだ国である。なのに、何故、我々の社会では、日常いろんな事件が絶えないのか。殺人、交通事故、詐欺、誘拐、強姦などが横行している。国家間では、大国が小国を民主化すると称して、言うことを聞かない専制君主国を武力で制圧しようとしている。そのために、トラブルが絶えず、不満な、憂鬱な生活が強いられている。文明社会でも、安楽な生活が出来ないのである。文明を求めて、技術の進化だけが追求された。それでは悩みのない、安楽な生活は得られないのである。それは心の問題である。

心とは何か。それは人との付き合い方である。人は一人で生活しているのではない。他の人と一緒に暮らしている。他人といかに巧く付き合えるかが問題である。他人と争うこともなく、仲良く付き合ってゆけば、自分も他人も安らぎを得ることが出来る。それは生活文化の優劣には関係ないのである。

## 民族間の心の付き合い

心の問題は個人間だけではないのである。集落間、民族間、国家間でも心の付き合いをしないと駄目である。人類史の中で、心の付き合いが出来た時代はシルクロードの時代と言ってよいのである。シルクロードの時代と

は文化交流の時代である。東洋と西洋の人類の二大居住圏が、それぞれの生活文化を発展させるために、他国の優れた物を求め、自国のよき物を他国に伝える。それにはお互いの心を理解し合う心の触れ合いが大切なのである。

いま、我々がシルクロードに求めているのは、多くの民族間で巧く交流が出来たその心の問題を学びたいからであろう。

私は長年シルクロードの考古学調査を行なってきたが、そこで苦労したのが心の問題であった。シルクロードの中心であるアフガニスタンは、いろいろな民族の集合体である。イラン系のプシュトウン族やタジーク人、トルコ系のトルクメン、蒙古系のウズベックやハザラ族などの諸民族が群在している。

アフガニスタン北部の代表都市クンドウズは、紀元前五世紀のアケメネス・ペルシア帝国の支配以来栄えた町で、シルクロードの交易物資の集積地であった。

我々京都大学の考古学調査隊は、一九六〇年代に、そこから西南十数キロはなれた砂漠の中にあるグルバーグという小さな集落の村長の家の中の小屋をかりて滞在し、そばの遺跡ドウルマン・テペとチャカラック・テペの二つの遺跡を四〜五年発掘した。チャカラック・テペは径一五〇メートル、高さ二〇メートルのテペで、二重の城壁に囲まれた城砦で、小クシャーン時代（紀元後四、五世紀）を中心としている。オクサス流派と呼んでいる白色石灰岩製の仏像がでている。

この集落の住民はカンダリという遊牧民で、夏には大半は羊を連れて遊牧にでかけて、不在、村には、老人や女性、子供しか残っていない。秋には村に戻ってきて、農耕もしている。我々が滞在し始めた当初は、村長もつれなく無情だった。女性に道で会うと、後ろを向いて、顔を我々に見せなかった。それが、我々に好意を見せる

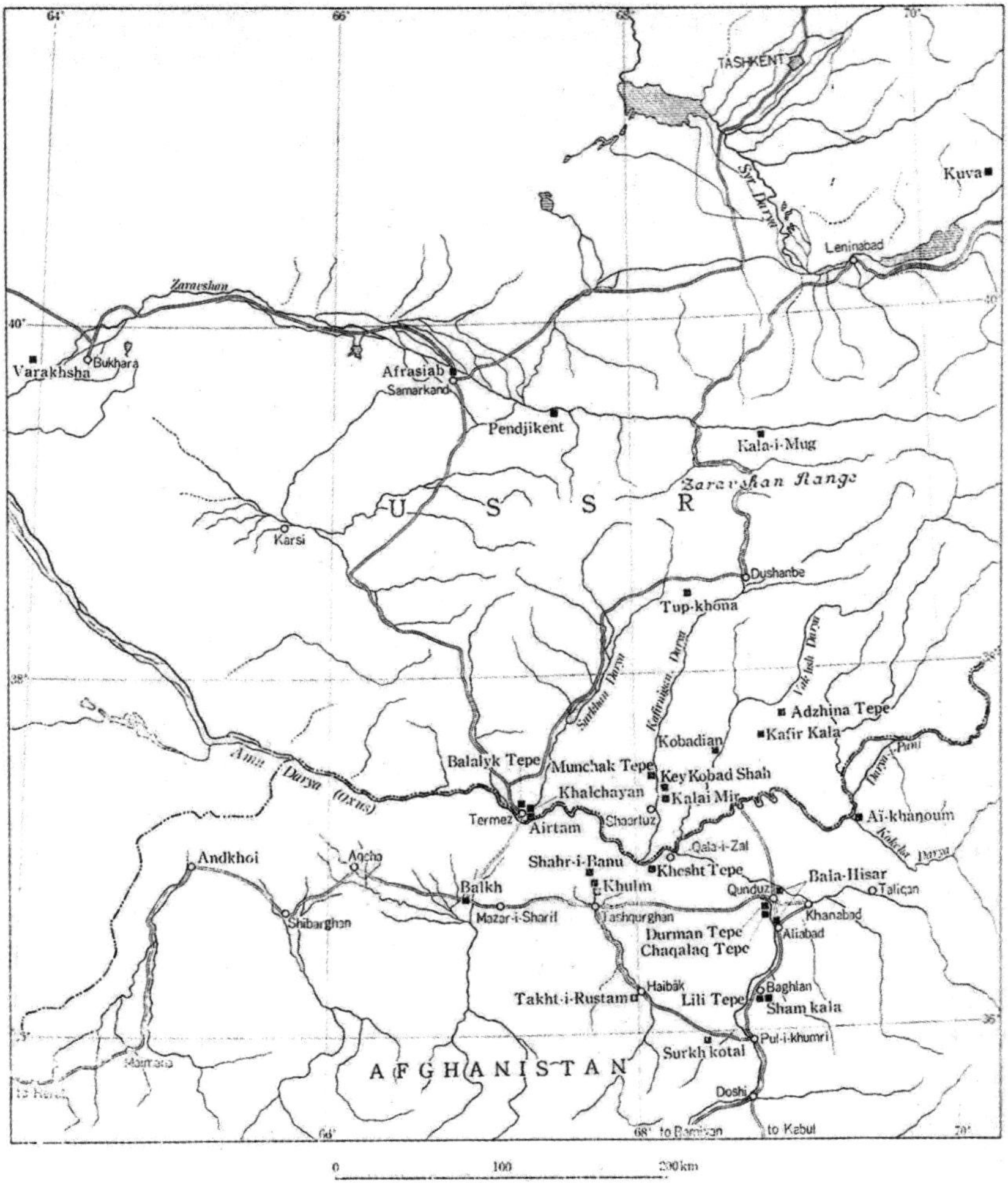


クンドウズの地図（■印は遺跡）

チャカラック・テペ

チャカラック・テペ出土の仏像

ようになったのは、薬のお陰である。調査隊は日本で、製薬会社から薬を貰ってきた。アスピリン、メンソレータム、ヨーチン、仁丹、胃散、ヴィタミン剤などの簡単なものばかりだが、それが役にたった。発掘に雇っている人夫が怪我をしたとき、彼らは泥を傷口にあてて、拭くだけである。その時、私が本人を呼んで、ヨーチンを塗ってやり、包帯をまいてやったら、本人は大喜び、仲間に包帯を見せて、勲章でも貰ったような態度をした。仲間達が自分にも包帯をしてくれと言ってくるので、巻いてやった。それが評判になり、夕方仕事を終えて、宿舎に戻ると、多くの村人が女も混じって、薬を求めて、集まっていた。彼らは医者にもかかったことがないのである。私が医者の真似をして、おもむろに薬をやったら、大喜びだった。娘が病気で寝ているという家にも呼ばれて、私が診察をして、ヴィタミン剤を一瓶与えた。二、三日して再び訪れたとき、病人の娘は薬瓶を大切に抱えて、「万一のときにしか飲まない」と言った。私は「薬はいくらでもやるから、どんどん飲め」と勧めたこともある。それからは村人とすっかり仲良しになり、お礼だと言って、瓜やメロンなどの果物、鶏や羊までくれた。翌年行ったら、大歓迎、村長が村人との宴会を開いたり、こちらの希望は何でもきいてくれ、発掘はうまくいった。土地の人と心が通じ合ったお陰と思った次第である。

## 国境なきシルクロード

シルクロードは道である。道は人の住む家と家、町と町、国と国を結ぶ通りである。それぞれに生活すなわち文化があり、違った文化が道を通って交じり合う。すなわち、道は文化交流の紐である。東洋と西洋、世界で二つの大きな地域の異なる文化が交流する、それを絹という文化の一つで代表して言った言葉が「シルクロード」である。その二つの地域には多くの国家が含まれる。その国家は時代によって変動があり、民族も変わることがある。一つの地域の文化はそこに住む民族の文化であっても、その国家の文化とはいえないのである。現代の国家を囲む国境はシルクロード時代の境界とは合わないのである。国境を取り除いて、初めて、シルクロードの全貌が理解できるのである。シルクロ

グルバーグの村長

ードを理解するためには、地域、時代、文化の三要素を絆《きずな》とする必要がある。

まず、舞台である地域は、東洋と西洋という二つの大きな地域とそれの中間にあるユーラシアの地域である。そのつなぎの地域には、砂漠オアシスの道、草原ステップの道と海の道とそれぞれ環境の違った三つの道がある。シルクロードの舞台となったユーラシア大陸では、すでに文化の流通は先史時代からあった。前七〇〇〇年代の農耕、前四〇〇〇年の彩陶、前二〇〇〇年の青銅器、前六〇〇〇年頃の鉄器なども西から東へ伝わった。しかしこれらは一方通行であって、人類文化の東漸とすべきであって、シルクロード時代の文化交流とは違うのである。

シルクロードの世界では、文化交流の始まる以前の西アジアは、紛争の舞台だった。前六世紀には、ペルシアのアケメネス王朝がエジプトからインダス河流域までを版図に収めた。前四世紀には、アレクサンドロス大王の東征が行なわれた。彼はギリシアのマケドニアの王となって、ヘレニズムを東方へ広めようと意図していたが、オリエントにはペルシアのアケメネス朝のダレイオス王が支配していたので、それと戦うために東征を始め、トルコ、地中海アジア、エジプト、ペルシア、アフガニスタン、ガンダーラを制圧し、ペルセポリスを初め、各地の町を破壊する一方で、各地にアレクサンドリアという都市を造り、多くのギリシア人を送り込んで、ヘレニズム運動の拠点とした。特にバクトリアでは、王女のロクサーヌと結婚し、自らも、ギリシア人の血を残した。

前二世紀には、パルティアがペルシアを支配し、バクトリアがインド西北部を征服した。東では前四〜三世紀、月氏と東胡《とうこ》に押さえられていた匈奴が、モンゴル高原で騎馬戦により力を得て、秦漢交代期の混乱に乗じ、

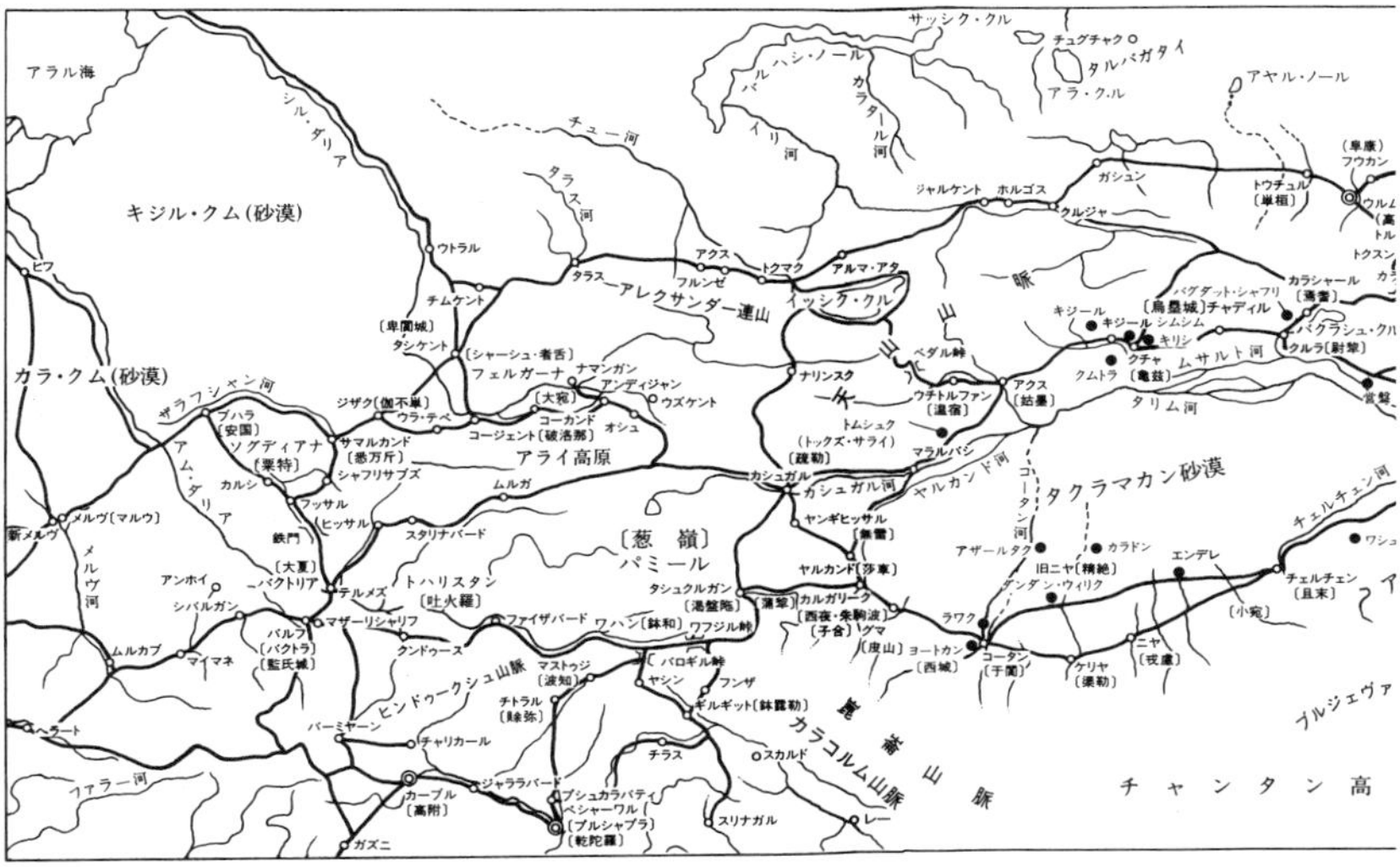


アレクサンドロスの東征図（樋口隆康『シルクロードを掘る』大阪書籍株式会社より）

オルドス、新疆《しんきょう》を支配し、中国辺境に侵入した。

前三世紀末に秦の始皇帝が中国全土を統一したが、万里の長城を築いて、北方遊牧民の匈奴と対決した。前漢の初代の高祖も大同の白登山で匈奴に包囲された。七代目の武帝はかつて匈奴に討たれて、西域へ遁走した月氏が、今も匈奴を恨んでいると思い、月氏と連合して、匈奴を挟み撃ちにしようと考え、張騫《ちょうけん》を使者として月氏へ派遣したのである。しかし張騫は匈奴領内で匈奴に捕まり、留まること十余年、妻を娶り、子供も出来た。しかし張騫は使命を失わず、抜け出して、大宛国—康居を経て大月氏国にいたった。ところが、大月氏はアムダリア河流域の平穏な地に安住し、大夏国を臣従させており、匈奴への恨みは忘れていたので、漢との連合は成功しなかった。しかし、張騫はさらに大夏（バクトリア）に行き、そこで邛《きょう》の竹杖と蜀の細布を観て、身毒《インド》で入手したと聞いた。そこから帰途につくが、羌の地（青海省）で再び匈奴に捕まり、一年滞在、一三年目にようやく長安へ戻った。そして、西域のいろいろな情報を中国へ伝え

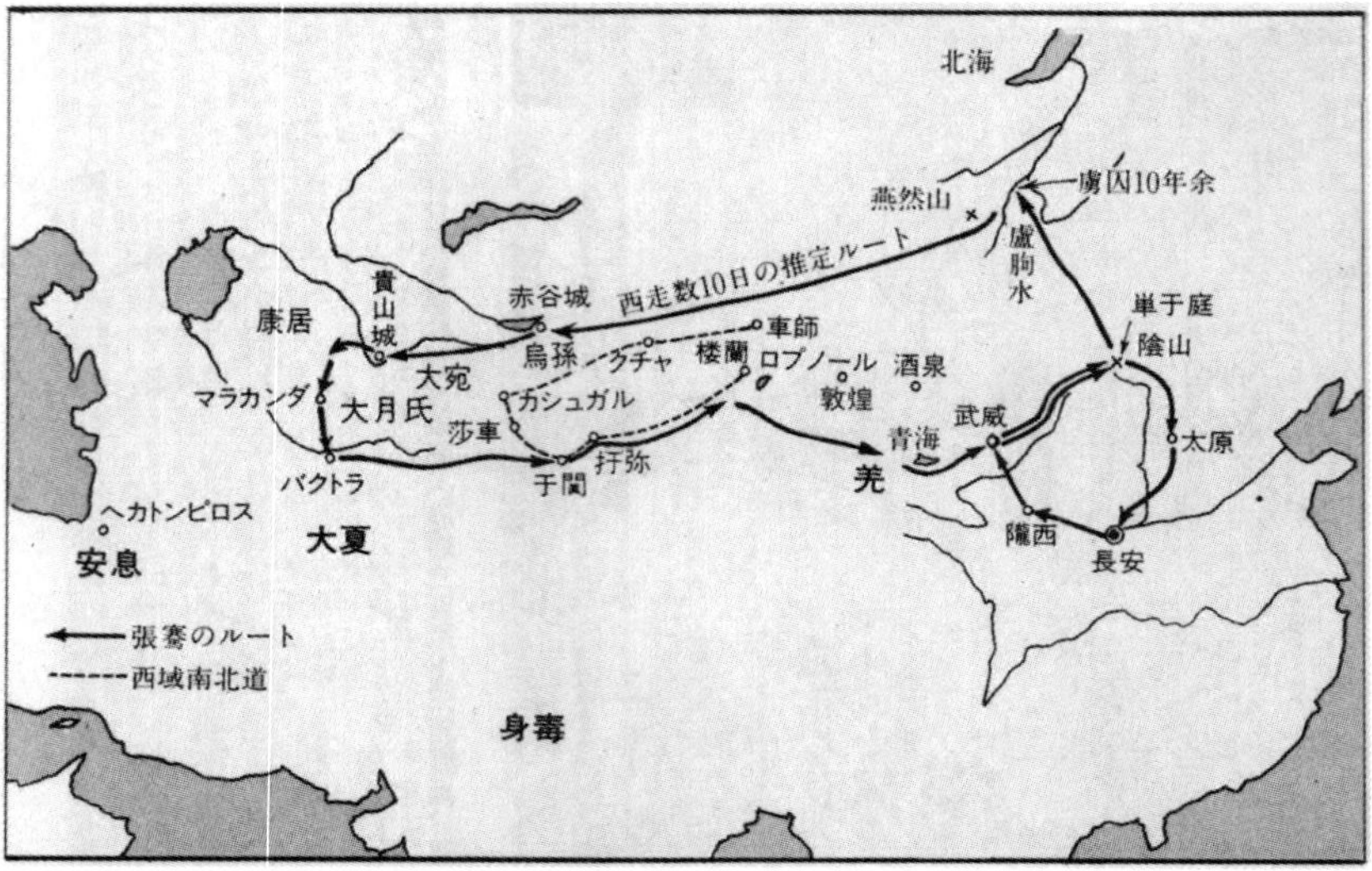


**張騫の西域旅地図**（長澤和俊編『シルクロードを知る事典』東京堂出版より一部改訂）

たのである。

アレクサンドロス大王と張騫とは、いずれも西域の中辺まで行き、そこから引き返しているが、ともにバクトリアに足跡を印している。前二世紀中頃はバクトリアのギリシア人の国が、北から侵入してきたサカ族に滅ぼされた頃になるが、二人は奇しくもバクトリアで繋がったことになる。

シルクロードの文化交流の時代には、始まりと終わりと最盛期の三つの時代がある。それには何かの事件が転機となる。しかも交流は一方からの片道押しつけではなく、両方からの働きかけがあったはずである。この二人がシルクロードのパイオニアであり、シルクロードの文化交流がそれ以後に始まったと言える。

次に、シルクロードの終わりはいつかということであるが、お互いに必要な物資を運んだのは、自動車や飛行機ではなくて、隊商がラクダや馬をつかって、砂漠やステップの道の旅であった。平和な時代にはうまくいったが、戦争が始まると、交易はストップした。それがイスラムの東方進出であろう。唐がその進出を防ごうとして戦った七五一年のタラスの戦いが契機である。戦いに負けた中国が西域から手を引いて、八世紀にはシルクロードの交易は終わったと見ることが出来る。ただし、海のシルクロードはそれ以後も続いていたようである。

## 文化の交流

文化とは生活様式である。諸民族はそれぞれに違った生活様式を持っている。それは民族の住んでいる環境と民族自体の性格によって違ってくる。各民族は自分の作り出した文化だけには満足せず、他の民族の文化の中から、自分に適した物を取り入れて、自分の文化を発展させようと努める。そのためには、相手方の望む物と交換するのが最適である。それが交流となる。

一般に交流と言えば、相手方も大体自分と同じ程度の文化を持っている民族との交流であろう。しかし、自分の文化をより以上に高めたいと期待する民族は、自分よりも優れた文化を持った民族との交流を求めるようになる。その優れた文化が文明である。人類の歴史の中で、優れた文明と言えば、「メソポタミア文明」「エジプト文明」「インダス文明」と「黄河文明」の四大文明が代表である。しかし、一つの国家がその国の文明を作り出すことは容易ではないのである。現代では、多くの国がお互いの文化を交流しあって、国際的特徴を持つようになって初めて、一国の文明も形成されているのである。そのような外国との交流によって、文明を作り上げた人類史上最初の段階がシルクロードの時代であったと言ってもよいのかもしれない。

シルクロードと言えば、絹貿易がスタートである。ただ、考古学的調査によれば、中国の絹が初めてヨーロッパに現われるのは前六世紀中頃だという。アテネのケラメイコス墓地で前五五〇年頃の絹の断片が出土している。

黒海沿岸のパンテイカパエウム（ケルチ）では絹に包まれた遺体が埋葬されていたという。

前三二七年、アレクサンドロスの武将ネアルコスがパンジャップでセレスを見たという。前五三年カルラエの戦いの時、ローマの兵士達が、パルティアの絹の軍旗を見た。前二七〜後一四年ローマの初代皇帝アウグストスの時、軽く、暖かく、柔らかな絹布が大流行、当時の人は絹を植物繊維と思っていた。後二世紀、ギリシアの旅行家パウサニアスの記録に、絹は小動物が出した糸と説明した。（蚕種西遷説話：『大唐西域記』にウテン国王が東国の王女の降下を願ったとき、東国が禁止している蚕を冠の中に隠して、持って来て貰った。）

絹に関するいろいろの伝承がある中で、私が今発掘を続けているシリアのパルミラ遺跡では、三世紀頃の中国の絹が出土しているのである。

東方の人にとって、西の文物として特に注目されたのは金であろう。すでに古く北のスキタイ遺跡から、黄金製品がでているが、私の体験では、アフガニスタンのティリヤ・テペから二万点に及ぶ黄金製品が発見されたことである。特にその中の金冠が、奈良県斑鳩町の藤ノ木古墳から出た金銅製の冠ときわめて似ていたことである。一般には、韓国の新羅の金冠が日本に影響したと観るのが通例であるが、藤ノ木の冠は新羅のものと違う。すなわち冠の帯に立ち飾りが着いているが、藤ノ木古墳のものは樹木の形をしていて、それに鳥や歩揺《ほよう》の付いているのが二本たっている。この種の樹木の形の立ち飾りは新羅の冠にはない。ところが、その冠とそっくりのものが、ティリヤ・テペの冠にあった。その冠の立飾りは樹木形に鳥や歩揺の付いたのが五本立っている。まさに藤ノ木の冠の源流であることを知った。

ティリヤ・テペからは、その他に金糸も大量に出ており、日本でも藤原鎌足の墓かと言われている高槻市の阿《あ》武山《ぶやま》古墳をはじめ、八ヵ所から螺旋《らせん》状になった同類の金糸が出土している。

ダンダンウイリクの板絵

ティリヤ・テペ（左）と藤ノ木古墳の金冠（奈良県立橿原考古学研究所蔵）

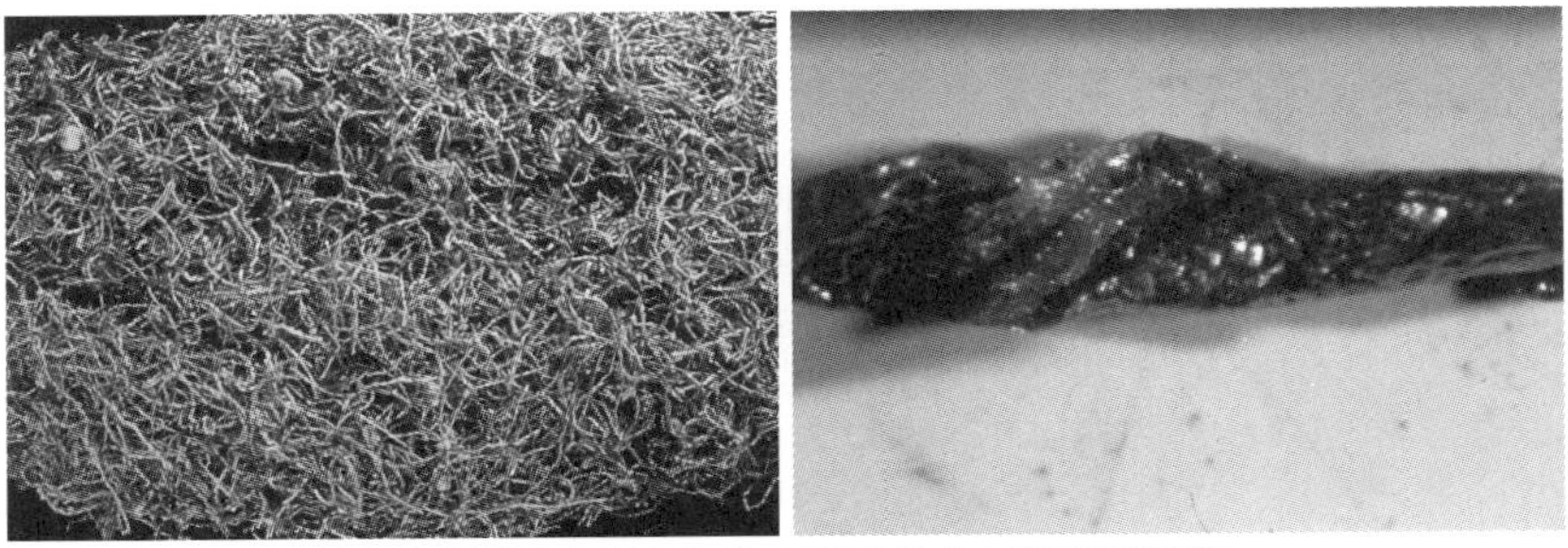

ティリヤ・テペ（左）と阿武山古墳の金糸（京都大学考古学研究室保管）

**鐙の初見騎馬像**（鐙は右側に一つ付いており，左側にはない）

金糸は金モールであって、金板を螺旋状に絹糸に巻いた物である。日本で唯一人、金モールを作っている人、大津市の山口善造さんは京都市西陣の出身で、若いときフランスへ留学してモールの作り方を学んだとのこと。ダイヤモンドダイスという円盤にあけた小さな穴に金の針金を通して、次第に細くしてゆく。それを何回か繰り返して、極細になったところで、叩いて偏平にし、それを絹糸に螺旋状に巻き付けるのである。ティリヤ・テペの金糸がこのようにして作られた。

そして阿武山古墳出土の玉枕の復元とともに、金糸を使った織冠も復元された。大織冠が出たので、阿武山古墳を藤原鎌足の墓という説が有力になったが、私は阿武山古墳出土の被葬者は骨折もしており、鎌足が骨折したという記録はなく、藤原鎌足の墓という証拠はどこにもない。それをあえて言うのは考古学的には行き過ぎであると思う。

このように、東方中国の絹や漆器、青銅器を西のローマが求め、東の漢は西域の汗血馬やローマの金貨やペルシアのガラスを求めて、シルクロードの交易が始まったが、大国間の文明の交流だけでなく、中間にいる小さな民族の土着の文化も交流した。

しかも異文化同士はただ交流だけで終わっていない。その間には不思議な現象も起こっている。例えば鐙《あぶみ》の発明である。各種の馬具は騎馬民族が発明したと一般には考えられがちであるが、鐙は騎馬の術になれない農耕民が馬に乗るときの足掛けとして、中国で、四世紀頃に発明したと思われる。資料として、陶製の騎馬人像がある。それが騎馬戦の際、馬上の踏み込みに適しているとして、騎馬民族も農耕民の発明した鐙を採用した。土着の文化が異民族に移って、新技術が生まれるのである。

私はアフガニスタンの各地を旅して、各地の茶店で珍しい陶器の茶碗を見た。文様も形も一般の茶碗とは違うのである。裏を見たら、「Made in Japan」とある。日本では全く見かけない陶磁器である。中央アジア専用として日本で作った物であろう。中国では出土しない中国製の三角縁神獣鏡が日本だけで出土する理由もわかるようである。

## 三つのルート

シルクロードには一般に、三つのルートがあったと言われている。ステップルート、オアシスルートと海のルートである。北のステップルートは北緯五〇度の辺り、北方ユーラシアの草原地帯で、騎馬民族や遊牧民の世界、匈奴、月氏、突厥《とっけつ》、スキタイなどが活躍した。毛織物、馬、葡萄、絹や金製品などが運ばれ、金の道とも言う。

中のオアシスルートは、北緯四〇度から三〇度辺りに沿って、東西に広がる砂漠の地域を行く。長安から河西回廊を通って、敦煌《とんこう》に達し、タクラマカン砂漠の北道、南道、天山北路を経て、アフガニスタン、イラン、イラク、シリア、トルコと通じる道である。駱駝を連れて旅をする隊商が途中オアシスで休息する。銀の道とも言い、仏教、ゾロアスター教、マニ教などの宗教の道でもあった。アレクサンドロスもこの道を通過し、法顕《ほっけん》や玄奘《げんじょう》などの著名な旅人もこの道を通り、シルクロードのメイン・ルートであった。シルクロードの終着駅といわれる日

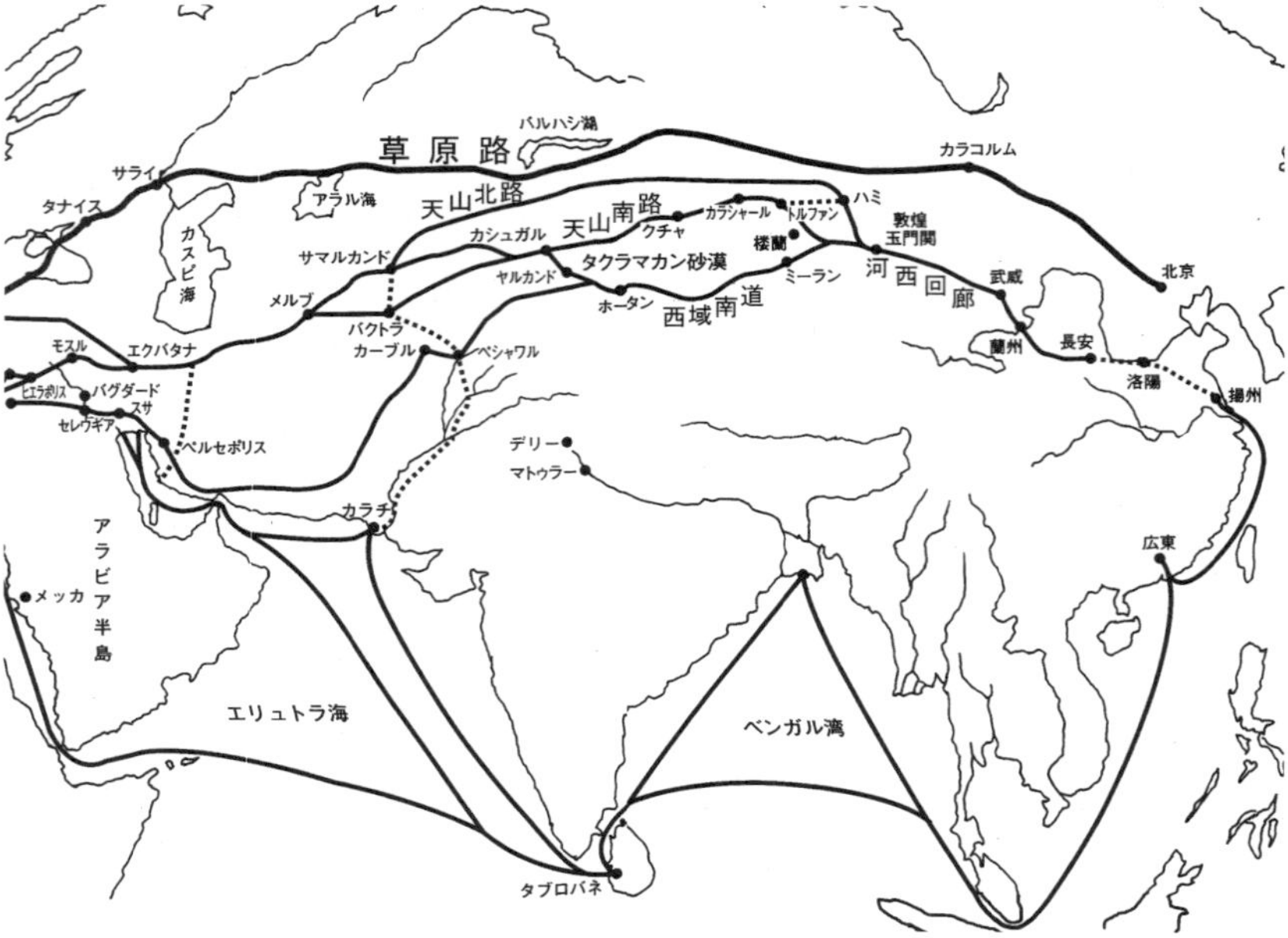


三つのルート

本も、北半球の同じ緯度の範囲内にあるのである。そのためか、黄砂や乾燥など、内陸アジアの気候の影響を受けており、シルクロードの世界と通じていると言えるのである。

最近は脇道として、雲南ルートも言われている、中インドからバングラデッシュ、ミャンマーを経て、雲南、四川へ出る道がある。

南の海のルートは『エリュトウラー海案内記』にもあるように、船を使って、広い海を自由に航海出来るようで、地中海アジアのシリアやレバノン、ヨルダンからガラスや金属器、宝石、琥珀、象牙、真珠などが東へ運ばれ、絹や陶磁器などは東から西へ運ばれたと思われる。しかし、季節風の影響もあって、慣れない人には、困難な道でもある。

ただ、砂漠の世界の人にとって、海は特別の思いがあるようである。砂漠の中の湖に「海」と名付けたものが多い。カスピ海、アラル海、

青海

死海、青海、蒲昌海、柏海、居延海、鮮水海などである。私は青海をみて、特別な思いを知った。向側の陸地は見えないのである。海と言っても納得する。

海を知らない砂漠の人にとって、海は天国である。夢の世界、理想の世界である。秦の始皇帝も内陸の人で、海に憧れていた。中国の全土を統一支配した後、始皇帝は東海の辺にとどまり、徐福《じょふく》から東海のなかに三山があり、不老長寿の仙薬があると聞いて、徐福を派遣したという伝説がある。

中国の古書『三才図会』によれば、雌馬を海中の島に放せば、龍と交わって、日に千里を走る名馬が生まれる。それを海馬と呼んだと記している。宋代の宣和『博古図録』には、「漢海馬葡萄鏡」、「唐海獣葡萄鏡」の名前の付いた鏡がある。葡萄唐草文を地紋として、その上に動物文を数体配している。獅子のような狻猊《さんげい》文が多いが、その中に羽を持った天馬の図のあるものがあり、それを海馬と名付けたのである。そして、馬の絵のない鏡には獣の前に、海を入れて、海獣としたのであろう。その海は青海の海を取ったのである。飛鳥の高松塚からも出土した海獣葡萄鏡の名前も、それである。

## シルクロードへ期待するもの

海の国人である我々日本人にとって、シルクロードは未知の世界であることが魅力。山には樹がない。何があるか、地下を探る考古学者の思いと同じである。
シルクロードの世界ならば、何かがある。それに期待したい。

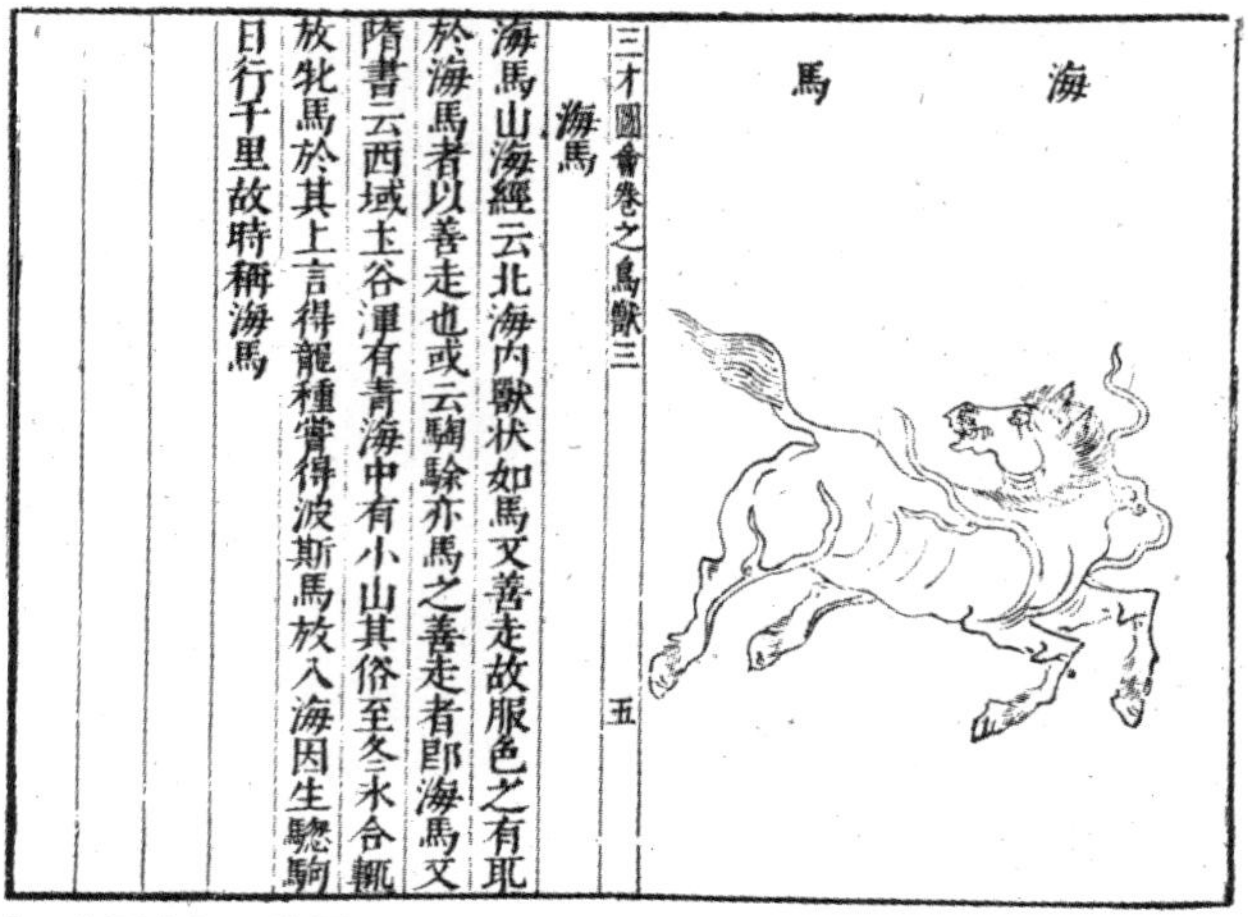

『三才図会』の海馬

『博古図録』の唐海獣葡萄鏡

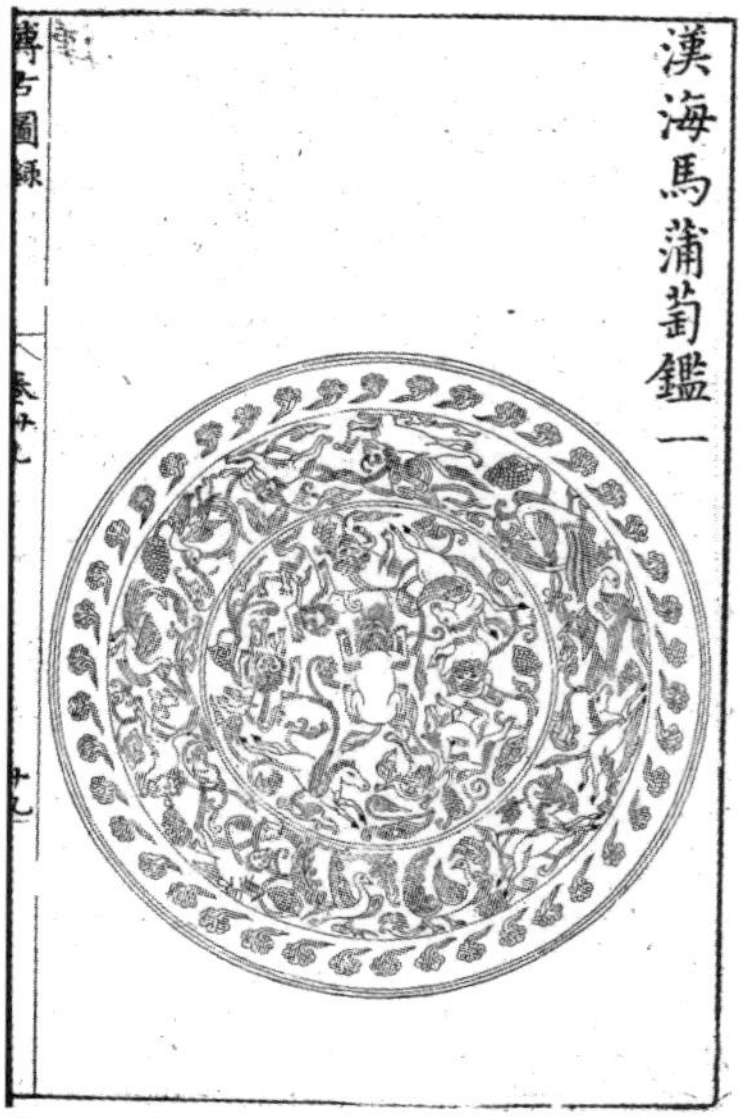

『博古図録』の漢海馬葡萄鏡

私はシルクロード学の成立を提唱している。考古学や民族学などだけでは駄目である。現代の進んだ自然科学も活用して、シルクロード文化のあらゆる要素を分析して、あの優れた文化交流の出来た原因を解明したいのである。

考古学における研究資料は古物であるが、従来考古学では、研究者の鑑識眼が大きな役割をもっていた。最近は、この古物をCTスキャナーや三次元計測などの自然科学の最新技術を使って、解明することがはやっている。貴重な資料に対する非破壊分析として、蛍光X線分析、放射化分析、ピクシー分析などがあり、あるいは、鉛同位体測定による産地の同定や、放射性炭素、フィッショントラックなどによる年代測定、また遺跡に対しては、ジオレーダーによる地下遺構の探査や衛星写真による遺跡の発見などがある。

私はこれらの新技術をいろいろと試みている。シルクロード学研究センターが実施しているシリアのパルミラの地下墳墓の発掘には、ジオレーダーを使って、未盗掘の墳墓を発見して、発掘した。泉屋博古館の中国古銅器を島津製作所の学研都市研究所でピクシー分析によって、小さなスペイサーの成分を験べて、鉄であることがわかった。また、橿原考古学研究所の保存科学室では、古美術商が持ち込んできた戦国時代のいわゆる金・銀・銅・石を象嵌《ぞうがん》した鏡を蛍光X線で調査したところ、この鏡は鏡面と背面の二枚の円板を鉛（ハンダ）で接着しており、象嵌には銅や鉛が使われていて、金・銀の象嵌ではないことが判明した。従来の説を訂正したのである。

このように古代の文物の研究には、自然科学の新技術が大いに役立つことがわかっているが、一方、放射性物質の研究や金属素材の腐食の研究などに、古代の文物が有益資料として活用されていることも事実である。そのような、人文科学と自然科学の学際的研究は、総合大学こそ最もふさわしい場と言えるであろう。ところが、実際にはあまり行なわれていない。同じキャンパスの中に金属分析研究室があるのに、わざわざ大学以外の研究所に分析を依頼する。大学の研究者は自分の専門分野の研究が精一杯で、サーヴィスにやる分析調査などとんでもないと言われるのかもしれない。

しかし、人文科学も、自然科学も、要するに人類の生活を限りなく発展させようとする共通の目的に向って進んでいるのであろう。とすれば、賢い先生方の多い総合大学で、研究室の枠をはずした共同研究によって、ハイテク考古学の新技法を開発して戴きたいと、切に願う次第である。

**（樋口隆康）**

# 第二章
# 武帝と張騫・空を鑿《うが》ちてシルクロードを開く

## 遊牧民の匈奴と農耕民の秦漢帝国の抗争

紀元前二世紀の東アジアは、匈奴《きょうど》と漢がはげしく対立していた時代であった。いいかえれば、北方民族対南方民族、またスキタイ文化の影響を受けた騎馬民族匈奴と、春秋戦国時代の戦乱を経て中原を統一した秦漢《しんかん》帝国の対決でもあった。

匈奴は、多くの部族の連合体で、形質的にはユーロペオイド（大ヨーロッパ種）とモンゴロイドが混っており、言語の多くはモンゴル系といわれているが、まだ解明されていない部分もある。ただ、文化的には西方のイラン系遊牧民スキタイと中国の両方の要素を持っていたと思われる。

この二つの勢力の本格的な激突は、秦の時代にはじまる。初めて中国を統一した始皇帝（在位前二二一～前二一〇）は、中央集権的な郡県制をしき、度量衡《どりょうこう》・文字・貨幣・車軌《しゃき》などを統一して権力を掌握していった。

対外的には紀元前二一四年ころから万里の長城を築くとともに、将軍蒙恬《もうてん》に匈奴の討伐を命じる。蒙恬は三〇万の大軍を率いて匈奴をオルドス、山西省北部からモンゴルに追いはらった。

万里の長城の建設は世界史的な大土木工事であった。明代の長城が北京の八達嶺《はったつれい》にみる堅固なレンガで固めら

馬踏匈奴像
（霍去病墓内）

中国を創始した絶対者・秦始皇帝

れた威容さをほこるのに対し、秦代の長城はほとんどが土築である。高さ三～五メートルで、匈奴が馬群を越えて南下してくるのを防ぐことが第一の目的であった。

いま、砂漠を横切り黄河に沿って、ところどころくずれおちながら連なる秦王朝時代の長城をみていると、往古の人々の呻吟《しんぎん》と匈奴との戦いの激しさが想像され胸にせまる。遊牧民は、しばらく鳴りをひそめていたが、秦始皇帝が没し中国が動乱状態になると、再び華北への侵入をはかる。

この動乱期に、二人の英雄、貴族出身の項羽《こうう》と農民出身の劉邦《りゅうほう》があらわれ覇権を争う。

紀元前二〇六年に秦王朝を滅ぼした劉邦は、紀元前二〇二年に宿敵項羽を、垓下《がいか》に四〇万の大軍をもって「四《し》面楚歌《めんそか》」で囲んで敗走させ自殺に追いこんだ。

漢王朝を建国した高祖劉邦（在位前二〇二～前一九五）は、その勢いで三〇万の軍を率いて匈奴討伐に向かうものの、平城《へいじょう》（現在の大同市）の白登山で、突如、匈奴の大軍に包囲される。包囲されること七日、高祖は冒頓単于《ぼくとつぜんう》の閼氏《あつし》（単于の妻の称号）に密使を送って貢物を贈り、ようやく包囲を解いてもらう始末であった。

のちに、

平城の下《もと》、まことに苦しむ。七日食《しょく》なく、弩《ゆみ》張ることもあたわず。

という戯言《ざれごと》が流行《はや》ったという。この「平城の恥」の敗北は、漢王朝に匈奴への恐怖心となって深く残り、その後の記憶として骨身に徹し弱腰外交の基底となった。

高祖は、匈奴単于を兄、漢皇帝を弟とし、王室の娘を公主《こうしゅ》として単于に嫁《とつ》がせること。漢は毎年、一定量の繒《きぬ》や酒などを贈ることという屈辱的な約束をかわし、しばしの平和を維持していった。

高祖は、紀元前一九五年に死亡するが、冒頓単于は高祖の皇后である呂后《りょこう》を妻にほしいと要求するほど驕慢《きょうまん》になっていく。

北京の長城・八達嶺（明代）

匈奴は、まず頭曼《とうまん》単于（在位前？～前二〇九）という指導者があらわれ諸部族を統一する。単于とは全部族の統率者の称号のことで、さらに、冒頓《ぼくとつ》単于（在位前二〇九～前一七四）の出現によって、匈奴はさらに強力になっていった。

匈奴が強くなった理由の一つは、スキタイ文化が西から東へ伝えられたことがあげられよう。つまり、紀元前九～紀元前八世紀に黒海北岸に出現した遊牧民のスキタイ族の力の源泉であった騎馬民族用の武器、車

『漢楚軍談』に描かれている項羽の武勇談

漢王朝を建国した劉邦

馬具類が、匈奴を新しい装備をもった騎馬民族集団に変えさせたことである。

もう一つの理由は、漢からの貢納品、とくに漢の錦《にしき》を得た匈奴が西方のパルティアと交易し、莫大な富を得たことである（『現代視点・中国の群像　張騫・李陵』旺文社参照）。

さて、漢王朝は屈辱的な和親条約を守り、戦さのない時代が七〇年ほど続くが、このことは、漢王朝に莫大な富を蓄積させることになった。

とくに、五代文帝《ぶんてい》（在位前一八〇～前一五七）と六代景帝《けいてい》（在位前一五七～前一四一）のころの政治は、「文景《ぶんけい》の治《ち》」といわれるほど内政を重視したおだやかな時代で、匈奴に対して辞を低くして和平を請うた。

漢王朝前期の政治の基本は、「清静無為《せいせいむい》」つまり、心静かにして積極的に事を為さないことで世は治まるという道家《どうか》の思想を底流にしていた。

道家とは、老子《ろうし》・荘子《そうし》を中心とする一派で、虚無《きょむ》・恬淡《てんたん》・無為の説を奉じた学者の総称である。

## 武帝、「ドクロ盃」の話を聞き、月氏との同盟を決意

漢王朝の基礎が固まり、莫大な資産が蓄えられ国力が充実したころに「雄才大略」の皇帝が即位する。

一六歳の七代武帝（在位前一四一〜前八七）で、こののち五五年間君臨することになる。武帝は、父祖以来の「清静無為」の哲学と、それがもたらす匈奴への対応に大いなる不満をもっていた。即位直後からやる気に満ちあふれ、内政、外交面でつぎつぎと革新策を打ちだしていく。

おりから、武帝のもとに匈奴の捕虜から重要な情報がもたらされる。それは、

> 匈奴は月氏王《げっしおう》を打ち破り、月氏王の髑髏《どくろ》を酒の盃につかっている。西に追いやられた月氏は、匈奴を仇として怨んでいるが、ともに匈奴を撃ってくれる国がない。

というもので、吟味するに値する内容であった。

月氏とは、紀元前四世紀ころに河西回廊からタクラマカン砂漠周辺にかけて居住していたイラン系遊牧民で、匈奴のたびかさなる攻撃に破れ、はるかパミール高原の彼方にまで追いやられた民族である。

匈奴を討伐し，西域への道をひらいた武帝

匈奴人の情報を耳にした武帝は、かつて、戦国時代に范雎《はんしょ》が秦王（始皇帝の曽祖父）に献じた「遠交近攻《えんこうきんこう》」策に学んで「月氏と結んで匈奴を討つ」という決意を固める。ところが、西方の月氏国にゆくには、どこを通るにせよ、匈奴の勢力圏に足を踏み入れなければならない。いわば、暗やみの中を手さぐりで進むようなものである。

## 張騫《ちょうけん》、月氏国に向かうものの匈奴に捕えられる

この危険で生命がけの任務を遂行できるのは誰にでもできるものではない。武帝は人選に苦慮したあげく公募することにした。これに応募したのが張騫（前一六七？～前一一四）であった。

『漢書』張騫伝の書きだしに、

張騫は漢中郡《かんちゅう》の人で、建元年間、郎《ろう》となった。

とある。つまり、漢中（陝西省漢中市）の生まれで、郎（宮中の侍衛）という低い官職にあったということである。

さらに、『史記』には張騫の人柄について、

騫《さい》は人と為《な》り彊力《きょうりょく》、寛大にして人を信じ、蛮夷《ばんい》も之《これ》を愛す。

とある。性格は大らかで気っ風のいい、膽《きも》のすわった愛すべき人物であったのだろう。

武帝即位の三年目、紀元前一三九年（建元二）に張騫を団長とする使節団は月氏に向かった。匈奴出身の甘父《かんぽ》をはじめ百人あまりの部下を伴っていた。めざすは広袤《こうぼう》千里の未知の僻遠《へんえん》の地である。

さて、この時代に旅をする場合に持ち歩く食べ物は、どんなものだったのだろうか。当時、軍隊の野戦用の主食は、「糒＝ほしいい」と「糗＝いりごめ」だった。『漢書』李広蘇建伝《りこうそけん》に、敵に囲まれた時、兵士に糒二升と氷一片を与え逃がそうとした話が伝えられている。糒は湯を入れ、もどして食べるのが普通である。ところが、湯

をわかすために火をおこすと敵に所在を知られるおそれがあるため、そのまま糒をかじり水を飲んだのかもしれない。

一行は長安を出発し隴西《ろうせい》を経て匈奴の勢力圏（河西回廊）に入ったところで、匈奴に捕えられ、匈奴の単于のもとに送られる。当時、漠南《ばくなん》の王庭《おうてい》はカラホト付近に置かれていたので、張騫はそこに送られたのだろう。

単于から訊問された張騫は、旅の目的を「漢の使節として月氏に行くところです」と答えた。時の軍臣《ぐんしん》単于（在位前一六〇～前一二六）が、匈奴を撃つ軍事同盟を結ぶために月氏に行く使者を許すわけがない。

張騫西域出使図（初唐）（敦煌莫高窟第 323 窟）

単于は、漢との間に戦争にでもなれば役立つと考えたのだろうか、張騫をひきとめ厚遇する。時がたてば使命を忘れ漢王朝への忠誠心もうすれ服従するにちがいないと思い、妻を与え、やがて、二人の間に子どもが生まれた。

匈奴の風習や生活は、漢とはまったく異なっていた。漢では五穀《ごこく》（米や麦）を主食にしているが、匈奴では羊や馬・ミルクを食していた。さらに、住居は漢では木の柱を骨組みにして土で壁を塗り、わらや瓦で屋根をふくが、匈奴では細い棒とフェルトでつくられたパオ（天幕）であった。しかも、家族ぐるみで家畜のえさとなる草と水を求める移動生活をする。

張騫は、捕虜の生活を送ること一〇年。普通ならとっくに変節していただろうが、節を守り通した。匈奴に監視されながらも、西側にある大宛国の情報を集め脱出の機会をねらっていたのである。

漢代における勅使は、皇帝から贈られる信節《しんせつ》（自分を証明する印）を常に手もとにおいておかなければならなかった。皇帝の信節を守り通すことが「持節《じせつ》」であり、変心することが「変節《へんせつ》」である。張騫は、一三年という西域行のなかで、「持節」を守り通した。

**「節を持す」蘇武像**
（『現代視点・中国の群像　張騫・李陵』旺文社より）

同じように、節を守った人物に、紀元前一〇〇年（天漢元）に匈奴に捕えられた蘇武《そぶ》（?～前六〇）がいる。蘇武は匈奴に使いして陰謀事件にまきこまれ、バイカル湖畔に送られるなど抑留生活一九年ののち長安に生還する。武帝の時代が生んだ哀話であるが「蘇武・節を持《じ》す」という言葉が残っているほど、皇帝に忠誠をつくした人物である。

## 張騫、匈奴から脱出しオアシスルートを経て月氏国へ

ひたすら時の熟するのを待っていた張騫は、匈奴の監視の目がゆるんだすきに脱走に成功する。おそらく、何頭もの馬をひきつれ、乗りつぎ乗りつぎしながら西へ西へと向かっていったことだろう。

匈奴も必死に追ったにちがいないが、周到な準備のもとで脱走した張騫らは、匈奴の追跡をふりきり、西走数十日で大宛国《たいえん》に達することができた。

『史記』大宛伝は、

西走数十日にして、大宛に至る。

と記しているのみで、脱走のコースはわかっていない。考えられるのは、カラホトからハミに達し天山山脈の南麓、つまり天山南路を通って、カシュガルからパミール高原をぬけてフェルガナに達したコースであろう。

この道には、焉耆《えんぎ》（カラシャール）、危須《きす》（コルラ）、尉黎《いり》（カラクム）などのオアシス都市が点在し、匈奴の僮《どう》僕都尉《ぼくとい》が駐屯していた。紀元前二世紀の後半まで、タリム盆地のオアシス諸国は匈奴の支配下におかれており、張騫はタリム川に沿って進んだのかもしれない。

## 張騫、復讐の念を失った月氏王を説得できず

大宛国は『漢書』西域伝によれば、

長安を去ること一万二千五百五十里。戸数六万、人口三〇万、兵六万。

とある。七〇あまりの城をもつ西域諸国では大国であった。

大宛国はシルダリヤの上流にあり、多くはイラン系、つまり、月氏や康居《こうきょ》と同系であったが、遊牧ではなく農耕を主にしていた。張騫が大宛の首都貴山《きざん》城に着いたのは、紀元前一二九〜紀元前一二八年ころであっただろう。

張騫一行は、大宛の王に迎えられ篤いもてなしをうけた。この時に「蒲陶酒《ぶどうしゅ》」も供せられたことだろう。それは、まさに美酒といえるものであった。

大宛の王は、漢が豊かな財物を誇る国であることを聞き知っていたので通好したいと考え、その見返りを期待して張騫を歓迎するとともに、通行の許可証を与え、道案内人をつけて康居まで送りとどけた。

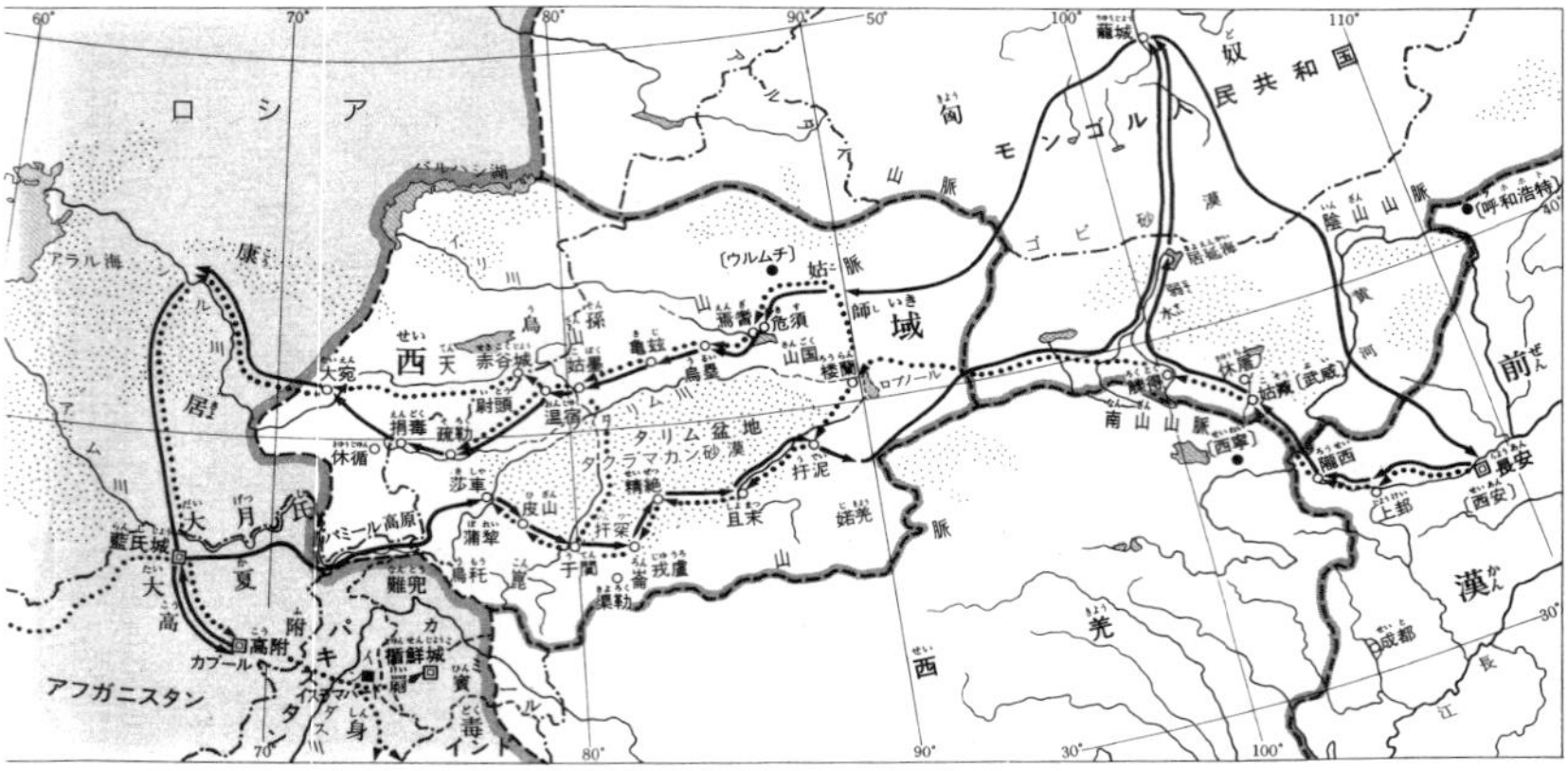


代視点・中国の群像　張騫・李陵』旺文社より）

大宛の王が、張騫一行を月氏に送らず、なぜ、康居に導いたのかについては、史書は何も語っていない。

『史記』大宛伝には、

康居は大宛の隣国であり、南は月氏に服属している。

とのみ記されている。『史記』の記述をもとにしたパミール以西の西域諸国の位置関係は、つぎのようになる。

フェルガナ地方にあった大宛を起点にしてみると、大宛→大月氏は西へ三千里、大宛→康居は西北へ二千里、大宛→大夏は西南へ二千里、そして月氏→安息《あんそく》（パルティア）は西へ数千里という距離にあった（『桑原隲蔵全集』第三巻、岩波書店参照）。

当時は大宛と康居は友好関係にあり、康居の王も張騫を丁重にもてなした。それは財物豊かな漢と交易したいと考えていたからである。

康居は、アムダリヤ（アム川）とシルダリヤ（シル川）の間の地域を領土とする遊牧（一部農耕）を主とする国である。物語的歴史の祖といわれるヘロドトス（前四八五～前四二五）が著わした『歴史』やペルシア資料でいう「サカ＝薩迦」にあたり、中心部はシルダリヤ流域にあった。イラン系住民が多かったが、アルタイ方面から移動

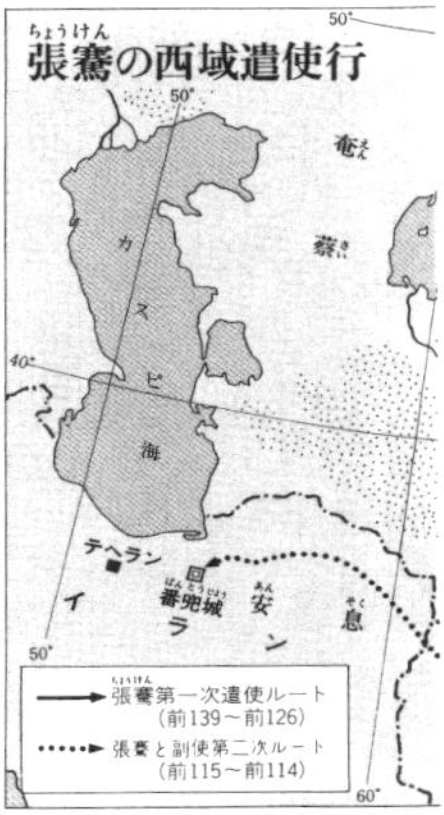


張騫の西域遣使行（『現

したトルコ系もかなりおり、冬は山麓の建物、夏は川岸あたりの草原の天幕に住んでいた（『シルクロードの大旅行家たち』岩波書店参照）。

康居の王から好遇を受けた張騫は、通訳と道案内人をつけてもらい、月氏国にむけて南下した。月氏国はこの時、中央アジア南部、今日のウズベキスタン南部とタジキスタンあたりに本拠を置いていた。

康居王の天幕がタシケント（ウズベキスタンの首都）付近にあったとすれば、康居から月氏までの距離は六〇〇キロほどであったのだろう。

千辛万苦《せんしんばんく》の旅路の果てに張騫は、紀元前一二八年の秋に、目的地のアムダリヤ（古名オクサス）北岸にある月氏の王城に着いた。感無量の思いをしたことであろう。だが、月氏国は張騫が想像していた情勢とは大きく異なり、失望を味わなければならなかった。

月氏は、紀元前四世紀ころ、河西回廊付近にいた遊牧民で禺氏《ぐうし》ともよばれ、イラン語系の言葉を話すユーロペオイド（大ヨーロッパ種）に属していた。

漢の文帝の時に匈奴の老上《ろうじょう》単于に攻められ天山以北のイリ川に移り、さらに、烏孫《うそん》に敗れ大宛国を経て西南のアムダリヤ北岸に逃れ、ここに定住した民族である。現在のサマルカンド付近にあたる。

月氏が河西の地を匈奴に追われたころは、捕虜が武帝にもたらした情報のように、月氏は匈奴に深い恨みをいだき復讐の念にもえていた。

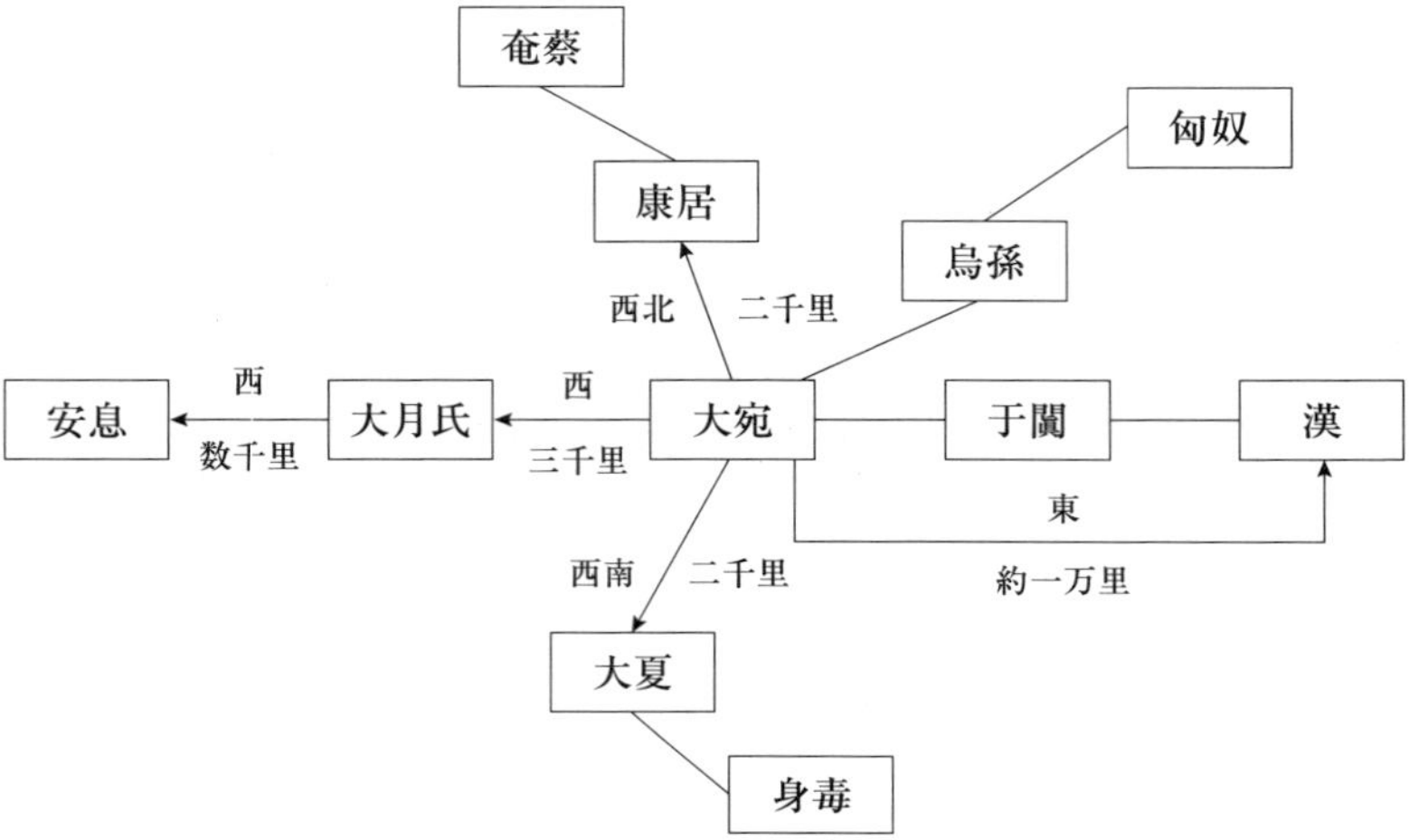


ところが、紀元前一七六年に匈奴に故地を追われてから、張騫が月氏にたどりつくまでには五〇年ほどの歳月がたっており、国王には匈奴に殺された王の太子（夫人ともいわれている）が即位していて、国の情勢が全く変ってしまっていた。

しかも、居住しているところは、土地が肥沃で物産も豊かであり、さらに、ヒンドゥークシュ山脈付近の大夏《たいか》国（グレコ・バクトリア＝アフガニスタン北部）をも臣従させていた。

大夏は商業や交易を中心にした国であったため戦闘に弱く、相対的に武力に勝る月氏に従っていたのである。

月氏は大月氏と称し、戸数一〇万、人口四〇万、兵一〇万を数える国力を有する充実した大国になっており、隣国からの侵入をうけることもなく生活も安楽で平和な暮しをしていた。

張騫をがっかりさせたのは、匈奴に対する復讐の念が月氏に消えうせていたことで、旅の目的とした月氏国との軍事同盟は不可能であった。

一年あまり逗留するものの、いい返事が得られぬまま南下して大夏国に行き、攻守同盟について月氏を説得するよう応援をたのむが不調に終り、帰国することになる。帰国にあたっての最大の問題は、匈奴の危険をさけるにはどうすればいいかということであった。

『史記』大宛伝には、

　南山に沿い、羌《きょう》族の地を通って帰ろうとした。

とある。南山は崑崙《こんろん》山脈のよび名であり、帰り道は西域南道を通ったことになる。このころ、青海地方にいたチベット系の羌族は匈奴と仲がよく、一行の動静は匈奴につつぬけで、ツァイダム盆地あたりで捕えられてしまう。

サマルカンドのバザール

こうして再び捕虜生活が始まり、一年余り過ぎたころ、軍臣《ぐんしん》単于が死に、後嗣ぎをめぐって匈奴に内紛がおきる。この混乱に乗じて、張騫は脱出を決行し帰国を果たす。紀元前一二六年（元朔三）のことで、長安を出発してから一三年の歳月がたっていた。

## 武帝、張騫がもたらした西域情報に歓喜す

出発の時に百人余りいた従者は、今はすべてなく『漢書』張騫伝では、甘父一人であった。『史記』では、「胡妻《こさい》」匈奴拘留中に娶った匈奴の妻を伴っていたという。

甘父は、砂漠やステップの旅には欠かせない男で、弓の名手として道中で食糧がなくなると、鳥や獣を射て飢えをしのいだにちがいない。甘父がいなければ、この大旅行は成功せず、のたれ死にしていたかもしれない。

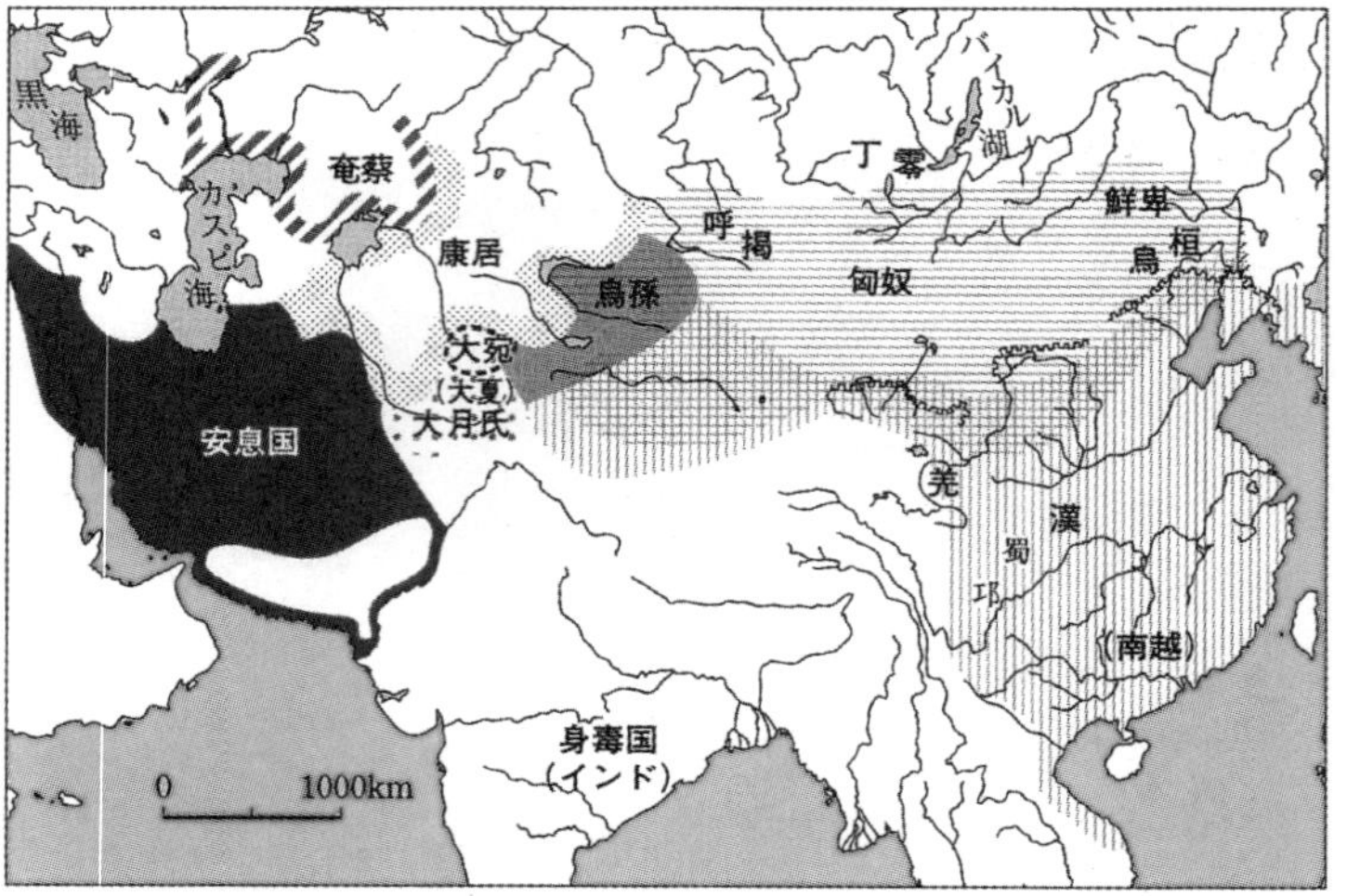


紀元前１世紀のユーラシア大陸
（林俊雄著『興亡の世界史２・スキタイと匈奴 遊牧の文明』講談社，2007年より）

武帝は、張騫を呼びだし、その功績は大であるとして、太中大夫《たいちゅうたいふ》（宮中会議への参加が認められる顧問官）にとりたて、甘父を奉使《ほうし》君とした。

そして、張騫は一三年におよぶ旅で体験した見聞を報告した。張騫が訪ねた国は、大宛、月氏、大夏、康居の四ヵ国で、その周辺の大国の情報も伝え聞いてきた。つまり、烏孫《うそん》、安息《あんそく》（パルティア）、奄蔡《えんさい》、条支《じょうし》（シリア）、身毒《しんどく》（インド）などの情報である。

張騫の報告をまとめると、つぎの三点に要約することができよう。

第一に、西域諸国についての地勢や物産、人口、政情などの情報。

第二に、黄河の源に関する情報。

第三に、身毒国と蜀《しょく》郡（四川）との交渉に関する情報。

張騫のもたらした西アジアの情報は、武帝をはじめ漢の官僚たちに西域への憧れと希望をいだかせるのに十分であった。中でも武帝が目を輝かせ歓喜したのは、大宛国に良馬が産するという話である。これは、紀元前一〇四年（太初元）に李広利《りこうり》をして大宛遠征を敢行することにつながっていく。

こうした張騫の武帝への報告が、中国の西域諸国への目をひらかせ、シルクロード開拓の第一歩となったことは、言《げん》を待つまでもない。

紀元前一二〇年代の漢は、武帝が積極政策をとり、史上まれにみる対外的な拡大政策が進められつつあった。一つは、西南夷《い》をへてインドに達しようという探検行が実施されたことである。もう一つは、北方で強大な匈奴に対する反攻が広大なスケールで敢行されたことである。

匈奴討伐は、将軍衛青や霍去病に大軍をひきいさせ紀元前一二九年（元光六）から紀元前一一九年（元狩四）まで七回行なわれ、潰滅的な打撃を与えた。

このうち紀元前一二三年（元朔六）の春の遠征では、衛青が一〇万余騎をひきいて定襄《ていじょう》（山西省北辺）から匈奴の地に進撃し、一万九千人の捕虜を得た。この時、張騫は衛青の軍に従って出陣した。

『漢書』張騫伝には、

前漢武帝の墓・茂陵
（西安市郊外）

> 騫は校尉《こうい》として大将軍に従って匈奴を撃ち、水・草のある処を知っていたため、軍は欠乏をまぬがれた。

とある。張騫が西域行で、ゴビ砂漠の中の水草のあるところや食料が得られそうな場所を覚えていて、その知識が大いに役立ち勝利したということであろう。この時の功によって張騫は博望侯《はくぼうこう》に列せられた。

しかし、博望侯としてのおだやかな生活は二年とつづかなかった。張騫は衛尉《えいい》（軍司令官）として、李広《りこう》将軍ととも

**霍去病墓**（西安市郊外）

に右北平《うほくへい》で匈奴の左賢王《さけんおう》と戦った。

この戦いで左賢王は四万騎で李広の軍をかこみ、漢軍四、〇〇〇人は全滅寸前の状態に追いこまれるが、ここに博望侯の軍が到着し、かろうじて李広は虎口《ここう》を脱することができた。

ところが、李広軍が全滅に瀕《ひん》するという敗戦の責任は、匈奴との会戦で張騫が李広軍との合流日時に間にあわなかったためだとして死罪を申しわたされる。

しかし、張騫は処刑をまぬがれた。この時代、処刑をまぬがれるには三つの道があった。

①金銭で贖《あがな》って死罪をまぬがれる。
②九卿および爵位あるものは、それを返上して庶人となる。
③財力・爵位なきものは、宮刑《きゅうけい》（男性機能を絶つこと、腐刑《ふけい》ともいう）をうけて贖う。

張騫は②の道をえらんで博望侯の爵位を返上して庶人となったのである。李広も郎中令の爵位を返上して庶人となっている。ちなみに、③の道をとったのが、中国で最初の歴史書『史記』を著わした司馬遷《しばせん》である（『シルクロードの開拓者・張騫』筑摩書房参照）。

張騫の本領は外交であり、実戦の司令官には、性格的にむいていなかったのであろう。

## 烏孫への使節団長として

ところが、張騫に再びチャンスがめぐってきた。匈奴の勢力が漠北に退き、オルドスから河西地方が穏やかになったため、武帝は張騫を宮廷に招いて西トルキスタンの情勢をたずねた。

すると、張騫は、

蛮夷《ばんい》の心は漢の財物を貪《むさぼ》るので、この期《き》をのがさず、厚く烏孫《うそん》に贈り物をして東方に招きよせ、河西地方に住まわせて漢の弟分とすれば、その勢力は大きくなり匈奴の右腕を断つことになりましょう。

と烏孫を河西地方に招きよせることを熱心に説いたのである。

武帝はこの話に飛びついた。紀元前一一五年（元鼎二）に、庶人におとされていた張騫を中郎将に任じて登用し、烏孫と東西トルキスタン諸国に使節団を派遣することになる。目的は烏孫王と対匈奴軍事同盟を結び、住民を河西地方に移住させることにあった。

張騫を団長とする使節団は、武帝の期待が込められている威風堂々たるもので、従者の数三〇〇人、馬六〇〇頭、牛羊は万を数え、巨額な金銀と幣帛《きぬ》が携えられていたという。

再度の西域行は、匈奴の影響力がほとんど排除されていて順調であった。一行は隴西《ろうせい》から金城《きんじょう》を経て河西回廊を通り、張掖《ちょうえき》、酒泉《しゅせん》、敦煌《とんこう》で旅装をととのえ、ロプ砂漠をこえて楼蘭《ろうらん》に入る。楼蘭からその北端を通り天山山脈の車師《しゃし》国（トルファン）に着く。さらに、天山南麓を西にむかい亀茲《きじ》国（クチャ）、姑墨《こぼく》国（アクス）を経て温宿《おんしゅく》国（ウチ・トルファン）に達したのだろう。

『史記』大宛伝は、この後の行程について、

亀茲国（クチャ）・クズルガハ烽火台

騫すでに烏孫に至れば……

とあるのみで、はっきりしない。温宿からは西北に転じ天山の峡谷をこえて烏孫に入ったものと思われる。このコースは漢の時代に利用されていたもので、のちの玄奘三蔵もこの道を辿ってインドに到達している。一行は、何の妨害を受けることなく、烏孫に着いた。

『漢書』西域伝には、

烏孫国は大昆彌《だいこんび》が赤谷城《せきこく》に治《みやこ》し。

とある。赤谷城は中央アジアの母なるシルダリヤの上流ナリン河の岸辺にあった。烏孫では王号を昆彌あるいは昆莫《こんばく》という。

張騫は、贈り物を差しだしただけではなく、昆莫の夫人として漢から公主を送ってもよいという提案をした。烏孫王は大臣たちと協議することを約したが、結論は否であった。

この時の烏孫は、昆莫が年老いており、その後継者をめぐって国内が三つの勢力に分かれていた。しかも、久しく匈奴に服属していたこともあって、匈奴を恐れる気持ちが強く、また、移住を希望しない者が多く漢と同盟を結ぶ決定をする状況がつくれなかったのである。

結局、張騫は烏孫の河西移住政策には失敗したものの、使節は多くの成果をあげた。烏孫は漢に使者を送ること、友好の証として烏孫の良馬数十頭を武帝に贈ること、さらに同行した副使に通訳をつけ大宛や康居、大夏、安息、身毒などの諸国に無事に送り込ませることを認めさせたことである。

張騫は烏孫から帰って一年後に死ぬが、この努力はしばらくして大きな外交成果をもたらすことになる。

張騫が連れてきた烏孫の使者たちは、漢の領域が広大で富裕であるのを目のあたりにし、帰国すると漢の偉大さを報告する。その結果、烏孫は漢の存在を強く認識し、紀元前一〇五年（元封六）には漢から公主を娶るほど友好関係を深めていった。

## 東西文化交流のパイオニア

張騫は、東西トルキスタンの諸国に副使を送った後、烏孫の使者と通訳、良馬を携えて長安に帰ってきた。烏孫を東遷させ軍事同盟を結ぶという目的は果たせなかったものの、この成果は武帝を満足させた。

張騫はその功により大行《たいこう》（外国との交渉大臣）に任ぜられ、九卿《きゅうきょう》（太常や衛尉などの長官）に列せられる。見事に返り咲きを果たしたのである。

だが、張騫は西域経営の拡大と発展、つまりシルクロードの繁栄をみずからの目で確かめることなく、紀元前一一四年（元鼎三）に帰らぬ人となった。

『史記』大宛伝は、

　騫帰り至り、拝して大行となり、九卿に列せらる。歳余にして卒す。

と簡単にふれているだけである。司馬遷が書いたこの文の行間には無限の哀愁が感じられ、二度の西域行が心身をすりへらしての難業苦行だったことへの哀悼の意が込められているように思えてならない。

張騫の死後、武帝は一年間に多い時で十余組、少ない時でも五～六組の使節団を西域諸国に送った。一グルー

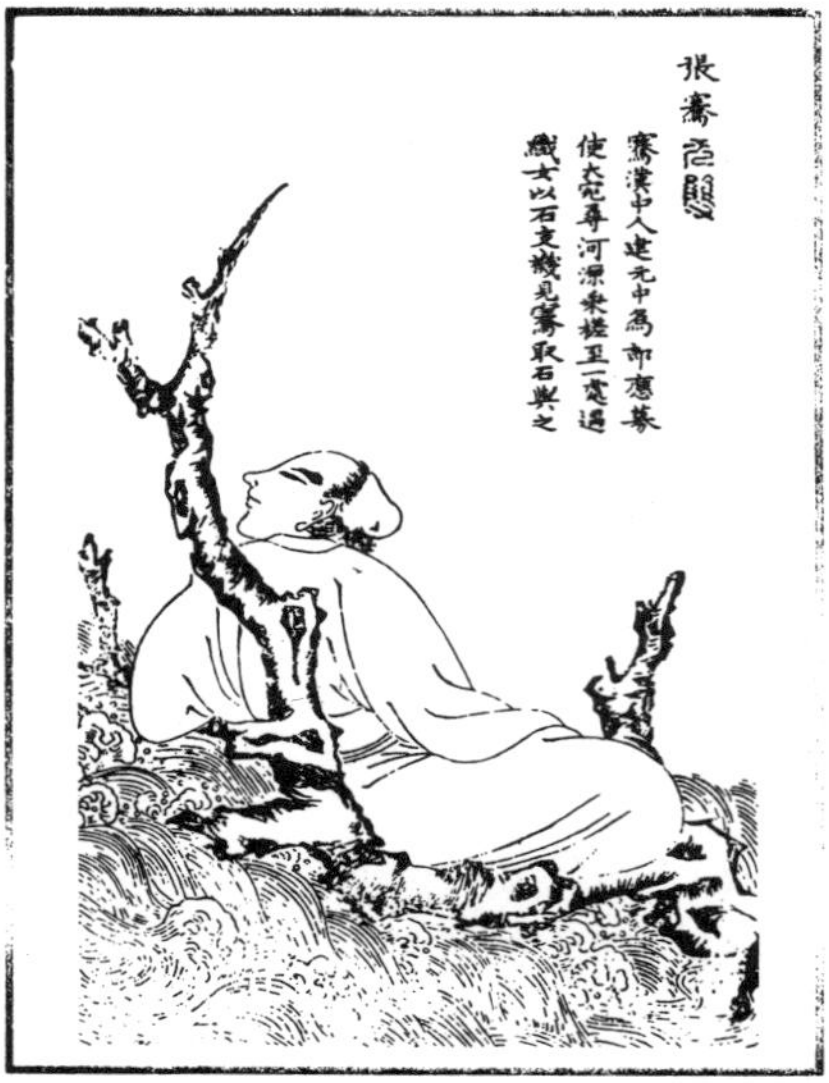

シルクロードの開拓者・張騫

『史記』を著わした司馬遷

プ百人から数百人のキャラバンで、往路と帰路は大にぎわいをみせたという。

張騫の探検行は、一義的な目的は達せられなかったものの、それによって引きおこされた二義的な影響は、はかり知れないものがあった。西域諸国の使者たちは、各国の珍貴な物産や西域音楽を携えて長安にやってくる。いっぽう、漢からは西域にない物産や技術を移出する。まさに、シルクロードを通じる東西文化交流の幕あけとなり、その扉がひらかれたのである。

シルクロードの開拓者として血のにじむような努力をした張騫を人々は忘れなかった。西域交通のパイオニアとしての張騫の名は、ますます高まり西域貿易が盛んになるにしたがって、博望侯を名のり外国の信用を得る者もでたという。

『史記』西域伝には、

ここにおいて西北の国、始めて漢に通ず。然れども張騫、空を鑿《うが》ちたれば、その後、使して往く者みな博望侯を称し、もって質を外国になす。外国これよりこれを信ず。

と記されている。

張騫とほぼ同時代に生きた歴史家・司馬遷（前一三五～前？）は、万感の思いを込めて「鑿空《さくくう》」という言葉を使って張騫の業績を讃えている。「道なき道、つまり、空をうがつかのように西域への道を開いた」ということであり、張騫に対するこれ以上の賛辞はないであろう。

**（児島建次郎）**

**主要参考文献**

『シルクロードの開拓者・張騫』田川純三著、筑摩書房
『現代視点・中国の群像　張騫・李陵』長澤和俊著、旺文社
『シルクロードの大旅行家たち』加藤九祚著、岩波書店
『張騫の鑿空』榎一雄著、汲古書院
『桑原隲蔵全集』第三巻　桑原隲蔵著、岩波書店
『シルクロードのロマンと文明の興亡』児島建次郎編、雄山閣

# 第三章
# インド・人類が創造した壮大な聖地エローラとアジャンタ

## 混沌とした不思議な国・インドを知るための旅

天竺（インド）は、昔から日本人にとって憧れの地であった。四〇年ほど前、私は未知への好奇心と不安を秘めてガンジス川流域にある仏教の聖地を訪ね、大いなる衝撃を受けた。

道行く人、街の風景、人々の表情などを目のあたりにして「インドとは何か」の問いに答えられないだけでなく、混沌（カオス）とした不思議な国のエナージーに、身のおきどころのない思いにかられた。

民族・宗教・言語など人間活動の根本をなす要素が「多」という言葉でしかくくれないインドは、多民族、多宗教、多言語をふくむ地球という世界そのものであった。

それから、もう一度、いつの日にかインドを訪ねたいと思いつづけていたが、二〇〇四年の春、インドに足を踏み入れる機会を得た。

西インドの大都市ムンバイ（ボンベイ）に着き、インド門から一〇キロ先のエレファンタ島にわたり、シヴァ神にまつわる彫刻で飾られている石窟寺院を訪ねた。躍動感あふれる踊るシヴァ神像は、きわめて芸術性が高い。これがインド芸術の一つの顔なのだろうか。

石窟寺院は、インドを源流にしており歴史は古い。紀元前三世紀のものから一一世紀〜一二世紀のものまで一五〇〇年の歴史をもつ。

現在、あわせて一、二〇〇ほどの石窟が確認されており、エローラ、アジャンタ、ナーシク、ピタルコーラなどが知られているが、そのうちの八〇%は西インドにある。理由は、この地方のガット山脈が石灰地帯で、石窟を造るのに適した地質になっているためである。

逆三角形をしたインド半島は、デカン高原というプレートに乗っており、今回の旅の目的は、デカン高原を走

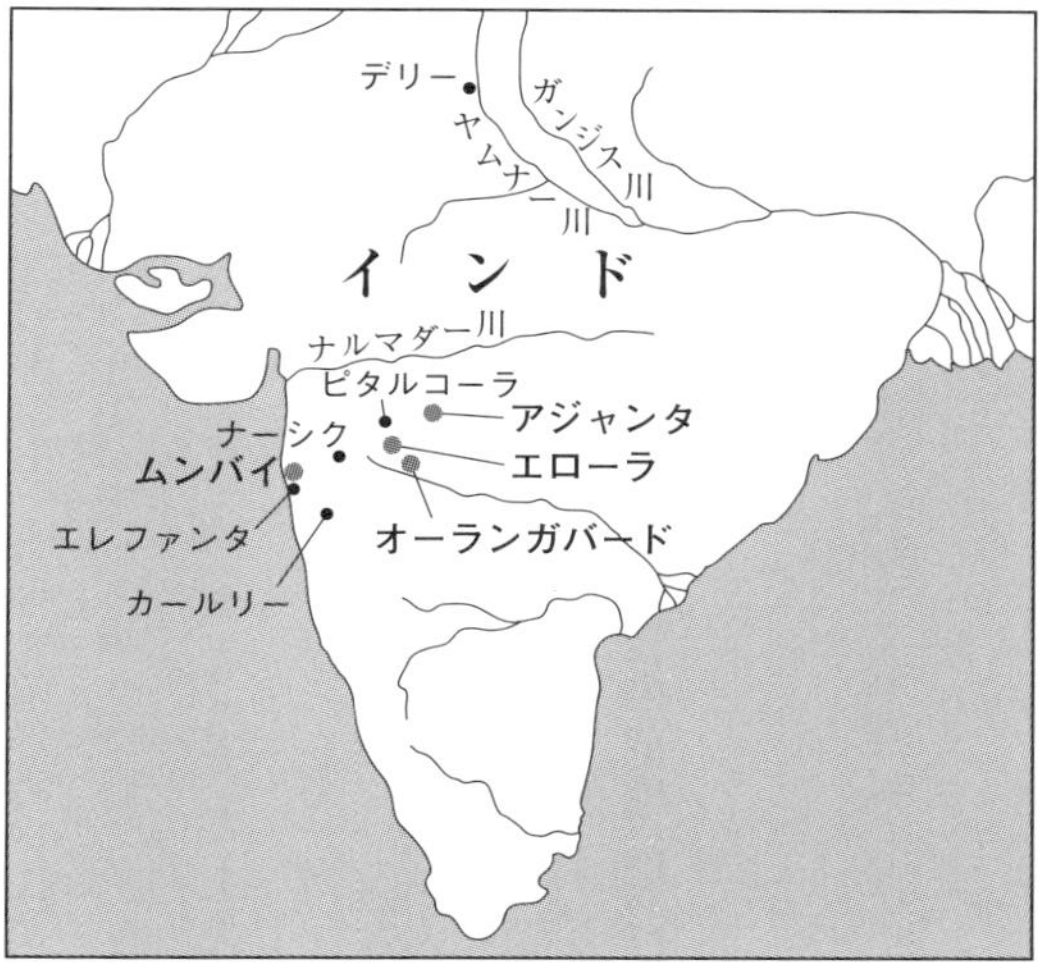

インド地図

シヴァ神像（エレファンタ島）

破し石窟寺院の源流をこの目で確かめることにあった。

ムンバイから北東へ三五〇キロの地にひろがるオーランガバードは、ムガール帝国六代皇帝の名をとってつけられたところで、エローラやアジャンタを見るためのベース地となっている。

赤茶けて荒涼とした大地がひろがるデカン高原は、微妙な陽ざしの変化を浴びて、淡い紫色の起伏がうねるように四方に伸び、旅人を思考停止にさせるほど無の風景がつづく。

私がめざしたエローラ石窟は、オーランガバードから北西へ二八キロのところにある。

## エローラ・インド三大宗教の聖地における神仏と人間のドラマ

エローラの石窟寺院群は、多文化社会を象徴するものといえよう。デカン高原の山中、台形の火山灰からなる丘陵地の麓にある南北に連なる断崖に、インドに生まれた三大宗教のヒンドゥー教、仏教、ジャイナ教の石窟が、南から北に向かい二・五キロにわたって穿たれている。

南の方から、第一～第一二窟が仏教窟、それから先の第一三～第二九窟までがヒンドゥー教窟、第三〇～第三四窟までがジャイナ教窟で、あわせて三四あり、インドでは三つの宗教が敵対関係にあったのではなく共存関係にあったことを物語っている。

仏教窟群は、七世紀から九世紀のはじめまでに造営されており、密教的な色あいが濃く、あきらかに密教寺院を思わせる。第六窟には、僧侶が住んだ部屋があり、奥に本尊の仏像が安置され、左右の両壁に、高さ二メートルの多羅菩薩《たら》と孔雀明王《くじゃくみょうおう》が彫られており、密教的雰囲気がただよう。

第一〇窟は二階建てのチャイティア窟（礼拝堂）、つまり、礼拝の対象物である八メートルのストゥーパを奥室に収めた構造をしており、一枚岩を彫りだしたストゥーパの前に仏像が安置されている。高さ五メートルの倚坐《いざ》像は、両手で初転法輪印《しょてんぼうりんいん》をなし、右側に弥勒像、左側に観音像が立つ。五世紀の建造で、インドのチャイティア建築の最高峰とされている。

第一二窟は三階建てのヴィハーラ窟（僧院）で、装飾のない正面のファザードとは対照的に石窟内はにぎやかである。

三階の奥にある本尊仏の向かって左側に、横並びで七体の仏陀像が安置されており、いずれも両手をおへその下におき瞑想している姿で禅定印《ぜんじょういん》をくむ。これらは、過去にこの世にあらわれた過去七仏をあらわしている。

七仏とは、毘婆尸仏《びばしぶつ》、拘留孫仏《くるそんぶつ》、毘舎浮仏《びしゃふぶつ》、尸棄仏《しきぶつ》、拘那含仏《くなごんぶつ》、迦葉仏《かしょうぶつ》、釈迦牟尼仏《しゃかむにぶつ》のことで、みごたえがある。七世紀末から八世紀前半に造営されている。

エローラ石窟の中核をなすヒンドゥー教寺院の白眉は、第一六窟のシヴァを祀るカイラーサナータ寺院であろう。これは、シヴァがカイラーサ山（チベットの聖山カイラス）の主《あるじ》であることに因んでつ

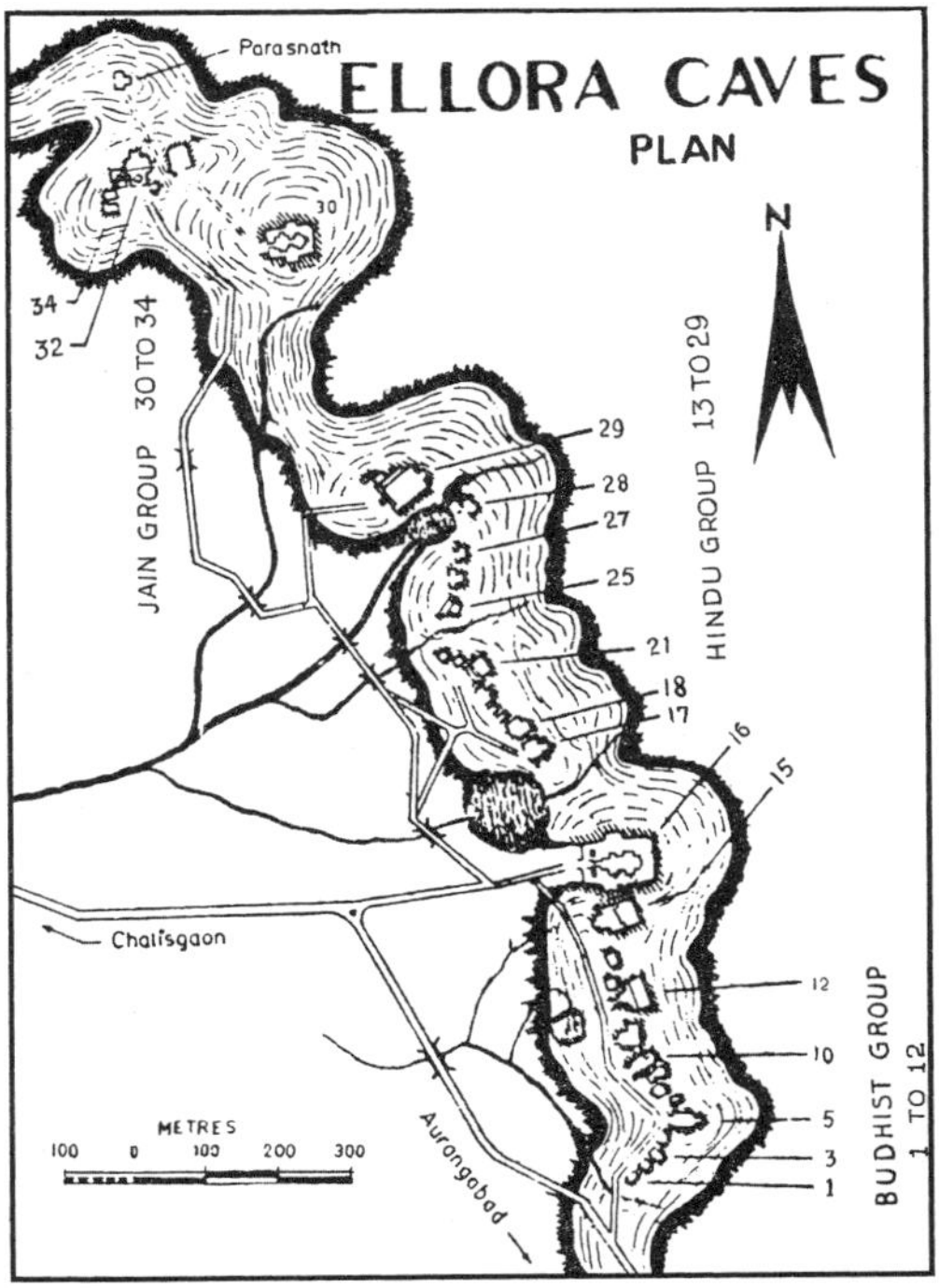

エローラ石窟全図

くられたもので、シヴァの宮殿をイメージしている。

高さ三六メートル、幅五三メートル、奥行九〇メートルという屋根をピラミッド型に積み上げた寺院は、岩山の斜面の三方に溝を掘っている。

エローラ・仏教寺院

カイラーサナータ寺院（エローラ・第16窟）

この寺院の特徴は、岩盤を真上から彫りさげていった驚異的な技術で、ラーシュトラクータ朝のクリシュナ一世の紀元後五六年に着工し、百数十年の歳月をかけて完成したという。

門をくぐると前殿、拝殿があり、中央部にシヴァを祀るリンガ祠堂がある。リンガ（男根）は、ヒンドゥー教の最高神であるシヴァのシンボルで、これを神体としている。

**踊るシヴァ神**（エローラ・第29窟）

ヒンドゥー三神では、ブラフマーが創造、ヴィシュヌが維持、シヴァが破壊とされ、破壊は再創造を意味し、輝やかしいもの、幸運なるものの名が与えられる。さらに、シヴァは三つの目をもち、一つは額にある。過去、現在、未来を見通すとされ、インドでシヴァ派の信者が増えるとともに、リンガが広く人々に崇拝されるようになった。

祠堂に祀られているリンガの見事なのには驚いたが、その静謐《せいひつ》のうちにあるリンガを目の前にして、私は古代からインド社会に吹き続けている息吹と哲理に思いをはせずにはいられなかった。

リンガを祀るという生殖器崇拝には、単なる男性と女性の結びつきをこえて、宇宙の根源的な生命を賛歌するインド哲学の根本があるように思えてならない。

俗《ぞく》にして俗に非《あら》ず、原初《げんしょ》にして原初に非ざるものが私の目の前にある。それは、男根でありながら、すでに生殖器であることを超越した存在として、インド社会に根強く浸透しているのである（『インド聖地巡礼』新潮社参照）。

人間の能力と想像力をこえたような造りの寺院をまわっていて、目を見張ったのは、本殿の基壇に彫られた八体の等身大の象である。まるで寺院全体が聖獣たる象に守護されているように思えるほど迫力がある。

これらの建造物から内部の細かな彫刻に至るまで、一枚岩から掘りだされており、さらに、

マハーヴィーラ（エローラ・第33窟）

周囲の岩壁には、回廊と石窟が彫られているから、当時の土木技術の高さに驚くほかない。

第一四窟や第二一窟には、踊るシヴァが彫られている。その姿態は均整がとれ、しなやかで、肩から流れるような腕や、腰を少しおとしてまげている脚などは、女性をモデルにしているのであろう。

このほか、魔神を退治するシヴァ、死神カーラを殺すシヴァ、パールヴァティーと結婚するシヴァなど、エローラは、まさに「シヴァに捧げし寺院」といってもいいほど、シヴァのあらゆる姿態が彫られており、目がくらんでしまう。

ジャイナ教窟には、リンガや仏塔に似たものはない。ジャイナ教の開祖は、釈尊と同時代のヴァルダマーナ（前五四九ころ～前四七七）である。三〇歳で出家し、悟りを得て「ジナ」（勝者）となった。「ジャイナ」とは、ジナの教えという意味で、開祖はマハーヴィーラ、つまり、偉大な英雄とも呼ばれている。

ジャイナ教は、バラモンの権威を否定し、人間は苦行《くぎょう》によってのみ救済されると説き、不殺生《ふせっしょう》主義を徹底させるなどのきびしい戒律を定めた。空気中の虫を吸い込まないようにマスクをかけて歩くなどして不殺生戒を守るため、農業などにはつかず、商業や金融業に従事する者が多く、彼らはインド経済を掌握しているといわれている。現在三〇〇万の信者がいる。

ジャイナ教第三二窟は、開祖マハーヴィーラを祀る窟院で、獅子に乗る女神像が豊満な姿態をみせ、インド特有の官能的なエネルギーを発散させている。

獅子に乗る女神（エローラ・第32窟）

ジャイナ教窟では、本堂正面の左右に獅子に乗る女神と象に乗る男神を置くことが多いが、女神はヤクシー、男神はヤシャ（夜叉）であろう。この窟と細い通路でつながる第三三窟に彫られているマハーヴィーラの一糸《いっし》まとわぬ裸像は、無所有を象徴するもので、まぶしいほど凛《りん》としている。

ここで私は、驚くべき像を見た。それは二四人の聖者の一人とされるゴーマテーシュヴァラの浮彫である。この聖者は、祖師の一人あるいは第一代の祖師の次男とされているが、身体に蔦《つた》がからんでいる。あまりに長い瞑想のため、腰から両腿にかけて蔓草《つるくさ》がまいてしまったという裸像は何を物語るのであろうか。

ゆるぎない静寂の姿は、インドにおける瞑想とは何かを問いかけているものである。私に同行してくれたガイドに、あなたは輪《りん》廻《ね》を信じますかと聞いたところ、「はい」との答えがかえってきた。

今も多くのインド人は、程度の差こそあれ輪廻を信じている。輪廻思想は、有限な肉体に宿ると考えられる霊魂が永遠の寿命を有するものであることを教える装置である。肉体の死はつぎの肉体を得るためのステップにすぎず、新しい肉体をつぎつぎに得ることができれば死はないことになる（『アジャンタとエローラ』集英社参照）。

インドの宗教が追求した人生の目標の一つは、解脱《げだつ》することであり、これは「苦に満ちた」輪廻から解放されることを意味している。そのために、厳しい苦行《くぎょう》があったり、長い年月をかけての瞑想があったりする。

ジャイナ教窟を含めたエローラ石窟には、古代から現代にまで続くインドの人々の哲学というか、宇宙観、生き方が凝集されているのであろう。

## アジャンタ・美の回廊にみる祈りと修行の空間

私は、神殿の内も外も神々の生命の息吹きに満ちているエローラを見て、気分が高揚する中、アジャンタへ向かった。

ヒンドゥー教を土壌にして、インドに花開いた数多くの宗教は、俗に触れながら俗を超えるものを追求しているのかもしれない。

聖なるものと俗なるもの、近代と前近代が同居するとともに、異なる宗教、民族の共生という理想を実現させるべく苦難の道が続くインドは、いまも独自の文化を発進している。

オーランガバードからエローラ、アジャンタへ行く道は観光ルートになっていて、観光バスがよく通るところであるが、道路事情はあまりよくない。

さて、アジャンタが、再び歴史の舞台に登場するにあたっては、ドラマチックな話が残っている。

一八一九年、虎狩りにやってきたイギリスの軍人が、密林を抜けた高台から向かいの崖をみると、横穴らしきものが目に入った。彼はそれを「人工的なもの」と直感し、近づいていくと石窟がみえ、中に入ると、微かな光に仏像が浮かび、壁面に仏陀の物語が描かれているではないか。

古代インドの仏教石窟寺院群が世に出る一瞬である。人々に忘れられてから一〇〇〇年の時が流れていた。第一〇窟の柱には「一八一九年四月二八日、第二八騎兵隊、ジョン・スミス」のサインが残っており、スミスは発見の興奮に酔いしれたのかもしれない。

インドでは牛が主人公

アジャンタは、ワゴーラ川が馬蹄形に曲った渓谷の断崖中腹六〇〇メートルにわたって鑿《うが》たれた仏教寺院群である。三〇ある石窟は、ひと息に造られたわけではなく二期にわたっている。造営年代は、紀元前一世紀から紀元後二世紀にかけてのサータヴァーハナ朝時代（前一～後三世紀）の前期と、紀元後五世紀から六世紀にかけてのグプタ朝時代（三二〇～五五〇）の後期に分けられる。前期と後期の間に四〇〇年の空白期間があるが、これは、二度にわたって造営ブームが到来したことを意味しているのであろう。

前期石窟の造営資金のスポンサーは、サータヴァーハナ朝の女性や商人たちであった。この王朝はデカン一帯を支配し、ローマ

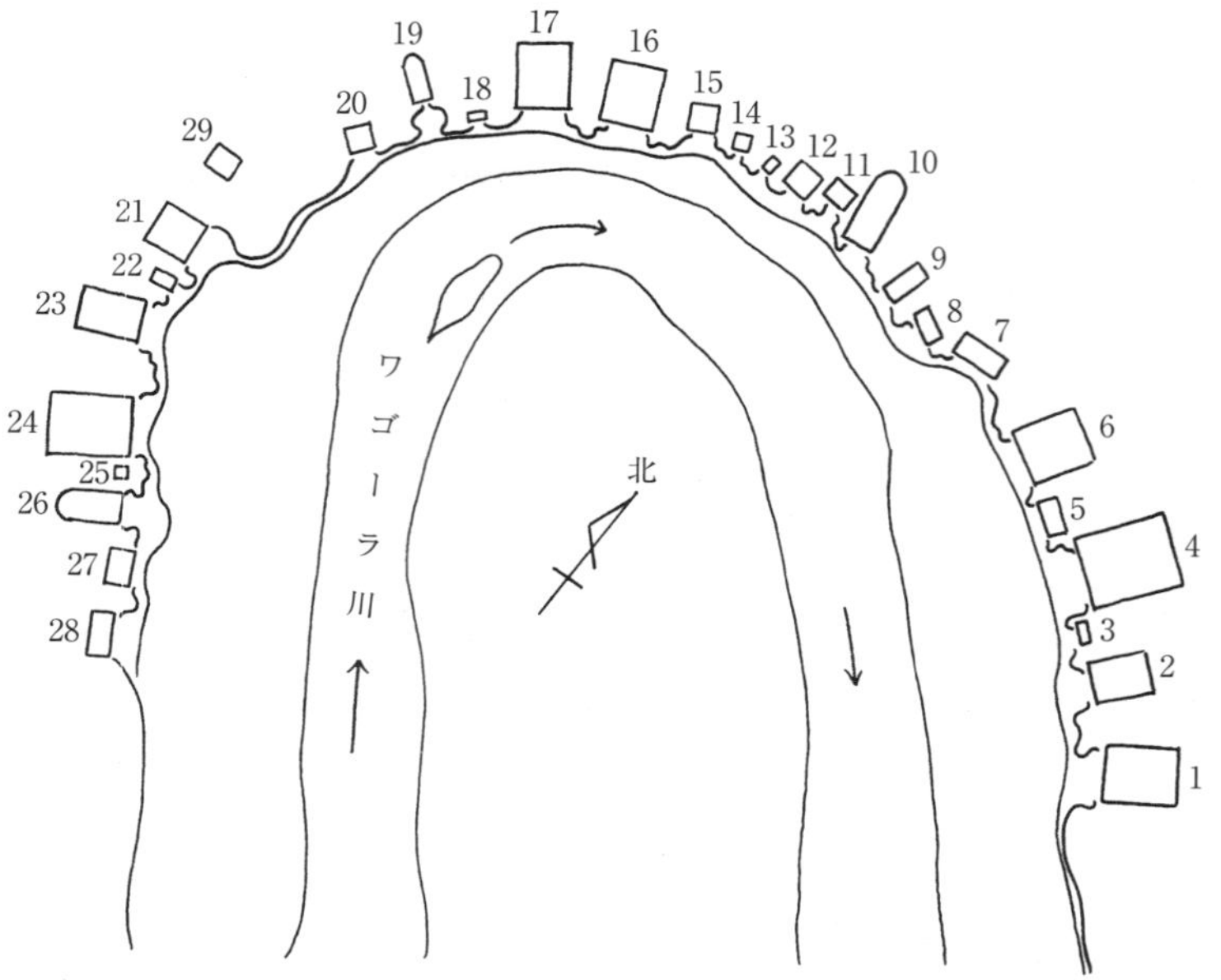

アジャンタ石窟全図

や東南アジアとの海上貿易で繁栄をほこった。商人たちは、交通の要衝にあたるアジャンタを通り、デカン高原の豊かな産物を東西両岸の港に送りだし、莫大な富を得ていた。旅の安全と商売の繁盛をねがって石窟をつくったにちがいない。

後期石窟の寄進者には、王家の王族や貴族、富裕な商人たちがおり、中にはギリシア商人もいた。グプタ期は、バラモン教と民間信仰とが融合し、仏教の影響も加わったヒンドゥー教の信仰がひろまり仏教は衰退する。

ヒンドゥー教は、開祖や聖典はなく、インド人の思考や生活様式、社会習慣そのものを基本にしている。

ただ、ナーランダ僧院などにおける仏教教義の研究は盛んで、仏教美術の面では、純インド様式ともいえるグプタ朝文化が花開いた。

つまり、グプタ朝時代は、インド古典文化が成熟をみたのであり、哲学や文学、美術などが大発展をとげた時代で、その代表がアジャンタの壁画ということである。

三〇を数える石窟の全貌は、坂道を登った最初の第一窟に近づいたとき、一気に目の前にひろがってみえてくる。サリーをまとったインドの女性観光客も多く、気温が四〇度近くまで上昇している中で見学するのであるが、見るべきものの多さに圧倒され、ひたすら憑《つ》かれたように人の流れについていくだけである。

アジャンタ石窟全景

第一窟は、ギリシア神殿かと見違えるような列柱が正面入口に六本あり、柱の頭に「四門出遊《しもんしゅつゆう》」などの仏伝図が浮彫されている。石窟内にも二〇本の柱が規則正しくならび、それらの柱が四方からかこむように巡り回廊をつくり、回廊の四方の壁や天井に壁画がびっしりと埋まっていて窟内に美の世界が展開されている。

ここに、私が長年にわたって渇望し、見たいと念願していたものがある。それは日本人にもなじみの深い菩薩像で、第一窟後廊の仏堂入口の左右壁面に描かれている。ほの暗い空間に浮かびあがる不思議な笑《え》みをたたえた菩薩の前に立ったとき、私はしばしば息苦しさを覚えずにはいられなかった。

左側壁面には、華やかな宝冠と腕輪、真珠の首飾りをつけた蓮華手《れんげしゅ》菩薩が描かれている。白い柔らかな肌をし、半びらきの目に、ややうつむき気味の憂いを含んだ顔立ちは、清楚で高貴さを匂わせている。右手に蓮華をもち身体をS字状に

金剛手菩薩（アジャンタ・第１窟）

蓮華手菩薩（アジャンタ・第１窟）

くねらせている。
インドでは、身体を首、胴、腿《もも》の三つに曲げて描く手法をトリバンガ（三屈法）といい、これによって、しなやかな動きを表現する。この菩薩は、法隆寺金堂に描かれている菩薩像に似ており、シルクロードを通って奈良の地にもたらされたのであろうか。
右側の壁面には、ヴェーダの神インドラの武器であった金剛をもつ金剛手菩薩《こんごうしゅ》が描かれている。宝冠はまばゆいばかりにきらめき、浅黒い肌に首飾りや腕輪などの瓔珞《ようらく》（装身具）があふれんばかりにつけられ、力強さと華やかさがただよう。
この二体の菩薩をとりまく宮廷女性たちの姿は、豊満な肉体を誇示しているが、それは官能的というよりも、俗的な世界のはるか彼方にある彼岸《ひがん》の世界を描いた優麗《ゆうれい》なものといえよう。

アジャンタ石窟を有名にしたのは壁画である。諸石窟の天井をうめつくした色鮮やかな動物や花、吉祥文《きっしょうもん》などの装飾画は、他に類をみない。

インド絵画の伝統は、古代にさかのぼるが、残念ながら高温多湿の気候のため、ほとんど残っていない。アジャンタの壁画こそは、中央アジア、中国、日本へと連なる仏教東漸《とうぜん》の道に花開いた仏教絵画の源流といえるものである。

壁画の描き方は「セッコ技法」によっている。まず、牛糞やこまかい砂をまぜた粘土で岩盤を整形し、その上に石灰を塗り、鉱物顔料を使って描くという手法である。青色顔料にはアフガニスタンでしかとれないラピスラズリを使ったり、本物の真珠をはめこんだりしており、いかに贅《ぜい》をつくして造営にあたったかがうかがえる。

壁画の多くは剝落《はくらく》しているが、鮮明に残っているのは、第一、第二、第一〇、第一六、第一七窟などで、主題は仏伝図《ぶつでんず》と本生図《ほんじょうず》（ジャータカ）である。

仏伝図としては、第二窟に釈尊の誕生が描かれている。白い衣を着て傘をさすブラフマー（梵天）と宝冠をつけたインドラ（帝釈天）が誕生したばかりのゴータマ・シッダールタ（前五六五〜前四八六）を抱きあげている構図である。

本生図は多彩である。第一七窟に描かれている六牙白象《ろくがはくぞう》は、ヒマラヤの山中に六本の牙をもつ白象が王妃の命《めい》を受けた猟師に牙を与え死ぬ。その白象こそ、かつての夫であったことを思い出し王妃も死ぬという内容である。この物語は、バールフトのトラーナ（欄楯）やサーンチーの大塔にも描かれており、ジャータカ第五一四番にあたる。

同じ窟に、大猿《だいえん》王本生が描かれている。自分の体を橋にして仲間を助けた大猿が力尽きておちる話、もう一つ

大猿王本生（アジャンタ・第 17 窟）

は、農夫を助けた大猿が逆に命をねらわれ傷を負うが、その後、農夫が地獄におちるという話である。

このほか、シビ王本生、ハンサ（野鴨）本生、スタソーマ本生、シンハラ物語、象本生、捨身飼虎図などがある。

これらは、いずれも釈尊が前世において、猿や象、太子であったとき、みずからの身体を飢えた者に施して生命を救うというもので、徹底した自己犠牲、布施《ふせ》、報恩を通して釈尊の教えを説くという内容である。そして、本生図は、シルクロードを通って日本にまで伝えられ、法隆寺の玉虫厨子《たまむしのずし》などに描かれている。

第二六窟は圧巻である。この窟は第一窟の入口から坂道をのぼった一番奥の高台にある。チャイティア窟のために訪れる人はやや少なくなる。日中の炎熱が渓流沿いの石の坂道に残っており、疲れもあって足どりは重い。

やっとの思いで第二六窟に着き、入口の門を見上げると、ファサード上部のアーチ型の窓をかこんで大小の仏像が彫られているのが目に入り、その精緻な造りに疲れがふっとんだ。

中に入ると、ギリシア的な列柱が並び、正面に巨大なストゥーパが祀られている。ストゥーパの意味するところは、涅槃と宇宙を象徴していることである。前面の仏龕には、説法印《せっぽういん》を結んだ倚坐の仏陀像が左右の龍王に支えられ飛天が舞い、周囲には菩薩などが浮彫されている。

釈尊は、在家の信者たちに心の支えとなる礼拝対象として、舎利《しゃり》（遺骨）を祀ったストゥーパをつくり、これを拝むがよいと伝えた。

涅槃像（アジャンタ・第26窟）

釈尊入滅後、遺体は荼毘《だび》に付され舎利を祀ったストゥーパが礼拝対象となった。釈尊の墓ともいえるストゥーパは、インド古来の思想たる輪廻転生がない。平穏な寂滅《じゃくめつ》の世界を示したものといえよう。インドの仏教徒は、五〇〇年ほどの間ストゥーパのみを礼拝対象にしてきたが、紀元後一世紀ころ、ガンダーラ（パキスタン）とマトゥラー（インドのデリーから二時間）で仏像が誕生し、これが礼拝対象となっていく。

しかし、ストゥーパ信仰は衰えることなく、やがて、アジャンタ第二六窟などに見られるように、ストゥーパの前に仏龕を掘り仏像を刻みだすような石窟が造られるようになる。

さて、第二六窟の窟内の側廊左側に、ストゥーパにむかって涅槃像が掘りだされている。インドで最も大きい全長七・二メートルの涅槃像は、右脇を下にして真直ぐ足をかさねて横たわる。

列柱にさえぎられて正面から全体をみることはできないが、瞑想しているような面影は、うす暗い窟内にいっそうの静寂感と荘厳さ

デリーの街

をかもしだす。

涅槃とは、サンスクリット語でニルヴァーナといい「尽きる」という意味であるが、悟りをひらいた仏陀の煩悩《ぼんのう》、行為、そして肉体も尽きた完璧な寂静《じゃくじょう》の世界を示したものである。それは釈尊の入滅によって完成された仏教の理想郷をあらわしている。

台座には、悲しみ途方にくれる弟子たちや在家の信者が浮彫され、上空には、天人が楽を奏しながら飛翔《ひしょう》している。

この図はきわめて対照的である。生命の死をみて悲しみを隠せない人々と、迷いを滅し涅槃をこそ讃える神々の姿に、私は釈尊が入滅するとき、悲しむ弟子たちに向かっていった言葉を思いだした。

> もろもろの事象は過ぎ去るものである。
> 怠ることなく修行を完成させなさい。

私は、今回の旅で体験した二一世紀のインドと四〇年ほど前に見たインドをかさねあわせてみたが、内面的な見えざる面はともかく、旅人として接した外面的な面だけをみると、インド社会が大きく変わったなという感懐はなかった。その理由は、インドにはあまりに露《あらわ》に過ぎる現実と、四千年をつらぬく神話、宗教が混在しているためなのかもしれない。

その一方で、ＩＴ産業に象徴されるように、二一世紀はインドの世紀であるといわれるほど、世界の人々は、インド経済の成長に熱いまなざしをむけている。さらに、今世紀の後半には、世界一の人口を抱える国になるだろうと予測するむきもある。

インドは、宗教や民族が混在するからといって、常に紛争を抱えていたわけではなく、むしろ、諸民族・諸集団が平和共存してきた時代のほうがはるかに長い。

このようなインド社会が、人種差別や貧富の格差、宗教紛争を克服してヒンドゥー教徒とイスラム教徒が共生する道を、いかにして構築していくか、それはインド一国の問題のみならず、世界の発展の帰趨《きすう》を決めるものとなるであろう。

インドの都市には、独特な匂いがあり、歴史によってかもしだされる風情がある。壮絶なまでの喧騒《けんそう》に身をゆだねたとき、インドとは何かを知ることができるかもしれない。つぎのインド旅行は、そのような体験をしてみたい。

**（児島建次郎）**

**主要参考文献**

『インド聖地巡礼』久保田展弘著、新潮社
『アジャンタとエローラ』立川武蔵著、集英社

# 第四章 甦れバーミヤーン

バーミヤーンの大仏がイスラム原理主義者のタリバンによって爆破されたというニュースは、大変ショッキングな事件であった。イスラム教が偶像を否定する宗教であることは知っている。しかし、バーミヤーンの大仏は単に仏教徒の礼拝像であるというよりは、現代では、全人類の文化遺産である。宗教に関係なく、人類が守り伝えてゆくべきものである。バーミヤーンはアフガニスタンの国民だけのものではない。

この世界遺産を修復保存する作業が、いま、東京文化財研究所などによって行なわれているが、彼らは大仏の修復は出来ないとして、専ら、壁画の修復を行なおうとしている。しかしバーミヤーンは壁画の修復だけでは、その真価が問えないと思う。バーミヤーンはただタリバンだけに壊されたのではない。それ以前にも何回かやられている。東大寺の大仏でも、何回か壊されている。しかし、それを本来の姿に復元したので、現在でも、多くの参拝者がやってくるのである。バーミヤーンの大仏も、タリバンの破壊前に復元するのでなく、最初の姿に復元すれば、世界遺産としての価値が生ずるのである。「甦れバーミヤーン」と、私は言いたいのである。

シルクロードの全域にある多くの遺跡の中でただ一つだけ挙げよと言われれば、私は躊躇なく「バーミヤーン」を挙げるであろう。壮大な仏教石窟寺院と言えば、アジャンタや敦煌《とんこう》もある。豪壮な王宮と言えばペルセポリスがある。しかし、シルクロードのちょうど真ん中にあり、東西両文化の混ざり合う接点に位置するという、まさにシルクロードのヘソはここ以外にはないのである。

私は一九六二年より一九七八年まで、京都大学の水野清一教授が主宰された京都大学イ・ア・パ学術調査隊の隊員として、幾度かバーミヤーンを訪れた。特に七〇年以後、水野先生に代わって、私が調査隊の隊長になってからは、バーミヤーンを理解するには、石窟の全貌を解明することが第一と考え、まず主崖窟の全石窟に番号を打ち、石窟の構造からすべての壁画を写真撮影し、記録保存することができた。ただ、石窟のある崖面にあったと思われる木造の階段や建物については、未調査である。一九七九年にソ連軍がアフガニスタンへ進駐して以来、諸外国の考古学の調査隊は、すべて現地調査が出来なくなった。現在、崖前に堆積している土砂を取り除き、発掘をすれば、建物の柱穴や未知の石窟が見つかるかもしれないのである。

## バーミヤーンとはどんな遺跡？

バーミヤーンはヒンドゥークシュ山中の盆地にある。海抜二、五〇〇メートルの高さである。ここは古代からの街道が東西に走っており、東へ行けば古代カピシ国のあったベグラムを経て、南アフガニスタンの平野に降り、カブールをへて、ガンダーラ、インドへ通じている。一方、バーミヤーンから西へ向かえば、美しいバンデアミール湖を経て、ヘラトに至り、イラン、シリアへ抜ける。また、北のヒンドゥークシュを越える峠道は、バーミヤーン盆地の東西両方の二ヵ所にあり、北アフガニスタンの古代バクトリアの地に通じている。

まさにシルクロードのヘソであった。

バーミヤーン盆地は東西に長く、古い街道の両側には、食堂や商店が並び、現代でも旅人の憩いの場となっている。その道の南側をバーミヤーン川が西から東へ流れ、さらに、盆地の両端では二つの川が南から流れ込んで

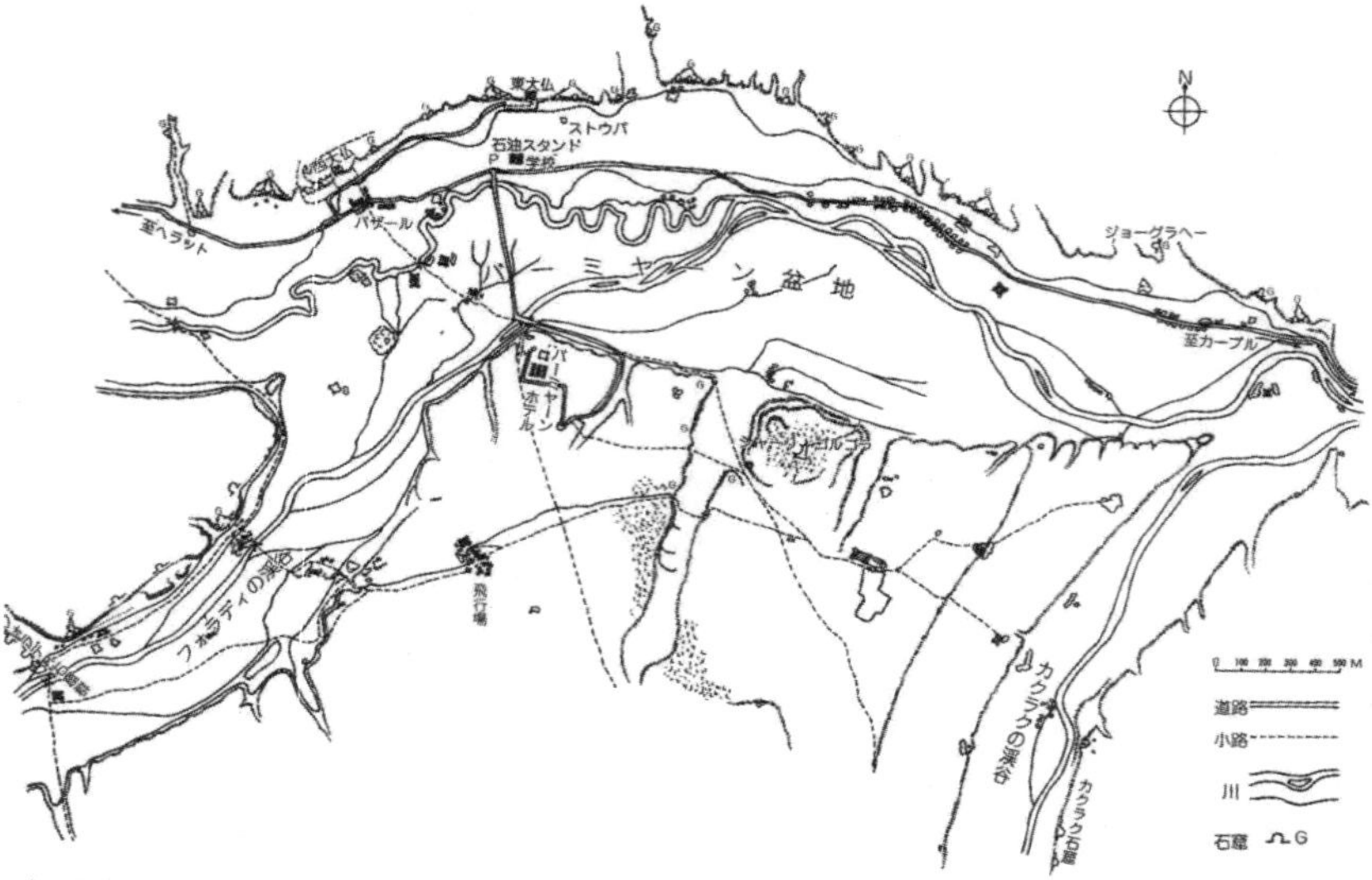


バーミヤーン盆地の地図（ムニエ氏の図より，1936 年）

バーミヤーン石窟の全景

おり、西のフォラディ川と東のカクラク川である。盆地の北には高いホワジャガールの山脈が聳え、南にはコーイ・ババ山脈が遠望され、冬は雪を頂いている。

バーミヤーン盆地には石窟が多い。現代のものも含めると一万近くあるが、大半は仏教とは関係のない庶民の住宅窟である。したがって、仏教の石窟寺院としては、四ヵ所のものに限られる。
主崖窟：盆地の北縁の高さ約一二〇メートル、長さ一、三〇〇メートルの崖面に七五〇余窟。有名な二大石仏もここにある。
カクラック谷：盆地の東縁に約一〇〇窟
フォラディ谷：盆地の西縁に約五〇窟
ジョーグラへ谷：盆地の北縁東端に約二〇窟

## バーミヤーンの歴史

仏教がアフガニスタンに伝えられた以後である。

紀元前三世紀、インドのマウリア王朝のチャンドラ・グプタがセレウコスの東進を阻んで、ヒンドゥークシュ山脈以南の地を領有したが、その後継者三代目のアショカ王（在位前二六六～前二三二）が法による平和な統治を始めて、アフガンにも仏教が伝えられたが、そのときはまだ、仏像はインドでも存在しなかった。

二世紀のクシャーン朝のカニシュカ王（在位一三〇～一七〇）の時、初めてガンダーラで作られた仏像がアフガニスタンにも伝わり、ハッダ、ベグラム、クンドウズあたりにひろまった。

三世紀、クシャーン朝はササンの侵入を受けて衰微し、キダラ・クシャーン朝などの小国分裂の時代となった。

五世紀中頃に遊牧民のエフタル族がアフガニスタンに侵入し、キダラ・クシャーン朝を滅ぼした。エフタルのことは、北魏の宋雲が恵生とともにエフタルへ遣使として行き、その地の状況を『洛陽伽藍記』に録している。その時、トハリスタンからガンダーラへ行っているにも拘わらず、バーミヤーンについては記していない。桑山正進氏によると、エフタルは仏教を迫害したので、バーミヤーンの仏教もまだ発達していなかったと思われる。その後、六世紀中頃、エフタルは瓦解し、替わって、アルタイ地方に起こった遊牧民族の突厥《とっけつ》が中央アジアに君臨し、その一派の西突厥はアフガニスタンをも支配したが、突厥は仏教を認めていたので、それ以後バーミヤーンでの仏教も栄えたと思われる。七世紀前半に唐朝の西域経営が始まり、西突厥は衰えた。八世紀中頃のアラブの侵入までは、仏教文化はイランのササン文化やインドのグプタ文化の影響を受けながら繁栄した。バーミヤーンの石窟も、恐らくその間に活動していたと思われる。

## バーミヤーン石窟の構造

仏教の祖国インドの石窟寺院は、アジャンタが代表するように、崖面の同じ高さに一列に並んでいるが、バーミヤーンの石窟を外からみると、崖面に蜂の巣のように穴が並んでいる。上下に重なったりもして、必ずしも同じ高さに並んでいない。地上から届かない所にあるものは窟前に木造の建造物でもなければ、使えないはずである。全石窟の窟前には何らかの施設があったかもしれない。それらの証拠として土砂の下に柱穴が埋まっているかも知れない。その土砂のなかには、未知の石窟も隠されている可能性が高い。

インドの石窟寺院ではチャイティア窟とヴィハーラ窟の二種類がある。すなわち前者は礼拝の対象であるストゥーパや仏像を安置した尊像堂であり、後者は僧坊である。チャイティア窟は縦長のヴォールト天井の窟で、奥のドーム部にストゥーパを安置してある。ヴィハーラ窟の方は方形の窟で、中央は広場で、周壁には小室の僧坊が並んでいる。バーミヤーンの石窟にはそれがない。

その代わり、内部もいろいろの構造をしている。プランが縦長方形をしているのが最も多く、他に方形、円形、八角形などがある。天井は変化に富み、平天井のほかに、ドーム、ヴォールト、スキンチアーチ、三角隅持送り式など、各種の天井を組み合わせている。

三角隅持送り天井（ラテルネンデッケ）とは、方形室の天井の四隅に三角板を架して、四五度交叉した一周り小さい方形天井を造り、それを重ねることによって、天井を高く、小さくしていく構造である。その古い例がパルチア王国のニサの宮殿やブルガリアのトラキア石室墳にあり、現代でもフンザの民家に見られ、中央アジア西部

第733窟三角隅持送り天井

第129窟スキンチアーチ

第605窟ドーム天井

山地の建築様式である。

スキンチアーチとは、数層のアーチを段違いに重ねたものを方形室の四隅の天井に置いて、その上にドームを載せた構造であり、古い例がササン朝の宮殿にある。いずれも西方の建築様式の影響が強く働いたためと思われる。

それ以外に二つの大仏と五つの坐仏の龕窟がある。これは前壁のない奥行きの浅い窟で、外観が三葉形をしており、奥壁に仏像を彫り出したものである。

西大仏像は高さ五五メートル、龕は高さ五八メートル、床幅二〇メートル、奥行き三〇メートルあり、東大仏像は高さ三八メートル、龕の高さ四〇メートル、床幅一五メートル、奥行一八メートルある。

龕窟などはササン朝ペルシアの磨崖の洞穴の趣がある。仏像の台座の両側に、仏像の後ろを回る隧道《ずいどう》がある。このような隧道はインドにはなく、バーミヤーンとキジルにある。

石窟の構造を整理すると、次のように分類することが出来る。

①正方窟＋ドーム天井（水平隔帯付）：C24など一四基
②正方窟＋ドーム天井（八角小壁付）：C33など一五基
③正方窟＋ドーム天井（スキンチアーチ付）：C51など一六基

④正方窟＋三角隅持送り天井：Ｃ７０２など二二基
⑤八角窟＋ドーム天井：Ｃ６０５など一六基
⑥八角窟＋ドーム＋三角隅持送り天井：Ｃ１１４など六基
⑦八角窟＋ドーム＋クロス・ヴォールト天井：Ｃ１５９など二基
⑧円形窟＋ドーム天井：Ｃ１６８など六基
⑨長方窟＋平天井：Ｃ２１０など多数
⑩長方窟＋ヴォールト天井：Ｃ２０２など多数
⑪龕窟＋ヴォールト天井：Ｃ５３０など九基

このうち、数の多い⑨⑩の二種は壁画や彫刻などの装飾がなく、僧坊や倉庫などの用に使われたのであろう。他の諸型式の窟は壁画や塑像で飾られた物が多く、礼拝や説法の用に供せられたと思われる。

## 壁　画

石窟内には彫像やストゥーパなどの礼拝の対象が置かれていたと思うが、ストゥーパは第五一窟と第三八五窟の室内を中心に方形の基壇が残っているだけで、あとは壁画の中に装飾文の一つとして残っているだけである。また礼拝の対象としての仏像は、壁龕内に納められていたと思うが、現在はほとんどなく、龕内に枘穴《ほぞあな》が残っていて、元仏像を留めていた証拠と思われた。したがって、窟内の装飾は壁画が主であるが、現在壁画が残っているのは五〇数窟しかない。

壁画はまず、岩肌に苆《すさ》混じりの泥土を厚く塗り、その上に白色の漆喰を薄く上塗りして、壁画の下地としてい

第72窟涅槃図

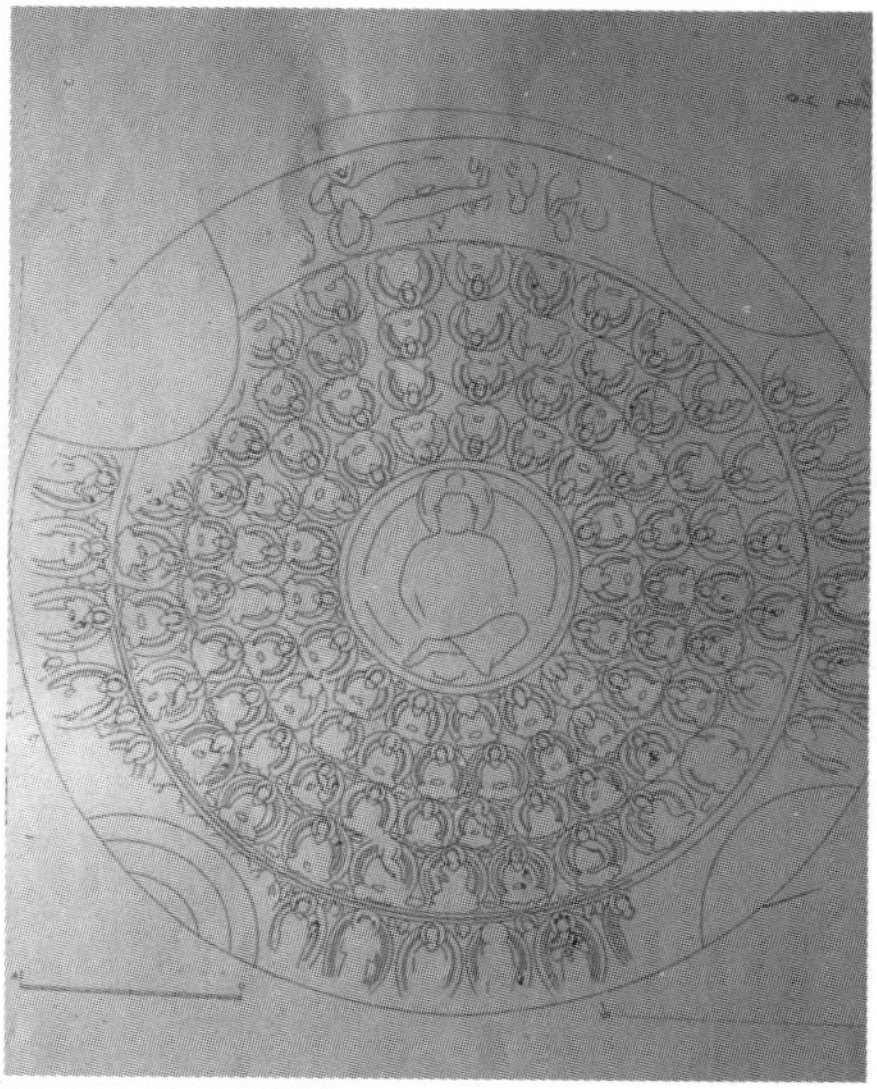
第222窟千佛群像

る。壁画はフレスコの手法であろうが、顔料は黄土、赤土、石緑、石青などの光沢のない岩絵具を使っている。
題材としてはまず仏伝図であるが、インドや中国の石窟寺院と異なり、仏伝図や本生図はなく、涅槃図が七例あるだけである。すなわち、第七二、一七四、二二二、三八六の四窟は石窟入り口上方の楣石《びせき》に描かれており、第三三〇、三三八窟では、別の小壁に描かれている。第五一窟ではストゥーパの基壇の北面にあった。
壁画には千仏の群像が多い。それは天井の中心に一体の仏か菩薩の坐像が、やや大きく描かれ、それを取り囲むようにして小千仏が巡っているが、その配列にはいろいろある。すなわち、同心円状に巡った構図もあり、あるいは円の中に一体の小仏座像とそれを取り囲む六体の仏像があるような図柄がいくつも並んでいる、いわゆる

第155窟東大仏天井の壁画

第155窟東大仏

円輪構図もある。その場合、小千仏はすべて天井の中心にある像の方を向いている。またスキンチアーチでは、重弧部に小型の千仏が外向きにおかれているが、これは室の天井のドームの中心におかれた尊像の方を向いているのである。仏画は曼陀羅風である。

二大仏龕窟の壁画はやや複雑である。東大仏一五五窟では、ヴォールト天井に、天駆ける太陽神スールヤの大画面がある。中央の太陽神は長衣を着、クビカザリ、リボンを付け、左手に剣、右手に槍を持って白い円形の光背を付けて、馬車上に立っている。その前には、中央の御者と左右の守護神が弓矢と盾を持って、車上に立っている。車は四頭立てである。

太陽神の両側上辺には風神やハムサが

第620窟西大仏

バザールから見た西大仏

いる。天井部の両側壁には、一一人の群像があり、飾られた仏陀、僧、王族達が並んでいる。

西大仏六二〇窟の天井では、壁画の大半がすでに剝落しており、残った痕跡から推測すると、天井の前半部には菩提樹下の大仏坐像と付属の楽人達がおり、後半部には三体の菩薩座像列が二段あったようである。また両側壁には菩薩列や坐仏列があり、天上の浄土世界を表現しているようである。以上から見て、東の大仏は釈迦仏、西の大仏は弥勒仏であると、われわれの調査隊員であった宮治昭氏は見ている。

飾られた仏陀像が東大仏龕の寄進者列の中や、西大仏龕の東側壁にある。頭に宝冠やリボンを付け、頸に瓔珞《ようらく》を巻いているが、僧衣を着ている。大日如来の前身であろう。バーミヤーンの壁画には密教的要素が濃い。

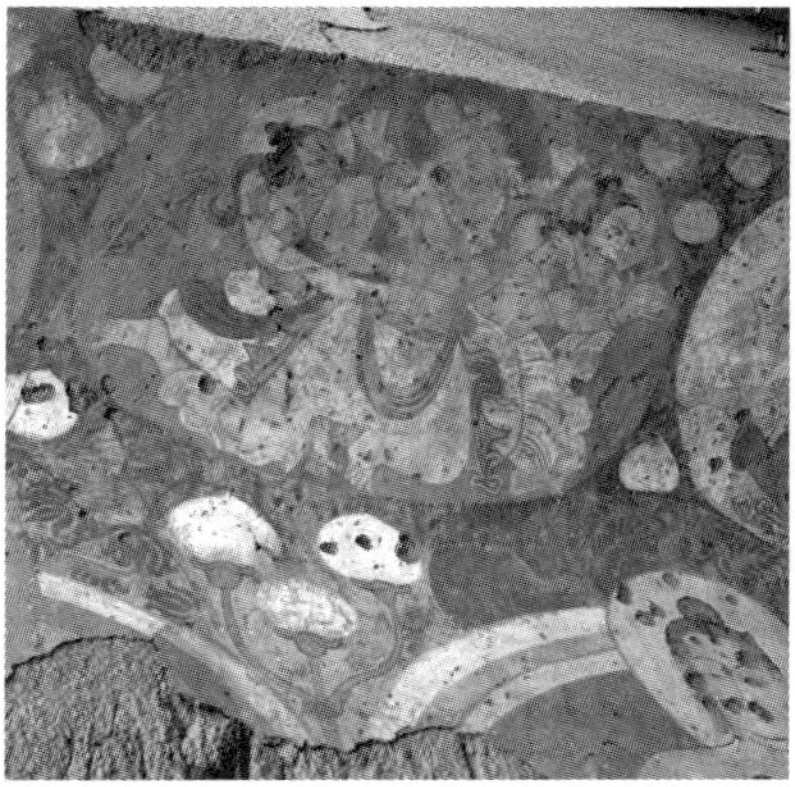

第620窟飛天

第155窟飾られた仏陀

第404窟飛天

仏教的図像以外にも日神、月神、風神、鬼面、キンナラ、ハムサ（小鳥）などのほか、いろいろの装飾文様もあり、それぞれに出自が違っており、外国文様の影響が見られる。

飛天の像は四〇四窟や六二〇窟の三葉形龕の刳《く》り込み部に描かれていて、ちょうど大仏の肩のあたりで、二〜三人の男女が、足を後ろに流して、華盤の中から、散華している姿であるが、羽は付けてなく、天衣を翻してなく、足を出している。

## 年代論

バーミヤーンの年代を探る一つの手掛かりは、バーミヤーンについての記録がどこまで遡りうるかである。すでに記した如く、『隋書』や『唐書』によれば、七、八世紀にはバーミヤーンは中国には知られていたことになる。玄奘《げんじょう》は六二九年にバーミヤーンを訪れており、二大仏を見た。近くには王城や伽藍数十ヵ所があり、僧徒数千人がいた。異教（ヒンドゥー教）の天祠数十ヵ所や涅槃像の存在も記録している。

もう一つの手掛かりは壁画の様式論である。内容からみて、仏伝図や本生図が少なく、飾られた仏陀像は大日如来とも観られ、曼陀羅風の密教的図像も多いので、密教が出現した五世紀以後、すなわち六世紀から八世紀の間に石窟が活動していたとみることが妥当であろう。特に西突厥の葉護可汗がバーミヤーンを支配していた六一八〜六三〇年の間に、大仏が作られたと見るのが妥当かも知れない。

最近、名古屋大学の調査隊がC14年代測定法を使って、バーミヤーンの年代を五世紀中頃から九世紀の間と推定している。

また、これに関連して大仏は、いつどこで初めて造られたか。インドやガンダーラでは、大きな仏像でも一〇メートルを越えるものはない。これらの地域では礼拝の対象はストゥーパが主であって、仏像は後に出現したという事情がある。アフガニスタンでもカピシ国以東の地ではベグラムでも、カブール周辺でも、ハッダでもストゥーパが盛んに作られている。ところがバーミヤーンでは、ストゥーパは装飾文様としては残るが、礼拝の対象からは外れ、仏像だけに絞られている。バーミヤーンの年代が遅い証拠になるかもしれない。

巨像の製作は、西方では古くからエジプトにその伝統があり、イランでもササン朝の磨崖《まがい》の石像がある。これら西方の巨像造営の影響を受けて、仏教世界ではバーミヤーンで初めて、大石仏像が建立されたのかもしれない。

では、二つの大仏のうちどちらが先に造られたか。様式論だけでは、なかなか決めにくい。強いて技術面からみれば、龕の位置に解くカギがある。両者を比較してみると、三葉形の龕形は西大仏龕の方が整っており、東大仏龕は三葉形に造ろうとして、うまくいかなかった感じがする。東大仏龕は両側の壁体内にトンネルの登り階段を彫り込んでいるために、それに邪魔されて、佛龕を十分に掘り広げることが出来ず、現在のような形になってしまったのであろう。

西大仏龕の方は龕頂に通じるトンネルは龕の両側の壁体内にはなく、崖の上方から掘っているので、三葉形の龕形を設計通りに彫ることが出来た。大佛龕を彫るのに、地形上から見てどちらが望ましいかと言うと、垂直面の広い東方崖である。まず東大仏がつくられ、次いで西大仏が彫られたとみるのが妥当であろう。以上の諸例からみて、バーミヤーンの年代は六、七世紀とみるのが、妥当なように思われる。

## 結　語

以上は私が見たバーミヤーンの実体である。それはアフガニスタンの文化財と言うよりは、人類全体の文化遺産である。それを保存する責務がある。バーミヤーンはタリバンの暴行為によって、二大石仏が破壊されたことが世界の人々の非難を浴びた。しかし、文化遺産はいろいろの原因で崩壊しているのが実情である。国土の開発や建設によって、多くの古代遺跡が破壊されたことは、かつての日本国内で経験済みである。地下に埋蔵しても、有機物質や古墳の壁画などは自然に腐食していく。したがって、出来るだけ早く発掘して、地下の文化財から出来るだけ多くの古代の情報を入手し、それを広く人々に知らせ、文化財からの恵を共有する。そして、現在の最高の技術で、保存処置を講ずる。これがわれわれの出来る精一杯の対策かもしれない。

バーミヤーンには、大仏以外に多くの壁画がまだ残っている。それも自然に崩壊していることは、我々が現地調査時にも体験している。その保存処理をすることが急務であろう。大仏の復元も、タリバンが破壊した前の状態に戻すのは無意味である。それよりも最初に建立されたときの状態、すなわち大仏の顔も復元できれば最もよいと私は思っている。中国四川省楽山の世界最大の大仏も顔は新しく、奈良の大仏も天平時代に作られた以後、度々損傷をうけ、現在の胴体は室町時代末の作、頭部は江戸時代元禄四年（一六九一）の作であることを思い返して見るとよい。

（**樋口隆康**）

# 第五章
# 熱砂のオアシス都市に展開された文明の興亡

## 第一節　流沙《りゅうさ》の都〝楼蘭《ろうらん》〟の光と影

### 三度にわたる楼蘭への決死行

私は二〇〇三年三月、二〇〇四年三月、二〇〇六年三月の三回にわたって楼蘭故城（クロライナ）と、その地下陵墓の壁画を調査したので、まずその踏査コースを紹介しよう。

一回目の二〇〇三年のルートは、トルファンから魯克鎮《ルカチン》に進み、そこで旅装を整え、迪攻郷里《ディコンシャンリ》から梧桐溝《ウトンゴー》へと南下した。大型トラック一台、砂漠車六台、隊員は一六名である。伊尓托什布拉克《イエルトスブラク》という小さな村を最後に、まったく人に会うことはなくなった。

途中の道程は、実に変化に富んでいた。ドロ沼のような小径を進んだかと思うと、起伏に満ちた山河を越え、次いで紅柳や胡楊《こよう》の続く砂漠道を進んだ。五、六〇センチの段差のあるデコボコ道を進み、風化土堆群《ふうかどたいぐん》（ヤルダン）を越えるという難しい道を通って、三日後に楼蘭故城から北方約三〇キロ離れた龍城《りゅうじょう》に到着した。

破壊された壁画のある墓室の上部。盗人はここから侵入した。

楼蘭の墓室への入口。この正面に前室と後室がある。

まず、私たちは古墳群《こふんぐん》の中にある地下墓の壁画を調査した。墓室の入り口には扉も無く、ただ板が二枚立てかけてあるだけだった。発見されて間もないこともあり、奥の墓室にはまだ死者の骨が散乱し、棺《かん》おけの蓋《ふた》も無造作に置いてあった。

墓室は前室と後室に分かれており、奥の墓室に入ったところ、足場として一枚の大きな板が敷いてあった。よく見るとその板は棺の側面に使用されていた胡楊の板で、そこには美しい文様《もんよう》が描かれていた。文化財の貴重さを知る者の一人として、驚き身のすくむ思いがした。

盗掘者は天井を爆破して砂丘の上から侵入し、棺を叩き割って埋葬品を盗んで逃亡したようである。後日、盗掘者二名が判明し、文化財破壊の罪で主犯者は一五年の罪を受けることになったという。本来なら死刑であるが、犯人が少数民族のウイグル族であったので、寛大な処置がとられたようだ。

私は、楼蘭に近づく二〇キロメートルほど前から、一キロから二キロおきぐらいに、高さ三メートルほどのヤルダンの上部に、胡楊が植えられているのに気づいた。旅人を迎え入れるための、楼蘭人の優しい配慮としての一里塚であった。水枯れによって朽ち果ててしまっているが、一七〇〇年の歳月を経てもなお、虚空《こくう》に向かって咆哮《ほうこう》しているようであった。

楼蘭は、幻の湖ロプノールの湖岸の西方、二八キロに位置していた。ＧＰＳを見てみると、東経八九度五五分二二秒、北緯四〇度二九分五五秒である。城壁は、敦煌郊外にある漢の長城と同じ版築《はんちく》方式で構築されている。私たちは一回目ということもあり、まず、楼蘭故城の中央官庁であった可能性の高い、三間房《さんげんぼう》とその近辺を調査した。三間房はレンガで造られており、五つの部屋が並び、南向きの三つの部屋は、東西一二・五メートル、南北は八・五メートルであった。

家屋《かおく》の基礎部分には、六・四メートルの赤い漆塗《うるしぬ》りの胡楊が埋められていた。三間房の南と西は住宅地区で、住居の壁は葦《あし》と柳の枝を並べ、草紐《くさひも》で縛《しば》ってある。ゴミ捨て場から、私は漢の五銖銭《ごしゅせん》や子安貝《こやすがい》、陶片を数多く見つけた。

コルラから来たドライバーの一人は、楼蘭故城の東の城壁の下部に埋められていた高さ三五センチ、壺口の直径二〇センチほどの陶器の水甕《みずがめ》を持ってきた。彼が言うには、楼蘭故城の郊外八キロほど行ったところに大きな仏教寺院があり、そこで見つけたという。また、等身大の美しい彩色の交脚菩薩《こうきゃくぼさつ》の壁画も発見したと述べている。まさに、新しい仏教遺跡の発見である。楼蘭はこのように、掘っても掘っても宝の出てくる文明の墓場なのである。

帰路は、米蘭《ミーラン》を経てチャリクリクへ、そこからタリム盆地を北上し、二一八号線の左側にある都拉里《トラリ》故城に入った。周囲約八〇〇メートルの城郭《じょうかく》は堅固で、三〇〇年ほど前に建設されたものだという。私たちは故城の調査を終え、三十五団近辺の胡楊林を抜け、タリム河の東岸を走り、コルラに出て、再びトルファンに帰着した。今回の最大の成果は、日本人として最初に地下墓の壁画を調査できたことである。また、新しい仏教寺院発見の報に接したことであった。

二回目は、まず敦煌から玉門関《ぎょくもんかん》に入り、そこから万里の長城の先端に沿って西に進み、三隴沙《さんろうさ》に向かった。途中、関門や人民解放軍の駐留する村があったが、そこより西は無人の砂漠、すなわち白龍堆《はくりゅうたい》である。流沙と寒風《かんぷう》に悩まされながら、野営すること四日、やっとのことで漢代の食糧倉庫といわれる方城《ほうじょう》に到着した。

玉門関以西は、もともと道は無いので、砂漠車の通れそうな道を探し、苦労して進んでいくしかない。苦労して前進したものの突然、断崖に突き当たり、また引き返したりして、一日でたった一二キロしか進めない日もあった。そうかと思うと、流沙千里《りゅうさせんり》というように、どこまでもなだらかな堅い砂漠の上を快走する日もあった。

楼蘭の墓室は、一年前と異なり、簡単な板戸のドアも取り付けられ、勝手に参観できないようにしてあった。爆破された天井には、板とムシロと葦草《あしくさ》が覆《おお》いかけられ、直射日光が入らないように工夫されている。しかし、墓室内の後室は、前年よりは幾分整理されているものの、まだ乱雑であった。

私たちは主に仏塔と、城内に引き入れられた鉄板河《てっぱんが》の河川の跡を調査した。幅三、四メートルの川床の中は、白く堅い岩塩《がんえん》で固まっており、塩害《えんがい》による被害は想像以上であった。

帰途は、楼蘭から北上し、英布拉克《インブラク》、索克索布拉克《ソコソブラク》、庫木塔格《クムタゴ》砂漠を経て鄯善《ぜんぜん》に入った。この間の走行距離は約三二〇キロ、幾度となく道に迷いやっとのことで帰還《きかん》した。

三回目のルートは、玄奘《げんじょう》の帰路を反対方向に向かっての移動で、極限状態を体験した旅であった。私たちはま

墓室は盗人に上部から爆破されたため，土砂が山積していた。

ず、敦煌から陽関《ようかん》の塞《とりで》を越えて、青海省の北部を東西に横断し、アルトゥン山脈の北麓を、西に向かって走行した。隊員は二〇名、五台の砂漠車に分乗し、大型トラックにテントや食糧を山積しての旅だった。標高三、六四八メートルの当金山口の西、青新界山で一日目のテントを張った。

私は三、〇〇〇メートル以上の高地で宿泊したことはなかったので、一晩中、酸素不足による頭痛に悩まされた。しかし、夜空には美しい名月が浮かび、雨ふるが如き星空を眺めての野営だった。驚くことに、私たちが朝目を覚ましてみると、気温はマイナス八度、外は一面の雪化粧だった。積雪は三〇センチ余もあり、皆あまりの気候の変化に驚嘆、私は白く輝く樹氷《じゅひょう》をカメラに収めた。

春三月上旬といっても、海抜三、〇〇〇メートル以上の山径《さんけい》は、氷の上に降雪《こうせつ》があるので、タイヤは滑りやすい。スパイクタイヤでなく、スタットレスタイヤであり、右は断崖、左は奥深い渓谷《けいこく》ということもあり、緊張しての運転だった。古来、「楼蘭は人を近づけない」と言われるように、まさに、私たちの西域南道経由の楼蘭の旅は、決死行だった。

青新界山から巴什庫爾《バシクエル》へ進み、墩力克から北上して五〇キロほどの砂漠の中で、突然、砂嵐に遭遇することになってしまった。風速三五メートル余、一メートル先も見えない。吹き付ける砂塵は、私たち一行を二五時間も釘付《くぎづ》けにした。車外に出ることもできず、不安と焦燥《しょうそう》の中、じっと寒さに耐えながら風塵《ふうじん》の去るのを待つしかなかった。伝え聞くところによれば、一週間も吹き荒れる時もあるという。幸いにも翌日、一時的に砂嵐が収まったのを見計らってやっと脱出できた。

　ロプノールの湖心《こしん》に出たのは四日目であった。その後は、透き通るような晴天に恵まれ、三度目の地下の壁画の調査を実施、人物像などをカメラに収めた。壁画は、NHKの放送では楼蘭の貴族の墓ではないかと伝えていたが、私は、ソグド商人の墓ではないかと思った。壁画に描かれた服装、髯、グラスなどを詳細に調査するため、楼蘭から帰国して一週間後、再び旅装をととのえ、今度はソグド人の故郷であるウズベキスタンのサマルカンドやタシケントに向かった。その結果、楼蘭の人物像はソグド人であることが解明された。

　楼蘭が繁栄していた四世紀初めには、ソグド人が新疆《しんきょう》のオアシスや中国本土で集落を築いて活躍していたことは、出土する多くの古文書によって証明されている。ここではソグド人の活躍を示す文学作品「敦煌二十詠」の安城祆詠《あんじょうけんのえい》を引く。ソグド人が敦煌に住み着き、郊外に廟《びょう》を建立《こんりゅう》し、酒などの供物を供えているようすが詠われている。

板築《はんちく》　安城の日
神祠《しんし》　此の与《ため》に興る
一州　景祚《けいそ》を祈り
万類　休徴《きゅうちょう》を仰ぐ
蘋藻《ひんそう》　来たりて乏しきこと無く
精霊　憑《のりうつ》ること有るが若《ごと》し
更に看る雩祭《うさい》の処

朝夕《ちょうせき》　酒縄《さけなわ》の如し

楼蘭の墓室から楼蘭故城までは、厳しいヤルダンが続いている。一メートル余はあると思われる段差の淵を砂漠車で走ったり、鋭角の岩間を通過したりしたので、私の乗った四輪駆動砂漠車のタイヤのビスが三本も折れてしまった。補修した三時間後、あまりの激しい振動のために、今度は後輪左のタイヤが吹き飛んでしまった。三本のタイヤだけで百メートルほど走行し、タイヤが一本無くなっていることにやっと気がつくというありさまであった。

右は宝輪，左の人物像はソグド人の商人の酒宴の姿である。

楼蘭故城の周《まわ》りには、いたる所に侵入を防止するための処置が施されていた。長さ二・五メートル、幅二〇センチ、厚さ二センチほどの板に五寸釘《くぎ》を打ち込み、それを上向きにして人の通りそうなところに、板を覆《おお》い隠すため砂を二、三センチ被《かぶ》せて置いてあった。原始的ではあるが、最も効果的な処置である。釘が足を突き抜けたら、タクラマカン大砂漠の真っ只中で医院も無いので、場合によっては化膿《かのう》して死に至ることも想定される。

振り返れば、私の人生にとって、三回にわたる楼蘭入城は、生涯忘れ得ぬ思い出となった。なお、詳しい学術調査報告は、『東洋哲学研究所紀要』第二一号「楼蘭王国の歴史と墓室の調査報告」において写真、地図を含めて公表した。

## なぜ楼蘭は栄えたのか

楼蘭の名が、初めて中国の史書に見られるのは、『史記』巻一一〇、匈奴《きょうど》列伝である。前一七六年のこととして、漢の文帝にあてた匈奴王の手紙の中に「楼蘭、烏孫《うそん》、呼掲《こけい》および、その近隣の三十六国を平定し、すべて匈奴の領土とした」とあり、さらに、「大宛《たいえん》列伝」にも「楼蘭、姑師《こし》は町に城郭があり、塩沢《えんたく》に臨んでいる」とある。このことにより、漢民族は初めて西域に楼蘭という国があることを知ったのである。なお、塩沢とはロプノールのことである。

『漢書』巻九六上、「西域伝」によれば、王国の規模は「戸数一、五七〇・人口一四、一〇〇・兵士二、九一二」と記されている。城内には、幅五、六メートルの灌漑用の用水路が一本引かれており、住民はこの水路を利用して生活用水を採取していたのである。城外にも孔雀川《くじゃくがわ》の支流として、南に三本、北に一本の川床の跡があった。

城壁そのものはさほど大きくなく、一辺が約三三〇メートルほどの正方形で、GPSで位置を確認したところ、東経八九度五五分二二秒、北緯四〇度二九分五五秒であった。城内にある最も高い建物は仏塔で、約一四メートル、風砂によって削られているので、建立当初は、さらに数メートルは高く聳えていたと思われる。

楼蘭の歴史は古く、四、五千年前から住民が住んでいたことが、出土するミイラやその埋葬品から確認される。しかし、多民族が往き交う国際的な都市として繁栄したのは、一世紀から四世紀中頃までであった。『後漢書《ごかんじょ》』西域伝には「商売をする胡人《こじん》が、毎日、楼蘭を通過していく」と、また、楼蘭出土文書には「顔が黒く、目が大きく、ヒゲを伸ばしている。五六名の旅人の中には、頭に白い布を巻いている者もいる」とある。

ところで、楼蘭を通過する胡商《こしょう》や使者たちの人数をみる時、多い時は一年間に二千人、少ない時でも五、六百人に及んでいる。こうした旅人は、楼蘭で宿泊し、食糧を整えて再び砂漠に向かうのであるから、その中継都市としての利益は、膨大なものになる。特に西暦二六五年から二七四年にかけての出土文書が多いことから、晋《しん》王朝の司馬炎《しばえん》の時代が最も繁栄したと言える。

楼蘭が国際都市であったことを証明するものとして、カローシュティー、ソグド、漢など、出土文書に記された文字の多様性があげられる。また、騎馬やラクダや人物の図案を描いたクシャーン朝のコインもあれば、後漢の五銖銭《ごしゅせん》もある。驚くことに、楼蘭で鋳造された五銖銭も出土している。このように、楼蘭においては、物々交換の交易だけでなく、早くも一世紀末から幅広く貨幣経済が確立していたことは大いに注目されるところである。

## 流沙に埋没した楼蘭王国

楼蘭滅亡の第一の要因は、食糧不足であった。楼蘭は前二世紀から五世紀末まで、タクラマカンの流沙の中で存続した王国として、多くの食糧を他国から輸入していた。もちろん国内で食糧生産も行なわれていた。タリム河の支流の孔雀川の水によって、牛や羊や馬、それにロバやラクダなどの牧畜の他、大ムギ・小ムギ・瓜・苜蓿《うまごやし》・粟《あわ》などの農耕も行なわれている。

住民の主食は小ムギであった。小ムギは他の作物よりも耐塩性が高く、五月から九月までの長期間にわたる栽培が可能である。また、稲作などに比べ、水の消費量が少なくてすみ、収穫重量の千倍ほどの水で育成することができる。

当時の楼蘭を中心とした小ムギの生産統計を、ＦＡＯの資料に基づく生産量（Ｍｔ）と、単位収量（ｔ／ｈａ）のデータを見てみると、人口一七、一〇〇人の住民が生存し続けるためには、一人の一日の必要カロリー、約一、六〇〇キロカロリーを取ることが必要となる。すなわち、身長×身長×22＝適正体重である。カロリー計算は、適正体重×カロリー数値＝一日に必要なカロリーである。一平方キロメートルあたりの産出量を、食事中に占める小ムギのカロリーデータで換算すると、正方形にして一辺が約八キロメートルの耕作面積がなければ住民は生きていけない。タリム河の水量が豊富な時は沃野《よくや》が開けて農耕に適していたが、河川が四世紀中頃から枯渇《こかつ》し始めていく。

崑崙《こんろん》やパミールや天山に水源をもつタリム河は、豊かな栄養分を有する土砂や砂塵を含んでの流れであった。先端部分の孔雀川や鉄板河《てっぱんが》の河床が堆積土砂によりしだいに高くなって、水脈が分散し蒸発量が多くなった。もともと本格的な堤防があるわけではなく、水はひたすら低地をめざして流れ、一番低い部分、すなわち、タクラマカン砂漠の平均高度より約百五十メートルの低さにある、海抜七八四メートルのロプノールに注いでいる。また、緑豊かだった楼蘭周辺も、水不足により次第に砂漠化、土地は疲弊《ひへい》し、地下の岩塩が灌漑《かんがい》によって地表に露出し集積して、作物が次第に生育しづらくなっていったのである。

すなわち、楼蘭滅亡の大きな要因は、塩害であったと推断することができる。歴史文献はこうした塩害による生産量の減少を記述していない。しかし、現実の結果として地上に溢れ出た大量の塩を見るとき、私は塩害こそが王国の滅亡の最大の要因であったと思う。歴史はゆるやかに変化していく様を記録として残さないものである。昨日と今日は変化はない。今日と明日も変わりはない。ゆるやかな推移変転は文献に記録されないが、百年、二百年という歳月の流れの中で見れば、大きな変化を生み出すものである。三回の楼蘭調査で得た結論は、楼蘭王国の滅亡の最大の要因は、塩害であったという事実がわかったことであった。

西暦四〇〇年、インドに向かう途中の法顕《ほっけん》が、楼蘭王城に入った時は「住民の生活は困窮《こんきゅう》し、活気も失《う》せていた」と『仏国記』に書き残している。これは住民の食糧不足によるものと思われる。おりしも、気候の寒冷化にともない、氷河の融ける水量が減少し、タリム河の先端は枯渇《こかつ》していった。こうした地球規模の気候変動により、六世紀ごろから西域南道もしだいに流沙に埋没、旅人はいつしか天山南路を利用し、焉耆《えんぎ》からトルファンへ、そしてゴビをわたって敦煌へのコースをとるようになっていった。隊商の往来が減少した楼蘭は、水量が少なくなったのに、土地を大切にする慣習を破って、二毛作を始め土壌を傷めてしまった。さらに羊やヤギを放牧し、草を根こそぎ食べさせている。

住民は水不足対策として、貯水池や水路や堤防などを若干築いたが、所詮、広大なタリム河流域から見れば、ほんの一部分であった。水の欠乏という危機に直面しても、楼蘭の住民は心を合わせ河床《かしょう》を清掃し堤防を築くことをせず、地下水脈を汲み上げる井戸も掘らない。それどころか、冬になるとマイナス二五度前後にも下がることから、自らが暖を取るため胡楊や紅柳などを伐採している。自然環境を保全しようとの意識はまったく無く、子孫のためや王国の未来に思いを馳《は》せる住民もいない。国王も貴族も役人も、自然破壊を容認している。

ところで、楼蘭王国は砂漠のオアシスであるので、人口の変動はさほど無い。三世紀から四世紀にかけての住民の平均寿命を、その出土文物から推測すると約五〇歳であるので、王国が存続した約六〇〇年間で死亡した住民のトータルは二十万余にのぼる。王城の周りは、硬土《こうど》であったり、ヤルダンであったりして木棺を埋めるために、約一・五メートルを掘るのは容易ではない。住民は軟土《なんど》の地を求めて、死者を東北五キロの平台《へいだい》墓地や、七キロ離れた孤台《こだい》墓地に埋葬している。さらに、貴顕《きけん》は孔雀川を遡り、小河《しょうが》墓地方面に土葬した。

埋葬は、それぞれの経済力に応じた形態がとられているが、死体は伸展式であるので、木棺は約二メートルの胡楊材が使用されている。墓坑《ぼこう》の中の棺の外側は、直径約十センチ、長さ一・五メートル〜二・五メートルの丸

野営の準備をする山田隊。気温は３月というのにマイナス８度であった。

木十五本ほどで木柵《もくさく》を用いて外郭が作られている。

タリム盆地のオアシスは、年間降雨量も少なく、樹木は貴重である。棺を作るためには平均して十二枚の板が必要であり、そのため大樹を次から次へと伐り倒していったのである。厚さ四・五センチの木棺には、角材を用いた脚が付けられ、貴重な顔料《がんりょう》を使って彩色の文様まで描いてある。発見された地下墓の周囲の壁には、縦幅一メートルにすると、約十五メートルもの壁画も描かれている。錦の布団、帽子、銅鏡、絹の顔覆布、玉の耳飾などの埋葬品も数多くある。

こうした死者に対する過剰な儀礼《ぎれい》は、生きている住民に多大な出費と労力を拠出させ、また、限りなく自然を破壊していったのである。こうした埋葬形態は、一部の支配者階層に限られているが、それでも胡楊の棺を使った墓は、一、二〇〇体を下らないのである。

滅亡の二つ目の理由は、僧侶、すなわち出家者の増加である。楼蘭への仏教初伝は一世紀頃と推察される。その根拠は、南新疆《しんきょう》のカシュガル（疏《そ》勒《ろく》）、トムシュク（尉頭《いとう》）、クチャ（亀茲《きじ》）、ホータン（于闐《うてん》）、ニヤ（精絶《せいぜつ》）出土の仏教関係の古文書に、一世紀頃の年号の記述が見られることによる。また、洛陽《らくよう》への仏教伝来が、白馬寺の建立の由来から、西暦六七年と確認されるからである。

その頃の出家者は、王子や貴族の子弟が多かった。たとえばカシュガルにおいて法華経を鳩摩羅什《くまらじゅう》に授けた須《シュ》利耶蘇摩《リヤソマ》は、ヤルカンド（莎車《さしゃ》）の王子であったともいわれている。クチャの国師となった鳩摩羅炎《くまらえん》は、天竺《てんじゅく》の貴族であり、宰相の地位を約束されていた人物だという。このように仏教東漸《とうぜん》の初期は、貴顕《きけん》出身者が多く、みな物質界の王者よりも精神界の王者を目指して出家し、仏教流布のため尽力している。そのため、三世紀末には、シルクロードの住民の八割までが大乗仏教に帰依《きえ》し、各オアシスに仏教芸術の花を咲かせたのである。

しかし、四世紀も終わりに近づくと、学、素養も無く、ただ生活のためだけの出家者が出はじめた。僧侶になれば衣食住が充足できるという魅力に心引かれての出家であった。楼蘭でも人口約一七、一〇〇人中、法顕《ほっけん》の『仏《ぶっ》国記《こくき》』によれば、「国内にはおよそ四千人の僧侶がおり、すべて小乗仏教である」と書きとどめている。出家者は住民に対して、僧侶に供養しないと地獄に落ちる、布施《ふせ》を多く出さないと葬儀に出席しない、僧侶に読経《どきょう》してもらわないと死者は成仏しない等々、仏教を利用した悪侶は、純朴な砂漠の民から金品を巻き上げ続けた。

この事実を証明するかのように、楼蘭出土文書〇七五号には、住民の貧苦をかえりみず、住職が妻帯《さいたい》し、酒と肉をたらふく食べているようすが記録されている。さらに、カローシュティー文書五七号では、僧侶が女人《にょにん》を殺すという犯罪まで起こし、四八九号では、あまりの事件の多さに、仏教界の長老が、国王に僧侶を取り締まる規制を定めてほしいとまで訴えている。

楼蘭王国の存在を示す最後の記録は、『新唐書《しんとうじょ》』西域伝である。そこには焉耆国《えんぎこく》は唐と協力して、昔の孔雀川沿いの楼蘭道を復活させようとしたが、トルファンの反対にあって実現できなかったと記録されている。

以後、楼蘭は約一五〇〇年ものあいだ、無人の廃墟と化して流沙に埋没、その位置さえもわからなくなってしまった。一三世紀にマルコ・ポーロによって著わされた『東方見聞録』にも、楼蘭のことはまったく記されていない。

楼蘭故城の仏塔は高さ12m。4世紀中頃の建立と推定される。

楼蘭の名が歴史上から消えて、再び世界の注目を浴びたのは、二〇世紀に入ってからである。スウェーデンの探検家、スウェン・ヘディンの案内人の艾爾得克《アエルドコ》は、一九〇〇年三月二八日、偶然にも楼蘭故城を発見した。次いで、イギリスのスタインが一九〇六年、楼蘭故城に入り、日本の大谷探検隊も、一九〇九年と一九一一年に楼蘭を訪れている。

二〇〇三年三月二日「世紀の発見」と題するニュースが、新華社通信の報道として世界に発信された。楼蘭郊外の地下墓から、美しい壁画とミイラが発見されたというものだった。

二〇〇三年一月三一日、ウルムチを出発した趙子允《ちょうしいん》ウルムチ市登山協会会長を中心とする一〇人余のロプノール探検隊は、楼蘭故城郊外において、二月三日、不審な四輪駆動車が猛スピードで走行するのを見つけた。その車のタイヤの溝跡をたどってみたところ、楼蘭故城の北東、約二四キロ、土垠《トイン》遺址の中の半島状の台地の穴の中から壁画を発見したのである。墓の上部三分の一は、ダイナマイトで吹き飛ばされていた。棺はみな破壊され、埋葬品はすべて盗まれ、死体もバラバラになっていた。貴重な壁画の人物像も、みな顔の上半分は消滅していた。二月一〇日付の朝刊紙「晨報《しんぽう》」は、この発見を大きく報道した。

三月一〇日、新疆《しんきょう》文物考古研究所の于志強副所長は、コルラから孔雀川を下り楼蘭の墓室に至って、初期的な調査をしている。そうした中、二〇〇三年四月号の『文物天地』は、ほとんどの壁画をカラーで紹介、私も四月二〇日付、読売新聞夕刊の文化欄に「大量の原色壁画発見」と題して、二枚の写真を入れて発表した。

なお、私はこの新聞発表の直前に、日本人として最初に墓室を調査、正式な位置をＧＰＳで現地を測定し、北緯四〇度三九分、東経九〇度七分、海抜七二一メートルであると公表した。

遥か一七〇〇年前のソグド商人の一家を埋葬した墓室を見たとき、中心柱の車輪のような絵、後室の輪などを数多く描いた壁画、入口右壁の仏陀《ぶっだ》とその弟子であると推測される絵などを見て感動した。ソグド人はもともと拝《はい》火教《かきょう》であったが、ソグディアナから楼蘭の地に移り住んでからは、仏教の崇高さに心打たれ、改宗して仏教徒になったと思われる。または、拝火教とともに、仏教も並行して信奉したのかも知れない。

私はこれからも四回、五回と楼蘭を踏査すると思う。遠い過去からの熱いメッセージを今に伝えるソグド人の墓室を訪ね、再び壁画と対面することを心待ちにしている。

## 第二節　仏教王国トムシュク（尉頭国《いとうこく》）、その歴史遺産と少女のミイラ

### 日本人として初めてトムシュクを調査する

二〇〇五年八月、二〇〇五年一一月、二〇〇七年九月、私は、カシュガル地区博物館と新疆文化庁の支援のもと、南新疆のトムシュク（古代・尉頭国《いとう》）の古代遺跡を調査した。トムシュクの西方四〇キロの巴楚《ばそ》には、大谷探検隊が一九〇三年、一九〇九年、一九一一年の三回入っているが、尉頭国は訪ねていない。

一九一一年三月、第三次探検隊が巴楚を通った記録を、橘瑞超《たちばなずいちょう》らの資料をまとめた『中亜探検』より引用して

みれば、「この沿道にパイチョンとか、アクスゥとか、あるいはマラルバシといった人口二、三万の都市があって、歴史上、もしくは仏教東漸史《とうぜんし》の研究上きわめて重要なところもあるが、わたしはひたすらカシュガルへと急いだので、それらに滞在する余裕はなかった。そして、ただ力のかぎり、気力をかたむけて昼も夜も馬に鞭《むち》うって急いだのであった」とある。

すなわち、私が日本人としては初めての踏査となる。調査中、トムシュク市政府の全面的協力も得ることができ、『中国絲綢之路辞典』（新疆人民出版社、一九九四年刊）の副主編をされた李愷《りがい》先生はじめ、地元の文物保護管理所の研究員が三名同行し、支援し助言して下さった。

## 輝ける尉頭国の光芒《こうぼう》

漢代初期の尉頭国の王都は、『漢書』西域伝に「尉頭国は尉頭城を都として政治を行なっている」とあり、古代シルクロードの天山南路のタクラマカン寄りのルートであったトムシュク山麓の尉頭谷《いとうこく》にあった。ガンダーラ語、亀茲《きじご》語、塞語《さいご》が話され、峡谷にあった王都は、北魏《ほくぎ》王朝の初期まで続いている。とくに漢の宣帝《せんてい》の神爵《しんしゃく》二年（前六〇）には、トルファンより西、サマルカンド方面までのオアシスは、みな西域都護府《とごふ》の管轄下となった。尉頭国の支配者も、漢王朝の印綬《いんじゅ》を佩《お》び、国中が「建武年間より以来、西域は漢の威徳を思い、国内はみな、漢の属国になったことを楽しんでいる」（『漢書』西域伝）といったありさまであった。当時、尉頭国には西域系漢官が、左右都尉《とい》各一人、左右騎君《きくん》各一人、計四名常駐していた。

尉頭国は、クチャとカシュガルの中間にあり、西域北道を往来する旅人が、必ず通る中継地に位置している。そのため、朝貢《ちょうこう》諸国の官人のほか、多くのソグド（粟特）商人が珍貨奇物を持って宿泊し、賑わいを見せていた。

古代・尉頭国のトクズサライ仏教寺院の正門。崖上に唐王城があった。

出土する絢爛《けんらん》たる花紋の絹製品や、彩絵陶器、精美な工芸品などの遺品は、尉頭国の高い文化の光芒《こうぼう》を今に伝えている。

漢代、敦煌の玉門関《ぎょくもんかん》、または陽関《ようかん》を西に出ると、道は西域南道と西域北道に分かれていた。北道は車師《しゃし》前王庭を出て天山南麓を西行し、焉耆《えんぎ》、烏塁《うるい》、亀茲《きじ》、姑墨《こぼく》、尉頭《いとう》、疏勒《そろく》へと続いている。

この西域北道、すなわち天山南路の尉頭国について、清の徐松の『漢書』西域伝補注や、『資治通鑑《しじつがん》』漢記十二によれば、漢代のその勢力は、西域三六ヵ国中、人口、兵士数とも二二番目に位置している。長安から八、六五〇里、戸数は三〇〇、人口は二、三〇〇、兵士の数は八〇〇である。弱小国ゆえに大国に従属するしか存続を保つ道はなく、そのつど国家の運命を他国の支配者にゆだね、匈奴《きょうど》、漢、蠕蠕《ぜんぜん》、西突厥《にしとっけつ》、鉄勒《てつろく》、吐蕃《とばん》、唐などに従属して命脈を保っていた。

それでも、時として他国から攻撃を受けることもあった。たとえば、後漢の章帝の建初元年（七六）、班超《はんちょう》は皇帝の詔《みことのり》を受けて疏勒から都に帰るため、西域南道を経て于闐《うてん》（ホータン）まで到った。しかし、于闐の住民が馬の足にしがみついて駐留を懇願したので、再び疏勒に引き返すことにした。不在中、早くも疏勒の一部勢力が、対立する亀茲支配下の尉頭国と通じていた。それを知った班超はすぐさま尉頭国へ遠征し、六百余人を斬殺している。

後漢の滅亡後、中国本土は三国南北朝の動乱期に入るが、中原《ちゅうげん》の影響力が弱まるにつれ、タクラマカン砂漠の周辺のオアシスは次第に統合され、大きく五カ国に分離独立していった。すなわち、亀茲・鄯善《ぜんぜん》・焉耆・疏勒・于闐である。尉頭国は、西域三六ヵ国の中でも、二番目の強国、兵士二一、〇七六名、人口八一、三一七を有する亀茲国の保護を受けていた。『魏略《ぎりゃく》』西戎《せいじゅう》伝には、「姑墨《こぼく》国、温宿国、尉頭国は、みな亀茲国に保護されている」とある。

六世紀に入ると、尉頭国の国王は、トクズサライ山の南麓、高さ五五メートルの九台北山に遷都し、トクズサライ（托古孜薩来）城と名付けた。私はGPSで王城の位置を測定したところ、東経三九度五八分、北緯七九度二分、海抜一、一五三メートルであった。尉頭国は、この山城を中心に、現在の新疆ウイグル自治区烏什《ウシ》県と阿合奇県一帯を支配したのである。

唐王朝は貞観（六二七〜六四九）中、西域経営のためこの地を郁頭州《いくとうしゅう》（または蔚頭州《いとうしゅう》）と改名、亀茲都督府に隷属させ、屯田兵を置き重要な西域支配の一拠点としたのである。とくに、龍朔《りゅうさく》元年（六六二）年以後、『旧唐書《くとうじょ》』地理志の西域十六都督州府の条に、「西域府は、州八十・県一百一十・軍府一百二十六を分けて置いた。皆、安西都護府に所属させた」とあるように、唐威が西域全土に徹底するようになった。

二〇〇五年八月、私はトクズサライの山頂まで登って調査を開始した。まず、一五メートルほど登ったところに黒ずんだ木片や、焼けただれた日干しレンガが散乱しているのを見つけた。明らかに火災によるもので、イスラムを信奉するカラハン王朝の東征の折に、唐王城は落城しているが、その時の焼き討ちによる残骸であった。

唐王城の城外には、カシュガルから東北に流れてきた疏勒川がある。大河の流れは尉頭国の住民や兵卒の生命を、千年余にわたって守り支えてきた。この地からは、五銖銭、ガラス玉、亀茲文字、ウイグル文字、漢文、開元通宝などが大量に出土し、今日、これらの多くはトムシュクの歴史陳列館に保存されている。

## トクズサライの仏教寺院遺跡の光彩

トムシュクの唐王城の西方に、広大な仏教遺跡がある。後漢から北宋初期まで使用されていたトクズサライ寺院で、東経七九度一分、北緯三九度五八分、海抜は一、〇九八メートルに位置していた。寺院は南北約二五〇メートル、東西一五〇メートル、高さ約一二メートルの台地の上に建立されている。三世紀から八世紀中頃には、高台には仏塔が林立し、宿房は参詣《さんけい》する仏教徒であふれ、仏殿からは読経が止むことがなかった。

この仏教遺跡に早くから注目したのが、フランスのペリオであった。彼は一九〇六年の一〇月から一二月にかけて寺院跡を調査し、五銖銭、開元通宝、彩色塑像《そぞう》、ブラーフミ文書、漢文文書などを発掘している。

スタインも一九〇八年、トクズサライ寺院を発掘し、その成果を『中央アジアの仏教古代後期』に収録している。また、一九一三年一〇月一九日にも巴楚から尉頭国に入り、二五日から一一月上旬にかけて詳細な考古学的調査を実施しており、『スタイン、考古と探検』に出土した吐蕃文書《とばんもんじょ》や多くの仏教経典を紹介している。

トクズサライ仏教寺院から出土した交脚菩薩の浮彫。唐代の作と推定される。

一九一三年から一九一四年にかけて、ドイツ探検隊のル・コックらも、この寺院の発掘調査を実施し、絹織物、ブラーフミ文書、壁画、仏像、サンスクリット語の経典の写本などを掘り出した。まさに、尉頭国トクズサライ寺院は、掘っても掘っても宝の出てくる文明の墓場であった。

二〇〇五年八月八日、トクズサライ寺院に到着した私たちは、まず中央部分の、二区画になっている台地の南側の仏塔を調査した。そこには、高さ約五メートル、直径二メートルほどの円形の仏塔が二基あった。さらに、ほぼ中央に東西対象に、高さ約一・五メートルの不規則な形をした仏塔が二基、その他、一メートルほどの仏塔の跡が数基確認できた。

仏塔の台座は、一辺約三〇メートルの正方形のヤルダン（風化土堆群《ふうかどたいぐん》）の上部に構築されていた。北側の寺院区も、一辺約三〇メートルの正方形の台地の上にあった。仏塔は朽ち果て、高さ三メートルほどの土塁《どるい》が一つ、二メートルほどのものが五基、その他、五、六〇センチメートルの仏塔らしき残骸が数基確認できた。

その他、この寺院の北方の断崖の下には、大寺院跡が三ヵ所確認できた。また、東麓の中腹にも、一辺が一五メートルほどの台地を複数見ることができる。寺院の正門は南面にあり、ゆるやかな坂道が五〇メートルほど続いている。入り口のすぐ左手に貴顕《きけん》の人を葬《ほうむ》った木棺が入れてあったと伝えられる高さ一メートル、幅一・五メートル、奥行き四、五メートルほどの窟が二つあり内部を調査した。

この仏教寺院の南と西と東には、今は枯れてしまっているが、トムシュク山を河源とする狭い河川の跡がある。しかし寺院の南側は、今でも岩塩によって土壌が白く噴出していて、地下に伏流水があるためか、地表は湿気を帯び雑草が群生していた。

唐王城の西壁、高さ五〇メートルの断崖を下りていったところ、途中、岩壁に浮彫《ふちょう》された六体の仏陀像を見つけた。仏像はほぼ等身大で、地上から約二〇メートルの断崖の、上下三メートル、幅九メートルほどの石面に彫られていた。長い歳月のため表面は風化しているが、それでも往時《おうじ》の美しき姿を垣間《かいま》見ることができる。

　唐王城と寺院区までの約一〇〇メートルには、魏晋《ぎしん》から唐代のものと思われる錦、綉、綾、綢、絹などの織物が地面に散乱しており、私はそれらをカメラに収めた。中国の絹が胡人によって大量に西域に運ばれたことは『中国絲綢史《しちゅうし》』に詳しいが、このように、貴重な織物がトクズサライ仏教寺院の周辺に見られることは、尉頭国がいかに栄えていたかを暗示させるに十分であった。

尉頭国は西域 36 ヵ国の一つとして，漢代に設置された。出土した漢代の衣服。

　西域南道は、前漢から魏にかけて、多くの旅人が往来する文化交流の中心道であった。しかし、タクラマカン砂漠の拡大化にともない、ヤルカンド川やホータン川の河川のルートが変更、ダンダンウイリク、ニヤ、円沙故城、ミーランなど、歴史の町はしだいに流沙に埋没していった。

　それに対して西域北道は、天山山脈の南麓を走っており、クチャからカシュガルまでは二本のルートがあったが、時代の推移に対しても、さほどルートの移動はなかった。西域南道の砂漠化にともなう衰退化とともに、西域北道は日毎に賑わいを見せ、六朝《りくちょう》から唐代にかけてソグド商人が往来し活気を呈《てい》していた。『新唐書』亀茲伝には、「唐は于闐、砕葉《さいよう》、疏勒を治め、四鎮と号した」とあるが、安西都護府が亀茲に移ってから、すなわち貞観二二年以後は、ますますシルクロード交易は盛んになった。

　ところで、一九二八年八月、トムシュクの仏教寺院に対して、中国人によ

トクズサライ仏教寺院から出土した唐代の人物像。左の塑像は口紅をつけている。（巴楚文物保護所収蔵）

る初めての発掘調査が行なわれた。黄文弼《こうぶんひつ》らをはじめとする中国・スウェーデン西北科学調査団である。ペリオやスタインやル・コックらの発掘済みの地域であったにもかかわらず、ブラーフミ文書、仏頭、亀茲語と漢語が刻印されている銅貨などを掘り出している。

次いで一九五〇年代の終わりに、新疆文化庁と中国科学院考古研究所新疆支局との共同調査グループが、五銖銭の鋳型《いがた》、絹織物、仏頭、トカラ語文書などを発見している。私が注目したいのは、五銖銭の鋳型である。尉頭国では早くも北朝時代から、貨幣を鋳造し、貨幣経済が確立していた証拠といえる。

宗主国である亀茲国では『大唐西域記』巻一、屈支国《くっしこく》の条に「貨銭には金銭、銀銭、小銅銭を使用している」とあるように、町には各種の貨幣が流通していた。亀茲国の支配下であり経済圏である尉頭国でも、原材料を亀茲国などから運んだり、鉱夫を天山山中に派遣して銅鉱石を採掘させたりしていたと思われる。イラン高原に盛行した青銅冶金術《やきんじゅつ》が、天山南麓のオアシスに東漸《とうぜん》した恩恵によって、鋳型を作って銅の貨幣を流通させたのである。

『魏書《ぎしょ》』食貨志《しょっかし》に、西域では「国中の、臣民《しんみん》は銭を使用し貨幣を懐《ふところ》にしている」とある。さらに、『隋書《ずいしょ》』食貨《しょっか》志《し》には、西域各国で独自の貨幣が流通していることに対して、「西域では金銀の銭を使っている。しかし、役人はこれを禁止したり、取り締まったりしなかった」として、中原の歴代王朝もその利用を認めていたことがわかる。

天山南麓にある亀茲国の北方一二〇キロメートルにある、アアイ石窟とアゲ（阿格）故城の中間に、近辺に燃料となる木材の多いことから、漢代の精錬所跡が今も二カ所残存している。この天山南麓一帯のオアシス国家においては、古代より、銅や錫《すず》の冶金《やきん》技術が発達し、二千年前から鉄鉱産業が盛んであったことを確認することができた。そのことを証明するかのように、『大唐西域記』巻一、屈支国の条にも「この土地は金、銅、鉄、鉛、錫を産出している」と明記されている。私はトムシュクの北方の天山山麓からクチャまでの車窓から山肌を見たが、赤（酸化鉄）、黄（硫化鉄《りゅうかてつ》）、青（硫酸鉄）をはじめとして、優良な鉱石が各種産出しているようすを見ることができた。

## 美しき少女のミイラと対面

二〇〇〇年八月、タクラマカン砂漠の中に薪《たきぎ》を拾いに行った地元のウイグル人（牧人）は、トムシュク郊外の流沙の中から、人間の足が出ていることに気づいた。掘り起こしてみると、少女のミイラであった。牧人にとって、そのミイラが最近のものなのか、古い時代のものなのか理解できず、驢馬車《ろばしゃ》に積んで家に持ち帰り、小屋の中に寝かせておいたという。知り合いの牧人や農夫に、このミイラのことを話しているうちに、いつしか近隣の評判になり、やがてトムシュクの行政政府の知るところとなった。トムシュク市歴史陳列館は二〇〇五年一一月一日に開館するにあたり、展示物の目玉とするべくこのミイラを牧人《ぼくじん》から買い上げた。

二〇〇五年八月八日、私たちは新疆文化庁の特別許可を得て、歴史陳列館のオープンの前にこの少女のミイラを調査することができ、写真も入手した。ミイラは陳列館の二階の片隅、厳重に南京錠の掛かった六畳ほどの部屋に大切に保管され、蓋《ふた》の無い大型のガラスケースの中の、紫色の布の上に横たわっていた。

思えば、私は一九七八年から今日まで、新疆ウイグル自治区を中心としたオアシスを四八回訪ね、各地の博物

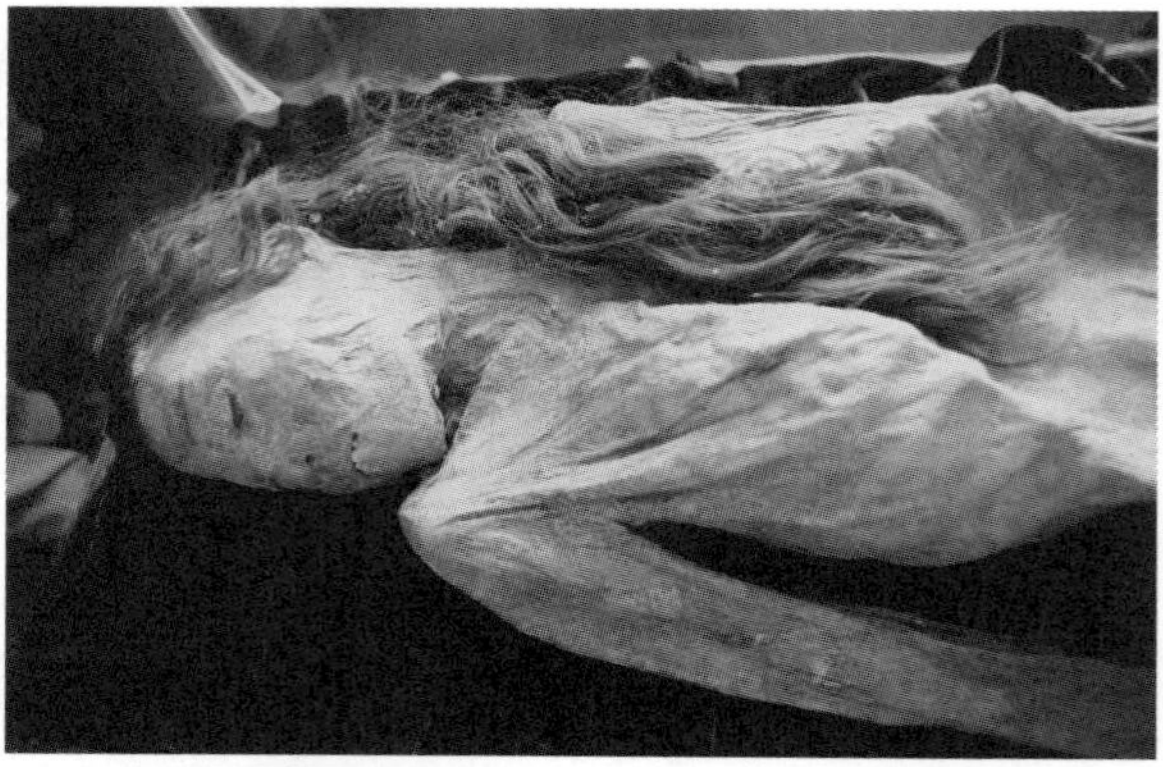

1200 年前の塞族の少女のミイラ。トムシュクの南方のタクラマカン砂漠から出土。（トムシュク市歴史陳列館所蔵）

館や文物保護所や陳列館に展示されているミイラを三〇体以上調査してきた。また、有名な楼蘭の美女もウルムチで幾度となく見たが、尉頭国の少女のミイラは、どの地域のミイラよりもよく保存されているといえる。

　ミイラは身長一四五センチメートル、陳列館の研究員がC14測定法によって年代測定したところ、約一二〇〇年前に死亡したもののことであった。また、年齢は一五、六歳、この地方一帯に住んでいた塞族の少女であると述べていた。

　少女は首からの多量の出血のため、体内の水分がまったく無くなり、腹部は内臓を抜いたように大きく陥没している。胸の下あたりまでもある長い髪は、黒と茶の中間色で、わずかにカールしている。歯は比較的小さく、上下がよく交合、眉毛も残っている。鼻は細く長く少し高く、下顎骨《したあごほね》は先端が細い。額は狭く、眉毛と目の間隔が極めて幅広い。胸骨の張りが異常に大きく、肩は丸みのあるなで肩でなく張っている。手の指は長く滑らかで、爪も細く形もよく整っており、上流社会の少女で力仕事をしていないことがわかる。地中から発見された時、美しい平織りの黄色のシルクにくるまっており、その布は現在、左足の膝の外側に置かれていた。

　少女は、首の左が五、六センチ切断されていた。左首の筋肉をかき切られたことにより、死後、硬直が起こるさいに、右首の筋肉の収縮が優先され、右肩の張りはきわめて大きい。なお、切り口の角度、深さ、幅などから見て、凶器はナイフではなく、草刈り鎌のようなものを首に当て、引き下ろすように切られたものと推察される。

家族は殺された娘を洗い、絹の衣装を着せてタクラマカンの砂漠の中に埋葬した。しかし、一二〇〇年間もの長い歳月、天山山脈から吹き荒れる風や竜巻、そして風食によって、地下約一メートル半に眠っていた少女は、地表に露出したのである。

一二〇〇年の眠りから覚めた塞族《さいぞく》の美少女、今後、解剖学的な調査を待つ必要があり、整形外科による顔形の復元も大いに期待されるところである。

チラン故城は，前 1 世紀から 1000 年の長きにわたってシルクロードの宿駅として栄えた。

## チラン故城は美しき夢の遺跡

トムシュクの北東七五キロに、巨大な城塞がある。チラン（棋蘭）故城である。

私は二〇〇八年九月、天山山脈の南麓、巴楚《ぱそ》と温宿《おんしゅく》のほぼ中間に位置するチラン故城とチラン烽火台を調査した。調査に先だち、千葉大学の石山隆先生の研究室を訪れ、アメリカの衛星から見た天山南路一帯の写真を提供してもらった。なぜならば、チラン故城は、タクラマカンの流沙の中に位置する孤城であるので、そこにたどり着くにはどうしても詳細な衛星写真が必要であったからだ。石山隆先生は、私の要望に十分に応え得る写真を用意され、さらに二度にわたって詳しく地図を解析してくださったおかげで、やっと目的地に到着することが

チラン故城の仏教寺院跡。仏像を安置した龕が８窟あった。

できた。

チラン故城は二一〇〇年前、前漢時代に構築されたシルクロード沿いの宿駅としての城である。私はGPSと巻尺と歩行で、城内を詳しく調査した。そしてほぼ正確な平面図を作成することに成功した。

その概略を紹介すれば次のようになる。トムシュクの北東約三〇キロにあるチラン城は東西約一・五キロメートル、南北約二キロメートルのほぼ長方形をなしていた。北西の望楼の高さは、一三メートルもあった。城門は北と東と南にあり、城門は密集し、南北に大通りがある。カシュガル川の支流の達条川から水路が引いてある。西側には一辺が一二メートル余の正方形の仏教寺院がある。高さ一・五メートル、幅一・二メートル、奥行き三〇センチの仏龕《ぶつがん》が八つ確認できるが、いずれも仏菩薩は破壊されていた。寺院の入り口は崩壊寸前だが、インド風の高さ七メートル余の寺門が残存していた。

城内には唐代の陶片がいたる所に散乱しており、宋代の彩色の陶器の破片も見られる。その他、建築の遺構の調査により、紀元前一世紀中頃から一一世紀頃まで使用されていたと思われる。『漢書』によれば、この城塞は姑《こ》墨《ぼく》の一支城であり、達干城《たっかんじょう》は『新唐書』でいうところの済濁館《さいだくかん》である。

なお、チラン城の滅亡の原因は二つ考えられる。一つは自然環境の変化である。城の南方を流れていたカシュガル河の水路が、大きく南のタクラマカン砂漠よりに移動してしまったのである。そのため生活用水や農業用水を摂取できなくなってしまったことである。

いま一つは、イスラムの西漸《せいぜん》である。七五二年のタラス川畔での、唐とサラセン帝国の大戦のあと、急速に西域はイスラム化している。チラン城も一一世紀には、イスラム軍の攻撃を受け落城したと考えられる。なお、チラン城からトムシュクの唐王城まで、唐代に築かれた八つの烽火台があり、中には現存する唐代の烽火台で、一八メートルという最大の高さを有するものもあった。

このチラン故城は、清代の初期に再び使用された形跡がある。それは古城を整理して再び拠点の一つとして使用したらしく、近代的な戦いに備えるために、城壁の上に西に向かって銃弾口が作られていた。しかし、水不足はどうしようもなく、しばらくして棄城させられたようだ。やがて流沙に埋没、その位置さえもわからなくなってしまった。

私は二〇〇七年八月にもチラン故城内に入場したが、時間の都合で詳しい調査はできず、参観するにとどまった。今回、日本人として初めて本格的な調査を実施できたことは幸運であった。

## 第三節　中国第一の訳経者《やっきょうしゃ》、鳩摩羅什《くまらじゅう》の苦難の道

### 羅什の故郷、亀茲国《きじこく》（クチャ）を訪ねて

鳩摩羅什は、亀茲国の国王白純《はくじゅん》の妹の耆婆《ぎば》を母とし、インドからやってきた出家者で、国師に就任していた鳩《く》摩羅炎《まらえん》を父として、西暦三四四年、スバシ故城で生まれた。幼い頃から神童と呼ばれ、その聡明さは他の追随を

鳩摩羅什の生まれたと言われるスバシ故城

許さず、九歳から一二歳まで、罽賓《けいひん》国（カシュミール）に留学している。現地の長老の槃頭達多《バンドウダッタ》に師事し、仏教の基本を徹底的に学び、その名声は罽賓国王にまで達した。ある日、宮中でバラモン教の論師と公場対決することになったが、梁《りょう》の『高僧伝』によると、羅什は瞬時に勝利したと明記されている。

西暦三五六年、羅什はカシュミールから亀茲国への帰途、烏弋山《ういくさん》離道《りどう》を経て、カシュガル（古代・疏勒国《そろくこく》）に至った。この地でさらに修行に励むため、一年余滞在、若き日の羅什にとって、この期間は生涯忘れることのできない、珠玉の如き日々であったようだ。莎車《さしゃ》国の王子だったといわれる須利耶蘇摩《シュリヤソマ》に教えを受けて、小乗仏教から大乗仏教へと移り、師匠より「この経典は、東北に縁がある。お前は慎んで伝え弘めなさい」（『法華翻経後記』）と言われ、仏典の梵本《ぼんぽん》を付属されたのである。

西暦三八二年、長安に都を置いた前秦《ぜんしん》王の苻堅《ふけん》は、羅什一人を手に入れるため、呂光《りょこう》を将軍として七万の軍を出発させた。遠征軍は途中、楼蘭やトルファンや焉耆《えんぎ》などの軍などを加え、その数は十万余になった。白純王は姑墨《こぼく》や尉頭《いとう》や疏勒《そろく》など、西方の友好国からの援軍を期待して対戦を決意した。また、平沙万里を渡ってきた呂光《りょこう》軍は、疲労しているだろうと軽視、羅什らの反対を無視して戦った結果、亀茲軍は壊滅し国王白純は殺されてしまった。

ところで私は、亀茲王城の北東一二〇キロ、幻の孤城「阿格《あげ》故城」を、二〇〇四年八月、二〇〇五年八月、二〇〇七年三月と三回にわたって調査した。天山山脈を越えて亀茲国に侵入しようとする北方遊牧騎馬民族の西突厥《とっけつ》を、その入り口で撃破するために構築された城塞である。城壁は高さ八メートル、幅は約一・五メートルで、東西南北に望楼があり、城門は東と西にあった。司令部が置かれた城内は、南北は一一四メートル、東西は一二四メートル、銅廠《どうしょう》川の西岸、標高一、五六〇メートルの高台にあった。

アゲ故城に駐留する士卒たちの礼拝窟《らいはいくつ》が、アアイ石窟である。北緯四二度七分、東経八三度五分、海抜は一、五六〇メートルである。クチャ県のアゲ郷イディク村に位置し、クチャ県城北方約六〇キロ、ウイグル語でキジルヤー、「紅《あか》い山」と呼ばれているクズリア大峡谷の中に造営されていた。石窟は一九九九年五月、薬草の採取のために、天山山脈の奥地に入った二四歳の二人のウイグル族の牧人《ぼくじん》、アブレティとトルビーによって発見された。

石窟の入り口の横幅は約三・五メートル、奥行きは四・六メートル、高さは三・五メートル、面積は約一六平方メートルで、方向は、南から三七度東へ向いている。天井はアーチ型で、天井（券頂）中央から端までの落差は八〇センチ、正面の壁の高さは約二・五メートル、両側の壁の高さは一・七メートルであった。私は川床から石窟を目指して登ったが、高さは二メートル余もあった。

正面に安置されていたはずの仏像がないので、現地の研究者に尋ねたところ、発見当初はあったが、いつの間にか消えていて、盗まれたか破壊されたかは不明とのことであった。

石室は、断崖の中腹に鋭利な道具で穴を開け、最初に荒土を塗り、その上に葦草《あしくさ》・羊毛・麻絮《まじょ》などを細かく切りきざんでよく混ぜ、草泥皮《そうでいひ》の上に白土が塗ってあった。完成した白土の上に画稿の下絵を作ったのち着色しており、これは中国の伝統的な石画制作の技法である。しかし、天山の峡谷に吹き流れる強風のため、長い歳月のうちに壁画の下部は破壊され、金箔《きんぱく》は盗人に削り取られていた。

アアイ石窟の成立年代の考察に際しては、窟内の二三ヵ所に及ぶ漢文の題記の筆致が、盛唐時期の長安の書法、風格と一致、正壁の結跏趺坐《けっかふざ》した仏は、莫高窟二一七窟の、唐代に描かれた仏と画法が類似していた。その他、壁画中の人物像の多くは、唐代の黄河中流の絵画の特徴をよくとらえ、豊満で穏やかな顔立ちは、中原《ちゅうげん》の人物画法の成熟時期と重なっている。こうしたことから、アアイ石窟は唐代の初期から中期にかけての造営と推定される。

## 敦煌は古代文化の宝庫

敦煌は前漢の武帝（劉徹《りゅうてつ》）が、前一一一年に西域経営の前進基地として、敦煌郡を設置したことに始まる。当時の人口を『漢書《かんじょ》』は、三八、三三五人と記している。初めは軍事拠点であったが、屯田兵《とんでんへい》による水利事業も順調に行なわれ、農業生産も向上、軍事基地から文化都市へと変貌していった。とくに、六朝《りくちょう》時代から唐代にかけては、「華戎《かじゅう》の交わる所の一都会」として、深目鉤鼻《しんもくこうび》、緑眼深髯《りょくがんしんぜん》の胡人が数多く往来している。

敦煌地方には、莫高窟《ばっこうくつ》・西千仏洞・楡林窟《ゆりんくつ》など八カ所の石窟があるが、最も規模が大きく造営年代の長いのが、莫高窟である。莫高窟は敦煌の東南二五キロ、鳴沙山《めいさざん》東麓の岸壁に掘られ、全長一、六一〇メートル、窟数は唐代の碑文には「千余窟を計《かぞ》う」とあるが、現在は四九二窟残っている。彩色の壁画は縦一メートルにすると四五キロにも及び、塑像《そぞう》は二、四〇〇以上もある。

「沙州土鏡《さしゅうどきょう》」断簡によると、東晋《とうしん》の永和九年（三五三）に、地元の信徒によって第一窟が穿《うが》たれたという。それに対して、大周李懐譲重修《りかいじょうちょうしゅう》莫高窟仏龕《ぶつがん》碑は、前秦の建元二年（三六六）、楽僔《らくそん》という人物によって第一窟が造営されたと記されている。

以来、千年余もの長い間、莫高窟には絢爛《けんらん》たる仏教文化の華が咲き競い、多くの参詣者《さんけいしゃ》が集まってきた。その様子を、敦煌の名所旧跡を詠んだ二十首の五言律詩「沙州《さしゅう》敦煌二十詠」では、「心を洗いて勝境《しょうきょう》に遊び、此《こ》れ従《よ》り塵蒙《じんもう》を去れり」（莫高窟詠）と歌っている。莫高窟まで来るとまるで心が洗われるようで、生命の汚れも見る間に消え去ってしまった、との意である。私は一九七九年に初めて敦煌を訪れ、以来、出土の古文書「沙州敦煌二十詠」、「秦婦吟《しんぷぎん》」、「張議潮《ちょうぎちょう》変文《へんぶん》」、「莫高窟仏龕碑《ぶつがんひ》」、「敦煌出土李白詩」、「女人《にょにん》百歳篇」、「大目乾連救母変文《もっけんれんきゅうぼへんぶん》」等々を日本語訳し、論文や著書で発表してきた。

ところで、敦煌の西北約百キロのところに、漢代の玉門関《ぎょくもんかん》がある。東

敦煌の莫高窟の正面には，多くの仏塔が林立している。

羅什が敦煌まで来た時，愛用の白馬が死んだので，その供養のために建立した白馬塔。

西は二四メートル、南北は二六メートル、城門は東と北にある。高さ約九メートルの城壁に登り西方を遠望すると、漢代の万里の長城が、遥か楼蘭の方面に細長く続いていた。後年、その長城の南側にそって、楼蘭まで行ったが、まことに忘れがたい旅であった。

三八五年三月、呂光軍に従った羅什は亀茲を出発し東に向かい、敦煌へは同年六、七月頃に到着したと思われる。おりしも最愛の白馬が死んでしまったので、その供養のために建立したのが敦煌白馬塔であるという。塔は九層からなり、高さは一二メートル、直径は約七メートルもあった。今日、白馬塔のまわりには売店が建ち並び、敦煌の名所の一つとなっている。

## 涼州《りょうしゅう》は羅什を育《はぐく》んだオアシス

涼州（武威《ぶい》）は気候が寒冷であるために、この名が付けられたという。古来、この地名を借りて「涼州詞」という作品が数多く詠まれている。「黄河遠く上《のぼ》る白雲の間」（王之渙《おうしかん》）、「葡萄《ぶどう》の美酒　夜光の杯」（王翰《おうかん》）といった作品も、みな詩題は「涼州詞」である。国境守備の兵士の心情を赤裸々《せきらら》に詠出し、雄壮な感懐が異国情緒豊かに歌われている。

敦煌を出発して長安に帰る途中、呂光軍はすぐ東の酒泉で、彼の入城を阻《はば》む五万の涼州軍と激突した。しかし、亀茲から凱旋《がいせん》した気鋭の呂光軍七万人の前に涼州軍は壊滅、そのため河西地方の豪族はみな呂光軍に従うようになった。ところが、涼州城に入った時、長安からやってきた使者の報告を受けた。すでに一カ月前に、主君の苻堅は淝水《ひすい》の戦いで敗北し死去したことを知ったのである。帰るべき祖国の無くなった呂光は、やむを得ず亀茲国より手に入れたラクダ二万頭、駿馬《しゅんめ》一万匹、その他、戦利品としての珍重な文物を基盤として、この地に拠《よ》って自立した。

羅什も、いま動乱期の長安に入ったとしても迎える人とてなく、仏典の翻訳どころか、生命も危険にさらされることになるので、涼州に留まることを決めた。しかし、以後、三六歳から五二歳、すなわち三八五年九月から四〇一年一二月までの、一七年の長きにわたって、この辺境の町で生活することになるとは思ってもみなかったことであろう。

この時期、羅什は妻帯《さいたい》し二子をもうけ、二人の子は国王に殺されたとの説がある。しかし「二子を殺す」とは、囲碁をうつ時に使う常套語《じょうとうご》であり、実際に人の子を殺すことではない。もしも羅什が破戒していたならば、どうして倫理に厳しい漢土に招聘《しょうへい》され、弟子三千人を持つことができたであろうか。清僧なればこその、長安での活躍であったと推断できる。

鳩摩羅什の死後，その舌が収められているといわれる涼州の羅什白馬塔。

前漢の武帝は、黄河上流の金城（蘭州《らんしゅう》）を拠点として、西域経営のためにさらに西に進出し、涼州・甘州《かんしゅう》・粛州《しゅくしゅう》・敦煌の河西四郡を設置した。中でも涼州は、古来「金の張液《ちょうえき》、銀の武威《ぶい》」といわれるように、灌漑《かんがい》がうまくいっているので、河西回廊の重要な食糧基地になっており、七万三千人の兵が配置される重鎮であった。唐の詩人の王維《おうい》も約二年間にわたって涼州に住み、岑参も「涼州七里　十万の家」と、その賑わいを詠んでいる。

涼州は後漢末期の動乱期にあって、漢王朝四百年の正統的文化を受け継いだ知識人数千人が、長安や洛陽から流民となって移り住んでいた。また、当時の中国の支配地域の西端の町として、西域仏教が最初に到達したこともあり、独自の仏教文化圏を構築していた。羅什が住んだ一七年間は、後涼《ごりょう》王朝の呂光の在位期間とほぼ重なっている。戦乱の絶えない河西回廊にあって、この期間は比較的平穏な時期であり、羅什は心おきなく、仏典や漢籍の学習に精励することができた。羅什の長安の都での訳経《やっきょう》という偉大なる功績の基盤は、実は涼州での一七年に及ぶ全魂を込めた研鑽の中に秘められていたのである。もしも、この涼州での生活が無かったならば、正しい漢訳仏典は無く、羅什も歴史にその名を留《とど》めることはなかったと考えられる。

## 仏教の永遠なるを願い、訳経と弟子育成に励む

前漢の武帝の治世、政治は安定し経済は繁栄、首都長安に西域人が数多く往来していた。唐王朝になってさらに町は整備され、道幅一五〇メートルの朱雀《すざく》大通りを中心に東街と西街に分かれ、それぞれの中央部に東市と西市が置かれた。

西市には、ペルシアやアラビアやサマルカンドなどから胡商《こしょう》が集まり、八世紀後半には八千人余の西域人がいたという。さらに胡姫《こき》と呼ばれるイラン系の女性は、「胡姫《こき》　貌花《かんばせ》の如し」とか、「胡旋《こせん》の女」と唐詩に詠まれ、李白や白楽天などの作品に彩《いろど》りを添えている。

後秦は四〇一年五月、長安から六万七千の兵を涼州に向けて出発させた。後涼軍は死者一万、離反者二万五千人を出し、その年の九月に国王の呂隆《りょりゅう》は降伏した。人質として母・弟・子などをはじめ、文武の重臣五十余家を

長安に送っており、その一行の中に鳩摩羅什はいた。

思えば、羅什の名声は二〇年も前から、西域からの使節や胡商たちによって長安に伝えられていた。漢族の心ある人々は、偉大な訳経者である羅什の門下に加わり、師事《しじ》したいと願っていたのである。その羅什が後秦の皇帝より国師《こくし》の礼を以って迎えられ、長安に入ったのは、四〇一年一二月二〇日のことである。

思えば、人の縁は不思議なもので、前秦の苻堅は人材は国の宝、「西域に鳩摩羅什あり」として、羅什一人を手に入れるため呂光を亀茲に遠征させた。そして一七年後の今、彼を尊崇する後秦の若き皇帝姚興《ようこう》によって長安に迎え入れられ、仏典翻訳者としての才能を大きく開花させるのである。歴史に燦然《さんぜん》と輝く訳経者の誕生は、まさに苻堅、呂光、そして姚萇《ようちょう》の三人の存在なくしてはありえなかった。

鳩摩羅什ゆかりの西安の草堂寺の羅什塔

後秦の姚興《ようこう》は二九歳で帝位につき、賢人を登用し、寧夏《ねいか》・山西の一部をも支配し、甘粛《かんしゅく》の敦煌にまで影響を及ぼしている。そうした興隆期に、羅什が国師として迎えられたことは、訳経《やっきょう》という多額の資金を必要とする事業にとってきわめて幸いした。仏典を国の支援によって翻訳することが可能となった最初の五年間、羅什は姚興の御苑《ぎょえん》である逍遥園《しょうようえん》の西明閣《せいめいかく》で訳経を重ね、澄玄堂《ちょうげんどう》で講説《こうせつ》している。その翻訳の姿勢について、弟子の僧叡《そうえい》は「大品経序《だいほんきょうじょ》」で「手に胡本《こほん》を執《と》り、口に秦言《しんげん》を宣《の》べ、異音を両訳して、「文旨を交弁せり」と記している。音律と格調にも意を注いで翻訳、その正確にして簡潔流麗《りゅうれい》な訳文は、漢土の人々の渇仰《かつごう》に十分応え得るものだった。

なお、羅什が長安に滞在していた八年間、必ずしも漢土の僧たちすべてが、羅什を尊崇《そんすう》していたわけではない。中には師弟の誓いを破って反逆し、南方に走って建康の道場寺の慧観《えかん》のもとに集まり、反目する勢力の一員となった者もいた。智猛《ちもう》・曇纂《どんさん》らのように、徒党を組んで羅什一門を軽視し、悪口する輩《やから》も出ている。

そうした中、羅什の弟子の竺道生《じゅくのどうしょう》は、国家権力により蘇山に流されても一歩も退くことなく戦い、最後には彼の正しさが証明され勝利を収めている。また、僧叡《そうえい》は師匠の偉大さを証明するため、漢土各地で布教の戦いを展開し、その生涯を終えている。道融《どうゆう》も彭城《ほうじょう》に移って弟子七千余人を指導し、七四歳で死去するまで、師弟不二の純粋な信仰を貫いている。

後秦の弘始一一年（四〇九）八月二〇日、羅什は長安大寺にて死亡、享年六〇歳、すべての使命を果たした偉大な生涯であった。高僧伝の「薪《たきぎ》が燃えつくし身体は焼けてしまったが、たた舌だけは焼けても灰になっていなかった」の一節は、羅什訳の正確さを示す言葉として今も伝わっている。

## 第四節　トルファンの仏教美術を伝えるヤール湖千仏洞

### 古代文化の宝庫トルファン

前漢時代、吐魯番《トルファン》はシルクロードの要衝《ようしょう》の地に位置していたことから、出土する古文書は、カローシュティー、

交河故城より，ヤール湖千仏洞方面を望む。

トカーラ、ホータン、サンスクリット、チベット、パクパ、西夏、ウイグル、ソグド、パルティア、漢、ペルシアなど多種多様な言語で書かれ、この町が文明の十字路であったことがわかる。

ところで、トルファンという名は、元代より以後の呼び名で、トルはウイグル語では「のろし台」、ファンは「城・住めるところ」の意である。はじめは土乱翻《トルファン》と表記していたが、これは「濛々《もうもう》とほこりが立ち上がっているところ」の意味で、侮辱する表現であったため、吐魯番と改められた。

古来、アーリア系の遊牧民を中心に、多くの人々がこのトルファン盆地に集まった理由は、土地が豊かであり、経済と政治が比較的安定していたためであった。『魏書《ぎしょ》』高昌伝《こうしょうでん》には「気温が高く、土地は肥えて二毛作であり、養蚕《ようさん》や果実に適し、人口も多い」とあり、「灌漑水路があり、蜜も塩もとれ、ブドウ酒を産出する」とある。トルファンがあまりにも住みやすい町であるため、近隣のオアシスからここに移り住む者が続出した。たとえば、敦煌から逃亡してきた人物を、送り返して欲しいとの、七〇四年の「軍官妻帯調査答申文書《ぐんかんさいたいちょうさとうしんもんじょ》」も出土している。

唐王朝は高昌国を滅ぼし、西州と改めて高昌壁に西州都督府を置き、六四〇年から六五八年までは、西域での唐の最高軍政機関である安西都護府《あんせいとごふ》を設置した。五県二十四郷、トルファンは大いに繁栄し、『旧唐書《くとうじょ》』によれば、敦煌の二倍以上の人口、五万人余を数えることができる。

トルファンでは高度な仏教文化が咲き薫り、四世紀から七世紀にかけて、ベゼクリク千仏洞、勝金口《しょうきんこう》千仏洞、吐峪溝《とよくこう》千仏洞などの石窟が造営された。とくに、麹氏《きくし》高昌国時代には仏教が興隆し、太后寺・公主寺・永安公主寺・綰曹寺《かんそうじ》・宿衛寺・郎中寺など、出土文書からは、この小オアシスに三〇〇余寺の名称を見ることができる。

そうした中、ヤール湖千仏洞は早期の土着民族である塞族の子孫が建立《こんりゅう》した石窟である。塞族は前三世紀頃から車師《しゃし》と呼ばれ、『史記』匈奴《きょうど》列伝や、『漢書《かんじょ》』西域伝には、「王は交河城《こうがじょう》で政治をとっており、河が分かれて城の下をめぐっているので、交河というのである」と記している。

漢代の交河城内には、約七〇〇戸の家が建ち並び、人口は六、〇五〇、兵数は一、八六五人であった。車師の文化の高さを示すものとして、一九九六年九月、交河城の河川を挟んだ西の丘陵の墓地（一号墓）から、黄金のラクダや虎の装飾品、重さ七七・三グラムの黄金の首輪が発見されている。

車師は三二七年、前涼の張駿《ちょうしゅん》がトルファンを支配下に治め、高昌壁に政治の中心を移したあとも、トルファンで隠然たる力を持ち続け、その文化と伝統を色濃く反映した仏教拠点として、ヤール湖千仏洞、すなわち西谷寺《せいこくじ》を造営している。

ところで、交河故城はほぼ南北に軍艦の形状で横たわり、長さは一、七六〇メートル、東西の最も広い幅のところは、約三〇〇メートルである。ヤール湖から流れる二つの河、ヤルナーズ溝に挟まれた高さ三〇メートルの崖上の面積は、約五〇万平方メートル、建造物の敷地面積は三六平方メートルもある。地元の牧人は交河城を突厥《とっけつ》語の「崖城《がいじょう》」を示す言葉「ヤルホト」（雅尓和図）と呼んでいる。

建築遺構のほとんどは、地面を削り込む方法で造営され、南部は官庁街と居民区、北部は寺院区と墓地に分けられ、城門は南、東、西の三ヵ所にある。大仏寺、西北小寺、東北小寺、塔林などの仏教遺跡は五一ヵ所あり、総面積の一二パーセントを占めている。東北部には宿坊も造営されており、出店が並んでいたことが、柱基《ちゅうき》と出土品によって判明した。

一九九四年六月、交河故城の北部古墳群より、五室からなる地下寺院が発見された。私も窟内に入り調査したが、絵画の構成や顔料の分析から、九世紀から一〇世紀にかけての造営であることが判明した。また、東側の室の状態が住民の生活様式になっていることからして、この地下寺院は初めは住居であったが、しだいに寺院へと変化していったようである。

外は銀、中は銅の舎利箱《しゃりばこ》と舎利三個をはじめ、仏頭や念珠玉約千個、麹氏《きくし》高昌時代の仏像なども出土した。チベット仏教の影響を受けた、釈迦説法図の壁画もある。また、一二〇個の供養墓碑《くようぼひ》も出土し、その数は偶然にも墓の中に埋葬された死者の数と同じで、埋葬年月日と生前の官職が明記されていた。

## 車師人の文化を伝えるヤール湖千仏洞の魅力

ヤール湖千仏洞は、トルファン市の西方、約一一キロの該県《がいけん》三区六郷ヤルコ村に位置している。交河故城北端からヤール湖千仏洞までは、北西に約一、六〇〇メートル、途中の川床の幅は約二〇メートル、川岸から千仏洞までは約八五メートルである。

窟の入り口に近い上部には、昔は堅固な日除けがあったらしく、一辺が八～一〇センチの四角い孔が六個、直径一五センチほどの丸い孔が七個あいていた。さらにそのすぐ上には、小さい孔が平行に八二個あいていて、創設当時は精緻《せいち》な庇《ひさし》が並んでいたことがわかる。

ヤール湖千仏洞より，交河故城西壁を遠望。西壁の洞穴に古代ウイグル人の願文が刻字されている。

千仏洞の東西の長さは約六五メートルあり、現存する窟は七窟である。壁画の総面積は約一六〇平方メートル、窟の前に幅約五メートルの長方形の平台がある。

ところで、ヤール湖千仏洞は、中央アジアにおける石窟寺院の建立の条件、すなわち、岸壁の素地が堅く、草泥《そうでい》が塗りやすい。風がさえぎられて画の保存に恵まれていること、また直射日光が入らず、静寂閑雅《せいじゃくかんが》にして風光明媚《ふうこうめいび》な地域であること、集落の騒音から離れているものの、村との交流が容易で、修行者の衣食の充足が可能な範囲であること。そして、清涼な水の採取ができる河川か湖水が近くにあること、これらすべての条件に適った場所に千仏洞は位置していた。

第一号窟は、ヤール湖千仏洞の中にあって、唯ひとつ側室を有する窟で、従券頂《じゅうけんちょう》と呼ばれる主室と、東西にのびる側室は、ほぼ同じくらいの面積である。長方形の主室の奥ゆきは約五メートル、幅は約三メートル、高さは三メートル余で、主室の奥の左には、二号窟に通ずる門口がある。西壁の奥の右にある孔は、側室に通じており、長さは六メートル余、幅も高さも約四メートル、ほとんど毀損《きそん》して壁画はなくなっていた。

主室の後壁には、一条の赤い枠線と大きな赤色の漢文題記の跡があり、「形」・「正」・「被」といった文字が見える。側室の東壁からうかがえる三層の草泥により、この窟が何回か修復されていることがわかる。

第二号窟は、長さが約五メートル、幅が三・五メートル、高さが約四メートルある。窟内に壁画はなく、壁には草泥を塗り付けた後、石灰を塗りいつでも絵が画けるようになっていた。後壁と窟孔の西壁に、赤色の漢文題記があるが、文字は全く判読できない。

第三号窟は、長さ五メートル余、幅四メートル、高さ約四メートル、北壁の窟門は東に向いており、その両側には物置のような小龕《しょうがん》が鑿《うが》たれていた。

トルファンのヤール湖千仏洞の近影。

西壁の南端に一つの小龕を見ることができ、東西壁の南端には、点在した赤色の漢文題記がある。西壁の南端には「粛州《しゅくしゅう》中営、官隊□奉楊□□専□朱□□□光、馬伏龍李玉朱甫張□井要龍、康熙《こうき》六十一年十月初、八日到此□□」と書かれており、粛州の馬なる人物が、清の康熙六一年（一六七一年）一〇月八日にこの千仏洞を参観し、記念として壁面に刻字したことがわかる。

第四窟は、千仏洞の中心窟で、奥行きは約一八メートル、幅は四メートル余、高さは四・五メートルであった。主室の後方には小室があり、奥の両側には左右二個の対称の修行窟があり、高さは四メートル余ある。

主室にも後室にも鮮明な色彩の壁画が残存し、その総面積は約一一〇平方メートルもあった。両側は説法図《せっぽうず》で、絵は上下二層、一層には一一幅の壁画があり、上部は残り、下部の多くは毀損《きそん》していた。説法図は中間に蓮花座に坐した仏を描き、周囲に聴聞《ちょうもん》する菩薩や弟子たちの姿を描いている。

窟門の西側の内壁には六人の比丘《びく》と、長袍を身につけた高昌国時代のウイグル人の男女供養人像があった。黒髪は肩にたれ下がり、両手を合わせている。また、正面の壁門の両側には、観普賢菩薩行法経《かんふげんぼさつぎょうほうきょう》で説かれる、普賢と文殊師利《もんじゅしり》の二仏が描写されている。

主室の壁画は切り取られ、ただ塑像一仏の光背のみが残っていた。後室の東側の壁にも、二行の回鶻文《かいこつぶん》の榜題《ぼうだい》がある。西側の上部には、礼仏図《らいぶつず》が描かれ、前端には雷公と霹靂《へきれき》とが描かれ、東側の壁には菩薩像が描かれていた。門の通路の西内側には男の供養人が、東内側には龍王が描かれ、窟の天井には千仏が描写されている。

東側の内壁には、ウイグル族の女供養人像が二体あった。身体には紅色の通裙大襦《つうくんだいじゅ》を身につけ、長い紅色の絹を身体のうしろに一条なびかせ、中ほどで美しく花結びをしている。

第五号窟は、長さ約六メートル、幅約三メートル、高さ四メートル余の長方形の石室である。東壁の内壁に小龕が鑿《うが》たれ、西壁に赤色の三行の漢文題記があり、「提記為見仏聞……、師提記耳……、任子年七月□日」と判読できる。また、六世紀から九世紀の突厥文題記《とっけつもんだいき》も四行あり、このことは六朝《りくちょう》から唐代にかけて、トルファンでは漢語と突厥語が使用されていたことを示している。

窟門に近い北部には、二匹の羊の絵が彫られている。門戸の東側壁上には赤色の漢文題記が数行あり、「到此西谷寺」の文字が読みとれる。これは当時、この窟が交河城の西の河谷にあったところから、西谷寺と名称がつけられていたことを物語っている。

第六号窟は、長さ約五メートル、幅約三メートル、高さ約四メートルの窟である。東壁の内壁に小龕が彫られ、赤色の描線で描いた比丘一人の頭像を見ることができる。正面つきあたりには、光背《こうはい》の上部が残存している。

第七号窟の北壁のまん中に入り口があり、奥の長さが五メートル余、幅が三・四メートル、高さは約四メートルであった。四面と門洞と天井に、維摩詰所説経《ゆいまきつしょせつきょう》で説かれる花雨《かう》などの壁画があり、その総面積は約四五平方メートルにも及んでいる。

千仏の形は二種類あり、一つは円領通肩式《えんりょうつうけんしき》の大衣を身につけ、頭上に傘のような華蓋《かがい》があるもの、いま一つは、双領下垂式《そうりょうかすいしき》の天衣をつけ、頭上に菩提樹のような華蓋をつけたものとがある。

ヤール湖千仏洞の壁画の券頂絵千仏図（1150年作）

天井には一仏二菩薩を描写した一幅の壁画があり、上下両側には藤《とう》蔓《まん》が描かれている。窟戸の内側の壁画は、緑と藍の二色を中心とした供養人像が描かれていた。これはクチャのキジル千仏洞の第二、第三期の壁画の技法や、ベゼクリク千仏洞のウイグル時期の画法と類似している。

以上、七窟の壁画について見てきたが、漢文だけでなく突厥や回鶻などの言語が、壁面に散見できるということは注目に値する。このことは、たとえ政治の支配者は交替しても、時の指導者は自らの言語の使用を、トルファンの民に強要しなかったということである。各民族の固有の言語や文化を尊重し、何よりも共に大乗仏教を信ずるところからくる、親近性に貫かれていることを示している。

次に、ヤール湖千仏洞が造営された年代はいつ頃かという問題について考えてみよう。まず、最初に考えられることは、毎日、千仏洞に住む二、三〇人の修行者の食事が必要という点から思いを馳せれば、まだ交河城が、都市としての機能を果たしている時代、すなわち供養者が多く存在していた時に穿たれたと考えられる。それは、歴史的には四四一年に北涼の残党が攻撃してくる以前と考えられる。

また、石窟は、窟数こそ七窟と少ないものの、一つひとつの洞窟は華麗であり、色彩も豊富で高度な技術によって構築されている。しかも、一号窟から七号窟まで、同時に設計され開鑿《かいさく》されており、このことは、相当の権勢を有する支配者でないと造営は不可能であると考えられる。大量の顔料と画工たち、そして、一日数十人の作業員の長期の動員の必要を考えると、膨大な経済力を必要とする。戦乱の時期や、国力の衰退期にできることではなく、石窟はトルファンの隆盛期に造営されたと考えられる。

また、壁画に描かれている供養人の髪型や服装、題記の言語、そして、近辺から出土した経典の書写年代などを考え併せてみるに、ヤール湖千仏洞の穿たれた時代は、歴史的には車師前国の三二七年から四四〇年頃と考えられる。

その後、一一世紀前後の回鶻高昌《かいこつこうしょう》の時代、再び脚光を浴びたらしく、朽ち果てた壁画の上に白壁を塗り、さらにその上に仏教壁画を描いている。私は四号窟を詳しく調査してみたが、壁画の下に古い壁画があることが確認でき、下地は六世紀、表層は一一世紀のものであった。窟内の壁には、訪問の年号が明記されており、当時の中原とトルファンとの政治的な関係を知ることもできる。

ヤール湖千仏洞は仏教美術の東漸史の上からも、車師人の文化と伝統を色濃く残している仏教拠点であり、また、交河城の興亡と運命を共にした仏教石窟として、きわめて重要な位置を占める遺跡といえよう。

**（山田勝久）**

# 第六章
# 祈りと安らぎの道・インドからクチャ、敦煌そして斑鳩の法隆寺と連なる捨身飼虎図

## 敦煌とクチャの本生図（ジャータカ）

西域の玄関口にあたる敦煌は、前漢の時代からさまざまな民族や王朝が領有してきたが、それは、いっぽうで「祈りと安らぎの道」といってもよく、仏の教えは、ここから東方に伝えられ、さらなる救いを願う人々は西方へ旅立った。

敦煌の街で暮らしてみると、千数百年の時を経ても、求法《ぐほう》の旅を続けた僧侶たちの祈りの足跡が、いまも砂漠の中に静かに佇《たたず》んでいるように思えてならない。

私が初めて敦煌を訪ねたのは、一五年前にさかのぼる。シルクロード研究の拠点を敦煌におきたいと考えていた私は、敦煌研究院にお世話になり、毎年、一ヵ月ほど敦煌に滞在し、莫高窟に通いつづけた。

そうした中で最もうれしかったのは、二〇〇〇年夏に開かれた敦煌研究院主催の「二〇〇〇年敦煌学国際学術討論会」に招待していただいたことである。

世界各国から一八〇人の学者が集まり、六日間にわたって各国学者の研究成果を交えた熱い討論に参加し、あ

2000年敦煌学国際学術討論会

敦煌・漢長城の前にて

らためて敦煌の文化的価値を認識することができ、さらなる刺激をうけてシルクロード研究に一段と情熱をかたむけるようになった。

敦煌は人口一五万ほどの小さな街で、一歩街をでると砂漠の風景がひろがる。私が中国と西域の境界に立っていることに気づかされる一瞬である。

敦煌は、西域と古代中国との境界に栄えたオアシス都市で、思想が、文物が、多くの民族が往き交った「文明の交差点」であり、東西文化融合のモニュメントとして世界遺産に登録されている莫高窟《ばっこうくつ》がある。

莫高窟は、なだらかな稜線が織りなす鳴沙山《めいさざん》の東麓の断崖に三層、四層と重なりあうように鑿《うが》たれている。創建を記した碑文が残っている。第三三二窟から出土した武周の六八九年、聖暦元年の「大周李懐譲《りかいじょう》重修莫高窟仏龕碑」によれば、三六六年（前秦の建元二）、楽僔《らくそん》という僧侶によって創建されたという。

それから元の時代まで、一〇〇〇年にわたって造営された。石窟内の壁面は色彩の洪水という感じで、まだ見ぬ浄土は、かくありなんと思わせるほど絢爛豪華で「砂漠の大画廊」という表現がぴったりである。

**敦煌　莫高窟**
（数は 492 で，三層になっている）

現在の石窟の数は北区、南区あわせて七〇〇余りで、そのうち、塑像と壁画があるのは四九二、塑像は二、四五〇体、供養人願記七、〇〇〇件、壁画の広さは四万五、〇〇〇平方メートルで、二メートルの幅にして並べると二二キロになるという。

石窟の中に一歩足を踏み入れると、すべての壁面と天井に一分の隙もなく極彩色の壁画がうまり、金色輝く色鮮やかな仏や菩薩が迎えてくれる。

莫高窟にみる仏教美術の造形力と想像力は卓越しており、世界に二つとない芸術作品といえよう。

壁画は多岐にわたる。テーマは各時代の信仰を反映し

クチャ・キジル大石窟群

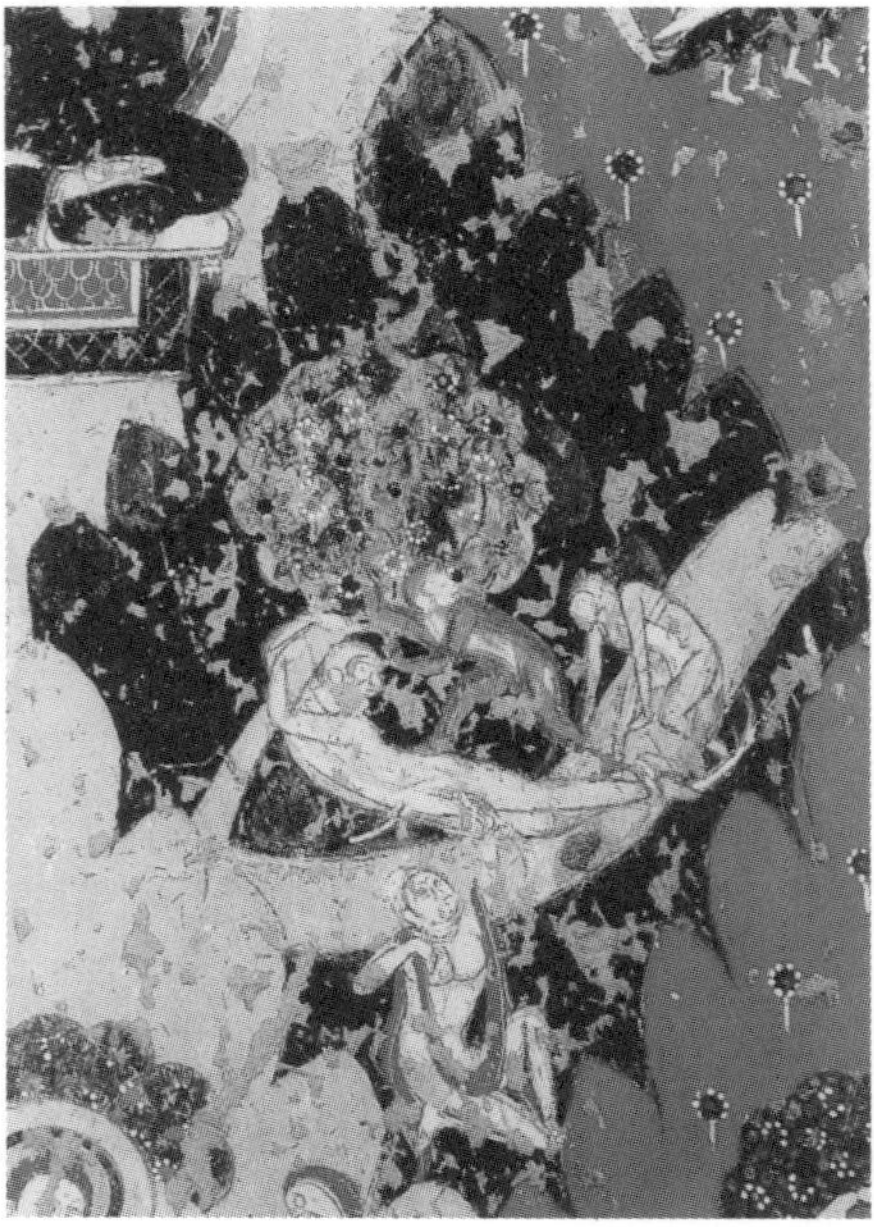

大猿王本生
（クチャ・キジル大石窟群第38窟）
（『絲綢之路・新疆佛教芸術』新疆大学出版社より）

て、北朝期には上座部《じょうざぶ》仏教に起源をもつ仏伝図《ぶつでんず》や本生図《ほんじょうず》、譬喩説話《ひゆせつわ》図などが好んで取り上げられた。隋・唐時代からは、浄土思想が流《る》布《ふ》していったこともあって浄土経変相が流行した。

仏教発祥の地であるインドの人たちは、ことのほか説話や寓話《ぐうわ》を好んだようで、仏典には数多くの伝説などが取り込まれており、それによって深遠なる仏教思想の理解と布教につとめた。

仏教の伝説や説話を描いたものには、釈尊の生涯をあつかった仏伝図、前世の物語の本生図、教説理解のための譬喩説話図がある。

釈尊（前五六五〜前四八六）は、シャカ国の王子であったころ、生・老・病・死の四苦を知り、出家して苦行と瞑想を続けた結果、仏陀になった。仏陀とは悟りの境地に達した者という意味である。

古代インドの仏教徒たちは、釈尊を人間を超越した偉大な聖者とみなし、入滅後、四〇〇年ほど礼拝対象としての仏像はつくられなかった。インドには、古来から、衆生《しゅじょう》の霊魂が迷いの世界を生きかわり死にかわりするという輪廻転生《りんねてんしょう》思想が存在し、人々はそれを信じていた。

この思想のもとに、釈尊は、この世に生まれる前に数多くの世を経て多くの善行をつんだ、つまり前世《ぜんせ》に王族や動物として生まれ善行を施したがゆえに仏陀になったという物語ができる。これを本生譚《たん》といい、インドには五四七ありジャータカともいう。

インド最大のアジャンタ石窟の第一、第二、第一六、第一七窟には、釈尊の前世の物語が色鮮やかに描かれており、それらのいくつかをあげてみよう。

シビ王本生＝鷹《たか》に追われた鳩《はと》を助けるために慈悲深い王が、みずからの肉を与える。マハジャカ王本生＝国を追われた王が、再び王位につくものの現世をすて出家する。白牙象王本生＝白象のもとに、かつての妻だった王妃が牙を求めて猟師をつかわしたため、白象は牙を与え怨念に答えみずから死ぬ。シュヤーマ本生＝目の不自由な父母に孝養をつくす仙人の話。シンハラ物語＝難破して鬼の住む島についた商人が、天馬で脱出し鬼を退治する話など。

アジャンタの彩色壁画は華麗である。このような前世における人間や動物が、利他行《りたぎょう》を実践していくジャータカは、シルクロードを通って中国に伝えられていく。

中国では、敦煌・雲崗《うんこう》・龍門《りゅうもん》を三大石窟と称しているが、それにつぐ石窟といえば、オアシス都市クチャのキジル大石窟群をあげることができよう。ここは、かつて亀茲国《きじ》といわれ、仏教王国として繁栄を誇った交易の要衝で、三世紀から八世紀の間に三三九の石窟が造営されている。

キジル大石窟群の特徴の一つは、アフガニスタンでしかとれないラピスラズリを使い、「キジルの青」といわれるほど壁画の色を青を基調にしていることである。もう一つの特徴は、本生図が数多く描かれていることである。それらのいくつかをあげてみよう。

大猿王本生《だいえんおうほんじょう》＝猟師に追われた子猿を助けるため橋となって逃がし、みずから命つきる。捨身飼虎《しゃしんしこ》＝飢えた母子の虎にみずからの肉を与え助ける。灯明王本生《とうみょうおう》＝嵐で道に迷った旅人をみずからの手を燃やした灯で導いていく。快目王本生《かいもくおう》＝みずからの眼をえぐり施す。慈力王本生《じりきおう》＝地獄の番人の夜叉《やしゃ》が飢えたためみずからの血を施す。

このような自己犠牲の物語は一〇〇をこえており、天井の菱形《ひしがた》模様の中に描かれた本生図は、当時の亀茲国の修行僧たちがめざした世界観をあらわしている。

## 敦煌莫高窟の捨身飼虎図

さて、敦煌莫高窟の本生図は、慈悲深い九色の鹿王が川で溺れている男を助けたため、かえって身に危険がおよぶという九色鹿王《くしきろくおう》本生、鷹《たか》に追われた鳩《はと》を救うために自分の肉を裂いて鷹に与えるシビ（尸毘）王本生、捨身飼虎など十数種におよぶ。

敦煌で石窟が造られはじめた北朝期においては、経典の漢訳があまり進まず、経典の理解がおくれていたため、西域で描かれていた本生図がその壁面を飾った。

それに何よりも、本生説話は釈尊の前世の己を捨て他者を救う、いうなれば、仏教の根本思想ともいうべき喜《き》捨《しゃ》や自己犠牲が主題となっており、こうした画題は仏教徒に素直に受け入れられる内容であった（『シルクロードをゆく　敦煌』学習研究社参照）。

本生図の中でも、特に捨身飼虎図はシルクロードの遊牧民に好まれ、中央アジアの諸石窟に描かれている。

捨身飼虎についての経典は『金光明経』の捨身品にもとづくもので、五胡十六国時代に張掖を都とした北涼《ほくりょう》（三

九色鹿王本生図（第 257 窟・北魏）

捨身飼虎図（第 254 窟・北魏）

**捨身飼虎図**（第428窟・北周）

九三〜四三九）の僧である曇無讖《どんむしん》が訳したことで知られている。

捨身飼虎図は、サッタ太子本生図ともいわれ、莫高窟には第二五四窟（北魏）、第四二八窟、第三〇一窟、第二九九窟（いずれも北周）、第三〇二窟、第四一七窟、第四一九窟（いずれも隋）のあわせて七窟にみられる。

このうち、きわめて精細に描かれている第四二八窟を取りあげよう。この窟では、画面を三段に分け、上段は右から左へ、中段は左から右へ、下段は右から左へとS字状に一六景が絵巻物語的な劇画手法でまとめられている。

つまり、上、中、下の各段に異なった時間の場面がフィルムのコマ送りのように流れており、こうした描写法は、六世紀後半の北周時代に盛んに用いられたという。

画面の中段から下段をみてみよう。

①七匹の子虎をつれている飢えた母虎がすわり、いまにも子虎を喰わんとしている。いっぽう崖の上には三人の王子が下をのぞいている様子が描かれている。

②サッタ太子は、我が身を母虎に与える決心をするものの、兄たちにとめられると思い二人の兄を一足先に帰し、母虎の前に身を横たえる。母虎は衰弱し食欲を失っているため太子を喰うことができない。

③そこで太子は、崖にはいのぼり、みずから竹で頸部を切り血を流して崖上から投身する。
④母虎は、仰向けになった太子の上にのしかかり、おなかにかぶりつく。子虎たちも手足を喰う。
⑤もどってきた兄たちは、太子の遺骸をみて王宮に知らせる。国王と王妃は驚き悲しみ気を失う。
⑥兄たちは遺骸を持ち帰り仏塔を建て、国王をはじめ多くの人が供養する。

これらの情景は一つの画面におさめられているため、多少錯綜《さくそう》している面があるものの、コマ送りの場面は、三人の王子が餓虎を見て悩む姿、太子が枯竹で頸部をつき血を吹かせ投身する様子、太子の身に群がる母子の虎などが、説得力をもった構成で描かれている。

## 法隆寺の玉虫厨子《たまむしのずし》と聖徳太子の思想

さて、今度は法隆寺の玉虫厨子に描かれている捨身飼虎図をみていこう。国宝に指定されているこの厨子は、七世紀前半に造られたもので、総高二二六・六センチである。

厨子は、仏龕の役割をする宮殿《ぐうでん》部とそれを支える中段の須弥座、下段の台脚からなっている。

上部の造りが入母屋《いりもや》風の宮殿となっている厨子が玉虫厨子と呼ばれるようになったのは、透彫金具の装飾に虹色に輝く玉虫の翅鞘《ししょう》（羽）が使われていることからである。

法隆寺境内（奈良県斑鳩町）

鎌倉時代末期（一二二八年）の法隆寺の僧・顕真《けんしん》が著わした『聖徳太子伝私記』に、つぎのような記述がある。

> 次に東戸に向って厨子あり。推古天皇の御厨子なり。其の形腰細なり。玉虫の羽を以て、銅を以て彫り透したる唐草の下にこれを臥せたり。

玉虫厨子の名称は、鎌倉時代に定着していたのであろう。

須弥座の縦長の腰板には、正面に供養《くよう》図、向かって右に捨身飼虎図、左に施身問偈《せしんもんげ》図、背面に須弥山《しゅみせん》図が描かれている。

捨身飼虎図は、画面の左半分に険しい断崖を配し、その上部に衣をぬいで木の枝にかけるサッタ太子を描く。右半分から下にかけては、身を投げだし合掌したまま断崖を落ちていく姿、そして、地上には飢えた母子の虎が太子の体に乗り、食べる様子が描きだされている。

敦煌壁画と玉虫厨子の絵を比較してみよう。

まず、玉虫厨子絵では、サッタ太子が衣を木にかける情景が描かれているが、敦煌壁画にはなく、厨子絵の一つの特徴といえよう。

いっぽう、敦煌壁画には、サッタ太子が投身するものの、虎は食べる力を失っているため、再び崖にのぼり、竹で頸部を刺して血を吹かして投身する情景がみえるが、厨子絵では、この部分が省略されており、母子の虎が太子を食べるところが描かれている。

さらに、敦煌壁画には、太子が身を投げだし虎に食われて骨が散乱している様子、二人の王子や国王がこれを知って塔を建立するという結末までコマ送り手法で刻明に描かれている。

厨子絵は、太子が虎に身を施す情景で終っており、結末はない。

二つの絵の相違について、東京国立博物館資料課長を務めた石田尚豊《ひさとよ》氏は、誓願《せいがん》という点に注目し、これが聖徳太子の思想と結びつくという。石田氏の名著『聖徳太子と玉虫厨子《たまむしのずし》』からみてみよう。

誓願とは、もろもろの衆生を利益《りやく》するため、大悲の心を発し、菩薩を求める無上最勝の道を誓い願うのであって、その直前の衣を木にかける場面は、まさに誓願のシンボルである。

サッタ太子が衣を木にかける情景は『金光明経』の経文にみえる内容で、厨子絵ならではの誓願のシンボル図であり、この誓願こそは、これにより法がはじめて実践される契機となるもので、大乗仏教の菩薩道において、特に重視される。

聖徳太子が講読した『勝鬘経《しょうまんぎょう》』では、如来に対して三つの大願を成就することを誓願する。『法華経』では、仏の教えは真実であるがゆえに、信に基礎をおき、確たる決意のもとに悟りに向けて実践する「発菩提心《ほつぼだいしん》」（菩提心を発すること）を説く。

このように太子に関係する経典だけでなく、太子が制定した冠位十二階（六〇三年）や憲法十七条（六〇四年）にも、誓願に結びつくものがある。

捨身飼虎図の原点は、飢えた母子の虎に対して「かわいそう」という慈悲の心をもつことにある。サッタ太子は餓虎の苦しみに共感し、ついに、わが身を虎に施すにいたって布施《ふせ》行が完結するのである。『勝鬘経』にも、人間が最も執着する身体、生命、財産を捨てること、つまり「三種の分を捨てる」ことを説いている。

このようにみてくると、聖徳太子が講読した『勝鬘経』の命の布施は、厨子絵の捨身飼虎図に見事に凝集されているとともに、太子の長男の山背大兄《やましろのおおえ》一族（六四三年に蘇我入鹿によって滅ぼされる）に継承されており、厨子絵と太子の思想が、身布施の精神で貫かれていることがわかる（この項石田尚豊『聖徳太子と玉虫厨子』参照）。

捨身飼虎図は、特に北方遊牧民に好まれた本生図で、それは、狩猟習慣の波動がおよんでいると考えられる。仏陀の涅槃寂静《ねはんじゃくじょう》の生き方は、サッタ太子の犠牲という人生へと転生をとげた姿であり、敦煌壁画に展開されている仏教芸術の中に、そのような思想の変容をたどることができよう。

いっぽう、聖徳太子の仏教信仰の精神的支柱となっているのは、如来の法は永遠にして常住であることを確認することから生まれ、布施のなかでも我が命を布施する身布施こそが最高の菩薩道と考えたところにある。

身命の布施とは、我執《がしゅう》を離れ澄み切った心で、生きとし生ける衆生の命を尊ぶ極限地におけるものである。

太子のこのような思想は、憲法十七条の内容にみられる。さらに、太子薨去《こうきょ》の時に、妃の橘大郎女《たちばなのおおいらつめ》が理想浄土のありさまを官女たちに刺繍させて作りあげた「天寿国繍帳《てんじゅこくしゅうちょう》」にみえる「世間虚仮《せけんこけ》、唯仏是真《ゆいぶつぜしん》」の言葉に凝集されている。

**（児島建次郎）**

**主要参考文献**

『聖徳太子と玉虫厨子』石田尚豊著・東京美術
『敦煌三大石窟』東山健吾著・講談社
『シルクロードをゆく　敦煌』学習研究社
『敦煌の美と心』児島建次郎著・雄山閣出版
『聖徳太子の実像と幻像』梅原猛著・大和書房

# 第七章
# シルクロード・民族興亡の歴史を秘めた河西回廊をいく

## 井上靖の小説『敦煌』とNHK放送の「シルクロード」

私たちが、河西回廊という言葉を身近なものとして意識したのは、いつごろからであろうか。

井上靖の小説『敦煌』は、ここを舞台にした壮大な歴史ドラマである。北宋の時代・一〇二六年（天聖四）進《しん》士《し》の試験を受けるために趙行徳《ちょうぎょうとく》は開封《かいほう》に上った。このころ、河西回廊の北のオルドスでは、遊牧民による国家・西夏《せいか》（一〇三八～一二二七）が興き、回鶻《ウイグル》や吐蕃《とばん》といった民族が割拠していた。

西夏に文字が誕生したのを知った趙行徳は、その文字を知りたいとの一心から、西夏の都興慶府《こうけいふ》をめざすが、河西回廊の支配権をめぐる争いにまきこまれる。

そして、最後は敦煌にたどりつき、西夏の侵入に備えて、敦煌の千仏洞に多くの教典をかくす。いっぽう、西夏は砂漠を馬蹄《ばてい》に蹂躙《じゅうりん》し敦煌を含めた河西全域を自己の手中に収めてしまう。

歳月を経て一九〇〇年、王円籙《おうえんろく》という道士《どうし》が敦煌へやってきて、千仏洞で寝起きしているうちに偶然にも、趙行徳らによってかくされた第一七窟（蔵経洞）を発見する。

時あたかも、世界の列強はシルクロードに目をむけ、多くの探検隊が宝物をねらってやってくる。蔵経洞の多

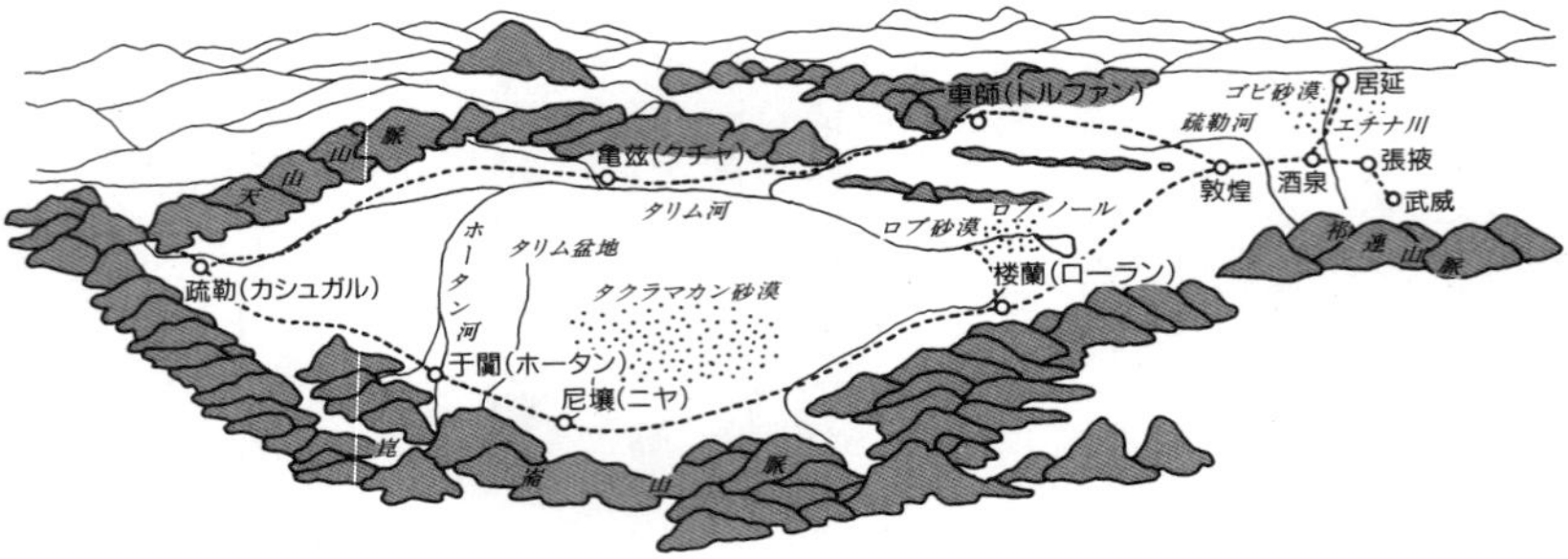


**タリム盆地と河西回廊**
（韓国國立中央博物館『中央アジアの美術』学生社より）

くの経典類は、イギリスのスタイン、フランスのペリオ、日本の大谷探検隊が買いとり海外へ持ち去ってしまう。

小説『敦煌』は、

それらが、東洋学のみに留まらず、世界文化史上のあらゆる分野の研究を改変する宝物《たからもの》であることが判明するまでには、なお幾許《いくばく》の年月を必要としたのであった。

という言葉でしめくくっている。

河西回廊が多くの人の耳目《じもく》を集めることになったのは、一九八〇年にNHKが放送した「シルクロード第二集・長安より河西回廊」の番組である。私たちは初めて河西の人々の生活や風土、歴史を映像を通して目のあたりにしたのであった。

テレビに映しだされる風景は、大きな衝撃を与えるとともにシルクロードへの関心を一気に高めることになった。

これにあわせて、一九八八年、NHKと奈良県の主催による「なら・シルクロード博覧会」が奈良公園を主会場にひらかれた。この時、イラクやパキスタン、ロシア（当時はソ連邦）などシルクロードの沿線十数ヵ国から文物をお借りして展示したが、中国からの展示物は、河西回廊の武威・雷台《らいだい》漢墓から出土した兵士俑などであった。

これを契機に日本にシルクロードブームがおき、一九八〇年代から九〇年代にかけてシルクロードを旅する人が急増していった。

私は「なら・シルクロード博覧会」にかかわった一人として、文明の十字路といわれ、民族興亡の舞台となった河西回廊を、この目で確かめたいと思いつづけていたが、それが実現したのは、博覧会開催から一〇年後の一九九八年夏のことである。

## 匈奴と漢民族との争覇の舞台・河西回廊とは

河西回廊が中国の歴史書に初めて登場するのは『史記』大宛伝《だいえんでん》である。

始《はじ》め月氏は敦煌、祁連《きれん》の間に居りしも、匈奴《きょうど》の敗《やぶ》る所と為《な》るに及び、乃《すなわ》ち遠く去り、宛を過ぎ、西のかた大《たい》夏《か》を撃って之を臣とし……

敦煌から祁連山脈の間に居住していた月氏は匈奴に敗れ西方へ追いやられたという。

初めて中国を統一した秦始皇帝（在位前二二一～前二一〇）は、将軍の蒙恬《もうてん》に三〇万の秦軍を与え、匈奴が居住するオルドス＝ステップを征圧させた。匈奴は、牧草地を追われ北の高原で、しばらく雌伏の日々を送ることになる。

匈奴を駆逐した蒙恬は、北辺を防御するために「延袤《えんぼう》万余里」いわゆる万里の長城を築く。長城は全長五、〇〇〇キロにおよぶが、古代の一里は四〇〇メートルにあたることから「万里」という表現もまんざら誇張とはいえない。

秦始皇帝の死後、後継者をめぐる争いから秦帝国は混乱し、その中から貴族出身の項羽と農民出身の劉邦が登

**河西回廊の歴史年表**

| | |
|---|---|
| ・前 3 世紀ころ | 月氏が居住する。 |
| ・前 3 世紀 | 秦始皇帝が万里の長城を築き，蒙恬を送る。 |
| ・前 206 年 | 冒頓単于率いる匈奴が月氏を敗る。 |
| ・前 202 年 | 劉邦が項羽を破り，漢王朝が建国される。 |
| ・前 200 年 | 白登山にて，劉邦が匈奴軍に囲まれ，命からがら逃げる。和親条約。 |
| ・前 176 年 | 月氏を破った匈奴は，河西を含む 26 諸国を支配下におく。 |
| ・前 141 年 | 前漢 7 代皇帝武帝が即位し，反転攻勢にでる。 |
| ・前 139 年 | 武帝の命をうけ，張騫が大月氏国へ出発。 |
| ・前 129 年～前 119 年 | 7 回にわたって，衛青，霍去病らによる匈奴の攻撃がつづく。漢は河西回廊を支配する。 |
| ・前 121 年～前 111 年 | 武帝，河西に四郡を置く。 |
| ・4 世紀初め～5 世紀半ば | 遊牧民による五胡十六国時代。小政権が興亡する。 |
| ・619 年ころ | 唐が涼州総管府を設置する。 |
| ・786 年ころ | 敦煌をはじめ，河西地方を吐蕃（チベット）が支配する。 |
| ・848 年 | 敦煌帰義軍を率いる張議潮が吐蕃を破り，河西地方を奪いとる。 |
| ・1038 年～1227 年 | 李元昊が西夏王国を建国する。チンギス・ハンに滅ぼされるまで，河西を支配する。 |

場し、高祖劉邦（在位前二〇二～前一九五）が勝利をおさめ、前漢（前二〇二～後八）を建国する。

劉邦は、その勢いで匈奴遠征を計ったが、逆に白登山（現在の大同市付近）で匈奴軍に包囲され、命からがら逃げだす。紀元前二〇〇年のことであった。

その後、劉邦は匈奴に対する戦意を失い、匈奴に絹織物、酒などを贈ることや単于《ぜんう》（匈奴の王の名）に中国の皇族の女を嫁がせることなどの和親条約を結んで、ひたすらその侵入を防ぐしか道がなかった。ただ、この懐柔策によって、匈奴の侵寇がおさまったわけではなく、しばしば中国の辺境一帯に侵入する状況は続いた。

さて、遊牧民の匈奴と漢民族が宿命のライバルとして争奪を繰りひろげた河西回廊とは、どんなところであるのか。

河西とは、黄河の西に位置しているという意味である。黄土高原《こうど》の西端にある蘭州《らんしゅう》から一、二〇〇キロ西の敦煌まで、甘粛省《かんしゅく》の中部から西部にかけてつづく帯状の地域をいい、南側には海抜四〜五、〇〇〇メートル級の祁連山脈が走り、北側にはトングリ砂漠などのゴビ（礫《れき》砂漠）の低地が細長くのびる回廊になっていることから、河西回廊と呼ぶようになった。

この地域は、「凍れるダム」と称される祁連山脈の万年雪の雪どけ水の恵みによって豊かなオアシスが点在し、それゆえに、河西回廊は東西文明がいきかうシルクロードの要衝となった。

歴史的にみると、この地域は遊牧民の支配下にあった。匈奴は夏や冬に牧草を求めて移住するという漢民族と異なる生活習慣をもっている。つまり、河西回廊は西域《さいいき》とよばれる敦煌から西の地域と中原《ちゅうげん》（中国の中心部）を結ぶ地理的条件の上にオアシスが点在するという風土から、遊牧民と漢民族の争覇の舞台となったのである。

司馬遷の『史記』匈奴列伝に、

壮者は肥えた上等のものを食い、老者はその余りものを食べた。父が死ぬと、未亡人は実母でなければ自分の妻とし、兄弟が死ねば、残った者がその嫁を妻にした。

とあり、匈奴の習俗を知ることができる。漢王朝は、馬蹄のひびきにおののきながら匈奴を蛮夷《ばんい》とみなしていた。礼を知らぬ、文化の未開なも

匈奴の飾り板・彼らは動物意匠を透し彫や浮彫にした。
（沢田勲著『匈奴　古代遊牧国家の興亡』東方書店）

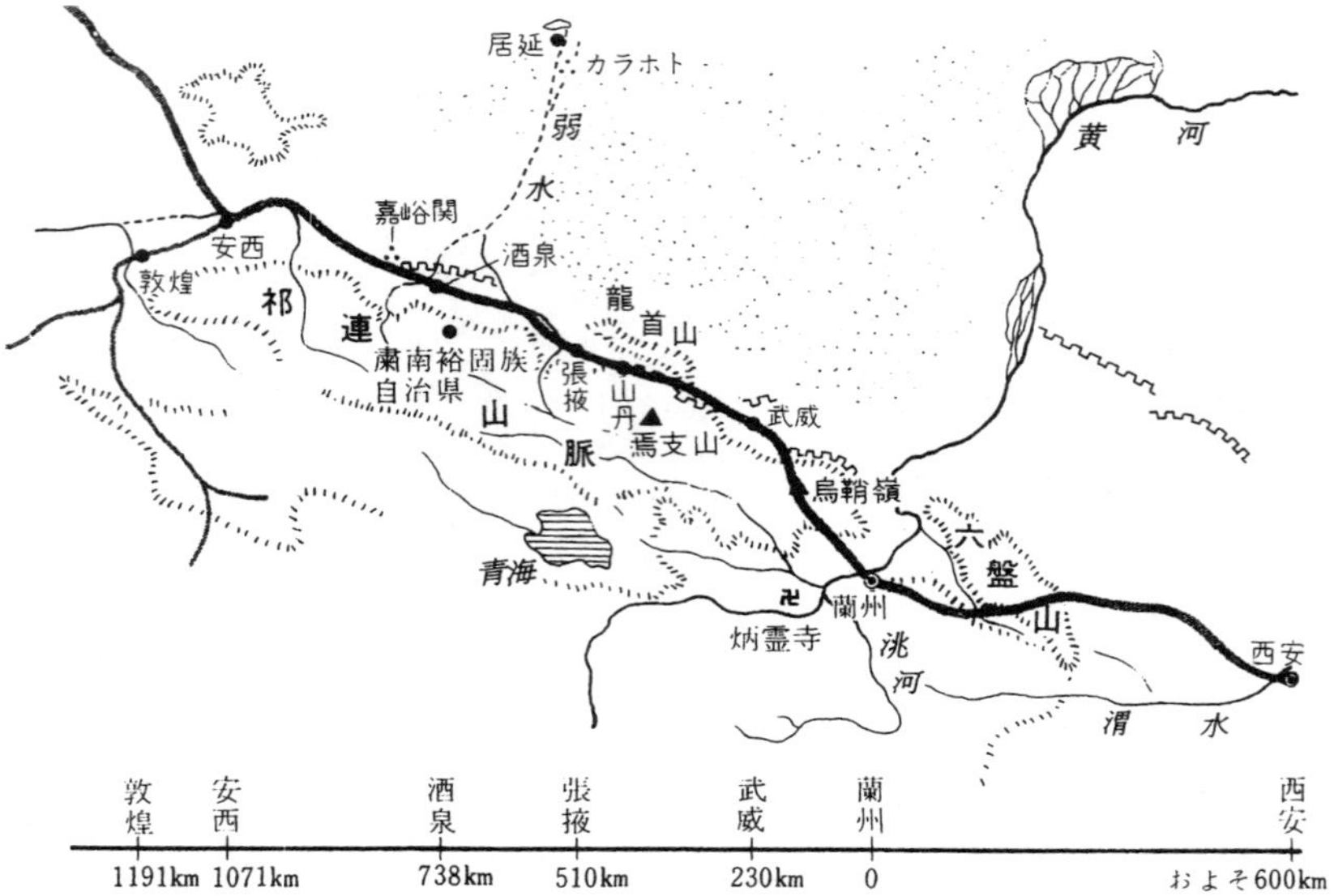


**河西回廊地図**（陳舜臣著・NHK 取材班編『シルクロード 絲綢之路 第一巻 長安から河西回廊へ』NHK 出版より）

のということであろう。

漢の五代皇帝文帝のころの宦官《かんがん》で、老上《ろうじょう》単于に嫁いだ公主《こうしゅ》の伝育官として匈奴で生涯を終えた中行説《ちゅうこうえつ》が、漢からきた使者の説く「匈奴蛮夷論」に対し、それに反論する場面が『漢書』に記されていて興味深い。

漢の使者はいう。匈奴には老人を賤《いやし》める風があり、父が死ねばその妻を子が、兄弟が死ねばその妻を他の兄弟が娶るなどの習慣があり、儒教の礼を知らぬ蛮風ではないかと。

これに対して、『漢書』匈奴伝に中行説が反論するくだりがある。

漢でも子が出征しようとすれば、親は衣食を子に与え、みずから賤につき、それを善としている。匈奴は戦いが多く、戦闘できない老弱より壮者を尊ぶ。また、匈奴では家系が絶えるのをもっとも悪とする。なぜなら、風土きびしい地で遊牧するのに、生命をながらえるのは易きことではないからだ。

まさに、文明の衝突である。匈奴の「貴壮賤老《きそうせんろう》」や「嫂婚制《そうこん》」は、漢からみれば儒家の礼を知らぬ蛮夷のこととしてうつるのである。

いっぽう、匈奴からみれば、戦闘が続き食料が豊かでなく、いつ窮乏生活におちいるかわからない風土の中で暮らすには、働き手を最も大事にしなければならない。しかも、種姓の血統が失われていくことを避けるために、父や兄の妻を得る。このことによって、財産の流出を防ぐという氏族機構の原則を貫き、民族の繁栄をはかるということである。

さて、紀元前一七八年、匈奴の冒頓単于《ぼくとつ》は河西地方に居住していた遊牧民の月氏を攻め、この地から追いだした。冒頓は前漢の文帝（在位前一八〇～前一五七）に書状を送っている。

『史記』匈奴伝には、

天の加護と吏卒《しそつ》の優良と馬匹の強力とによって月氏を滅ぼし、これをことごとく斬殺し降伏させ、楼蘭《ろうらん》、烏《う》孫《そん》、呼掲《こけい》および近隣の二六ヵ国を平定し、その地をみな匈奴に合わせた。

とある。この記述は、当時最大の東西交易の道であった西域を月氏から奪いとった匈奴が、国家としての経済的な基盤を固めたということであろう。

前漢は、高祖劉邦から文帝、景帝の時代までは、匈奴との争いをさけ懐柔策をとりつづけるが、武帝の時代に入って反転攻勢にでる。

武帝は、国力をたのみに紀元前一二九年（元光六）から紀元前一一九年（元狩四）まで、七回にわたって衛青《えいせい》や霍去病《かっきょへい》らの将軍を河西地方に送り込み、匈奴を誅滅《ちゅうめつ》させる。致命的な打撃を受けた匈奴は、はるか北方に撤退す

驃騎将軍・霍去病像

大将軍・衛青像

（『現代視点・中国の群像　張騫・李陵』旺文社より）

ることになる。

　こうして、漢王朝が河西回廊を確保したことは、シルクロードの開通史上、エポック的な出来事で、武帝は紀元前一二一年（元狩二）に武威・酒泉、紀元前一一一年（元鼎六）に張掖・敦煌の四郡を置き、西域諸国との交易拠点とした。

　以来、河西回廊は仏教などの宗教や思想、東西の産物がいきかうシルクロードのメインルートとなる。この地には、匈奴遠征で名をはせた青年将軍霍去病にまつわる伝説が、いまも語りつがれている。

## 蘭州・悠久なる黄河と炳霊寺《へいれいじ》石窟

　一九九八年の夏、私は敦煌からの留学生・李燕《りえん》さんを伴って蘭州から敦煌まで、一ヵ月近くかけて歴史遺産をめぐる旅にでて、貴重な仏教遺跡に接する機会を得た。

　張騫《ちょうけん》が大月氏《だいげつし》国をめざして出発したのは、紀元前一三九年（建元二）のことであるが、現在の河西回廊はどうなっているのか、二千数百年の歴史のなかで、どんな遺産が今日まで伝えられているのか、一九八〇年に放送されたＮＨＫの番組

「シルクロード」を何度も見直し、胸はずむ思いで蘭州におりたった。

空港には、敦煌研究院副院長の李最雄《りさいゆう》・魯芸《ろげい》夫妻が出迎えてくれ、その夜は中国全土にその名が知られている蘭州牛肉ラーメンなどをご馳走になり、今後のスケジュールを話し合った。古代、中国から西域を目ざす旅人が、かならず通った道への旅のはじまりである。

翌日、夫妻に案内していただき、炳霊寺《へいれいじ》石窟にむかった。蘭州市郊外で、直径一六メートルの巨大な灌漑用の水車がまわっているところに立ち寄った。中国では「左公車《さこうしゃ》」と呼んでいるという。

蘭州の名所・黄河にある水車

五泉山よりみる黄河と蘭州市

黄河の自然の流れにまかせて水車が回るたびに、水が高いところまで汲みあげられる。水車の開発は、孔《こう》子《し》や孟子《もうし》が活躍した諸子百家の時代（春秋戦国）とも、遊牧民が南下してきた五胡《こ》十六国時代ともいわれている。

初めて見る黄河の岸に立っていると、唐の詩人李白《りはく》（七〇一〜七六二）の長編の詩「将《まさ》に酒を進めんとす」の冒頭の部分が頭に浮かぶ。

君見ずや
黄河の水　天上より来たり
奔流し海に到りて復《ま》た回《かえ》らざるを

中国では「河」といえば、黄河を指し、そこに黄河文明の華が開き、中国の人びとは黄土高原に立った帝王黄《こう》帝《てい》を、中華文明五千年の祖とたたえている。黄河は中国の象徴であり、しばしば皇帝と同義語の龍にたとえられ、李白は黄河を人生になぞらえている。

シルクロードの旅のはじめに黄河に立つことができるとは、私にとってもシルクロード研究を進める上で、本物をしっかりと自分の目でとらえ、足ではかる、身体を使うというフィールドワークを研究手法の中心にすえていただけに法外な喜びであった。

蘭州の街を二分して流れる黄河を眺めながら南西に道をとり、黄土層の山々をこえて二時間ほどいくと臨《りん》夏《か》回《かい》族《ぞく》自治州の永靖《えいせい》県にある劉家峡《りゅうかきょう》ダムに着く。到着すると、炳霊寺《へいれいじ》石窟文物保管所長の王亭通《おうりょうつう》さんが待っていてくれた。

ダムの船着場でモーターボートに乗りかえて上流に進むのだが、土砂が沈殿するからであろうか、濁流ではなく青色の水をたたえている。一時間ほど走ると川幅が狭まり黄河特有の黄褐色になり、ダム湖を囲む山容も神秘的な景色へとかわる。屛風岩がそそり立ち、天をつんざくような奇岩や奇峰が湖面にうつる。唐代の小説には「幽仙窟」として描かれており、気勢雄偉《きせいゆうい》な雰囲気をかもしだす。

炳霊寺は、黄河北岸にそそりたつ積石山の狭谷に造営された石窟である。黄河に面した紅砂岩に、大小の石窟や仏龕《ぶつがん》が三〇〇メートルにわたって掘られており、北魏、北周、隋、唐さらに明代に至るまで僧侶の修行の場となったり霊場となったりした。

王所長の話では、現在確認している石窟と仏龕の数は、一九六三年の調査の時より増えて二一六窟にのぼるという。仏像は七〇〇体をこえ、泥塑《でいそ》像九〇体、壁画は一、〇〇〇平方メートルほどあり、なかでも崖面を圧するのは唐代に造られた第一七一窟の磨崖《まがい》大仏である。二七メートルの弥勒像は炳霊寺石窟の象徴である。

倚坐《いざ》の大仏の真上、地上から五〇メートルの高さに、中国の石窟で造営年代が記されている最古の第一六九窟がある。この窟にいくのには、天のかけはしを一段ずつ登らなければならない。

大仏の南側から数十段の階段を登ると、自然の大洞窟に至り、幅二七メートル、奥行一九メートルの洞窟に仏龕がひらかれている。

黄河にそそり立つ屛風岩

四壁には仏龕がいっぱいあったが多くは壊れてしまい、六龕と七龕の横の壁にかすかな文字が記されている。

建弘元年歳在玄枵《げんきょう》三月廿四日造

建弘とは、モンゴル系遊牧民が建てた西秦《せいしん》国の年号で、四二〇年にあたる。第一六九窟七龕の如来立像は、衣の襞《ひだ》が線のように細く描かれ、肉身には薄い衣が流麗にさがり、これはインドのマトゥラー様式と似

炳霊寺第169窟・菩薩像

ている。

供養僧も確認できる。三九九年（癸巳七）に六四歳で長安を出発した法顕《ほっけん》（三三九〜四二〇）は、夏安居《げあんご》（僧が一定期間外出せず修行すること）のため炳霊寺に滞在したといわれ、第一六七窟七龕の仏立像の壁面に描かれている比丘《びく》には「法顕供養」の銘がみえる。

この日は、所長の王さんに案内していただき、お昼は炳霊寺の保管所事務所の前で中華料理をご馳走になるなど、至福の一日であった。

さて、今回の旅で私は、蘭州にある甘粛省博物館の張朋川《ちょうほうせん》さんとの再会を楽しみにしていた。一九八八年に開催された「なら・シルクロード博覧会」の時に、甘粛省博物館の文物をお借りし展示したのだが、その責任者として来寧《らいねい》したのが張朋川さんであった。

博覧会の期間中に、NHKのテレビに出演していただいたり、いっしょに食事したりして親交を深めた仲だった。現在は博物館の館長をしていて、お互いの健康を祝しあった後、広い館内を案内して下さった。「シルク博」に出展された銅車馬や兵士俑を黄河が流れるこの地で見ていると、一九八八年のことが思い出されたが、あらためて河西地方の歴史の深さと精華な文物に目をみはる思いであった。

展示されている遺物のうち、シルクロードの象徴ともいえる銅奔馬《どうほんば》の前では、思い焦《こ》がれていた物に巡り会えたような胸のときめきを覚えずにはいられなかった。武威の雷台《らいだい》漢墓から出土したという。数日後に、その遺跡を見ることになる。

張館長と再会を約し、午後、蘭州の名所白塔山と五泉山にのぼった。白塔山にはチンギス・ハンの命によって建てられたという白塔があり街を一望できる。五泉山は掬月泉《きくげつ》・摹子泉《もし》・甘露泉《かんろ》・蒙泉《もう》・恵泉《けい》の五つの泉が湧きでたところである。

紀元前一二〇年（元狩三）、驃騎《ひょうき》将軍霍去病が西征して五泉山の麓で苦戦している時、飲み水がなくなり兵士が

甘粛省博物館・張朋川館長と筆者

五泉山の甘露泉

疲れているのをみて、山に登り剣で岩を突いたところ、突然泉が湧きでたという。

五泉山の頂上から蘭州の街を眺望すると、ゆったりと流れる黄河に蘭州最古の橋「黄河第一橋」が架かり、河の両側に細長く街がひらけている。河沿いに茶店がならび、黄河とともに生きてきた歴史の息吹がいまも脈動しているのがよくわかる。蘭州の人口は、二〇〇万をこえるといわれ、郊外には重化学工場が立ちならぶ。黄河と共存してきた蘭州は、今もシルクロードの入り口であり、旅人を西域へといざなう。

## 武威・天翔《あまかけ》る「馬踏龍雀《ばとうりゅうじゃく》」と鳩摩羅什《くまらじゅう》ゆかりの地

夕方、蘭州をたち前漢時代の前線基地である武威をめざして河西回廊を走った。瓦礫《がれき》のゴビタンや見渡すかぎり灰色の原野、無《む》の風景のなかにわずかに装飾をほどこすかのように万里の長城が見え隠れし夕陽が一筋の線をなして照り輝く。

長城は、匈奴の脅威に備えるため秦始皇帝が、広大な空間に築いた地上最大の建造物である。前漢の武帝が河西回廊を手に入れると、長城はさらに西にのび敦煌の玉門関《ぎょくもんかん》や陽関《ようかん》までの、全長一万千五百里に達した。

李白の詩に「戦城南＝城南に戦う」というのがある。

万里　長《とこしえ》に征戦《せいせん》
三軍　ことごとく衰老《すいろう》
匈奴　殺戮《さつりく》を以って耕作となす
古来惟《ただ》見る　白骨黄沙の田
秦家《しんか》城を築いて胡《こ》に備える処

漢家また烽火《ほうか》の燃ゆる有り
烽火　燃えて息まず
征戦　やむ時なし

ゴビタンの草原の中を見え隠れし延々と連なる長城こそは、民族興亡のシンボルであり、唐代になると、毎日夕方に砦の烽火台に火が焚かれ、はるか西の彼方から大唐の都長安まで燃え連なったという。

そんなことを想像しながら長城を眺めていると、シルクロードの全盛期が彷彿させられ「征戦、やむ時なし」の言葉が、私の胸に重くのしかかる。

荒涼とした大地が果てしなくのび、地を這《は》うようにわずかに生える草以外にはなにもなく、灰色に固まった土が波打つように薄赤色に染まって続く。ふと頭をよぎる。法顕や玄奘三蔵は、このような風景を目のあたりにしながら十数年にわたる人生の旅を続けたのであろうかと。

法顕の『仏国記』は、

沙河中に多くの悪鬼・熱風があり。遇《あ》えば則ち皆死して、一とし生き者なし。上に飛鳥《とぶとり》なく、下に走獣《はしるけもの》なし。

……唯、死人の枯骨《ここつ》を以って標識と為すのみ。

と記している。空に飛ぶ鳥は見えず、地上に獣も住まない道を死人の枯骨を標識にシルクロードの旅人たちは進んだのだろうか。

広大な砂漠を旅するのは命がけであり、堅固な意思のみならず、強靱《きょうじん》な体力も必要であり、天竺《てんじく》（インド）求《ぐ》法《ほう》の旅を成しとげた崇高な行為に対し慄然たらざるを得ない。

交互に続く舗道道路とガタガタ道を四時間走って武威につく。武威とは漢の武帝が、その武威を示すためにつけた地名だという。

『漢書』地理志には、武威郡の人口は四郡の中で最も多い七万四一九人と記されているが、現在は五〇万人の大都市である。

河西地方で最初にひらけただけに戦乱のころには周辺の人々が戦禍を避けて流入し、また、漢民族を移住させる政策がとられたこともあって、河西回廊の政治・経済・文化の中心地となり、とくに五胡十六国時代には前涼・後涼・南涼・北涼などが都を置いた。そのため、涼州《りょうしゅう》と呼ばれたこともある。

旧城の一角に古代都市の風格をただよわせる鐘楼がある。大雲寺鐘楼といわれているが、大雲寺という名は、則天武后（六二三〜七〇五）が諸州に大雲寺を建立したのにあわせてつけられたもので、もともとは弘蔵寺《こうぞう》とよんでいた。弘蔵寺は前涼王の張天錫《ちょうてんしゃく》（在位三六三〜三七六）が建てた寺である。

河西回廊の夕陽

この地は、一三の仏教寺院が建ち並ぶほど仏教が栄えたところで、鳩摩羅什（三四四〜四一三）が亀茲国《きじ》（現在のクチャ）から連れだされ一八年間滞在している。その後、四〇一年に長安に連れていかれ、遊牧民の姚氏《よう》が建国した後秦《こうしん》の皇帝のもとで仏典の翻訳につとめた。

鳩摩羅什は、インド人を父に亀茲国の王女を母にしている家柄など幼少から語学の才能にめぐまれ、それをいかして大乗教義の根幹である般若《はんにゃ》の智慧《ちえ》を説く『大品般若経《たいほん》』や極楽往生という死生観を庶民に植えつけた『阿弥陀経』など千三百巻をこえる仏典を翻訳した。

羅什は、訳経僧として中国仏教に大きな足跡を残し、中国訳経の祖とよばれ、中国の人々になかなか理解できなかった仏教のエッセンスを「色即是空《しきそくぜくう》・空即是色《くうそくぜしき》」の八文字にまとめた言葉は、とみに有名である。「色」とは形あるもの、「空」とは物に実態がなくかならずうつろっていくこと。これは、苦しみや迷いにとらわれるな、すべてのものはうつろうという、心の自由の宣言である。

鳩摩羅什像（クチャ・キジル大石窟群の前に立つ）

羅什塔・武威

武威に羅什塔が建っている。四世紀末、中国北部でめまぐるしく遊牧国家が興亡する五胡十六国時代に、名声が中原にまで広まったため鳩摩羅什は諸国の争奪の的となった。塔は戦乱の渦に巻き込まれ数奇な人生をたどった羅什の生涯を語りかけているように思えてならない。

鳩摩羅什は、みずからの仕事について、こう語っている。

臭泥《しゅうでい》の中に蓮花《れんげ》が生ずるが如し、ただし、蓮花を採りて臭泥を採ることなかれ。

私は、羅什塔を見上げているうちにこの言葉が頭をよぎり、破戒僧《はかいそう》としての運命を背負った羅什の苦悩と慟哭《どうこく》が聞えてきそうな思いにかられた。

武威郊外の道の両側はポプラ並木がつづき、オアシス都市らしい風情をみせ、街のなかは土で塗り固めた土塀が連なり、レンガ建ての家が目立つ。武威には文廟《ぶんびょう》という孔子廟があり、ここに私が見たいと念願していた「重修諸国寺感応塔碑《かんおうとうひ》」という西夏碑《せいかひ》がある。

西夏は青海地方にいたチベット系タングート族の国であり、興慶府（現在の銀川）を都に李元昊《りげんこう》が一〇三八年に建国した。西夏王国は、遼《りょう》と金・宋との抗争を利用し、交易による富を得て漢字と異なる「西夏文字」を創りだすなど独自の文化を育て発展するものの、一二二七年にチンギス・ハンに滅ぼされる。

西夏碑は一〇九四年（天祐民安四）につくられたもので、高さ二・七メートルの碑の上段には菩薩像や涼州城の繁栄の様子が刻まれ、下段の表と裏に西夏文字と漢字で碑文が刻まれている。

内容は「涼州護国寺の塔が地震によって傾いた。そのため塔を復した」とあり、まわりを巻草文で飾ってある。西夏王国時代のものはほとんど残っていないだけに貴重な歴史遺産といえよう。

ちなみに、井上靖氏の小説『敦煌』は、西夏をめぐる河西回廊の争奪がテーマとなっている。

武威で忘れてはならない遺跡が雷台漢墓《らいだいかんぼ》である。土を盛って造られた丘を台といい、ここの台は八・五メートルある。明代に入ってから雷神を祀るようになり、雷祖殿など明代の遺産がならぶ。

この場所から一九六九年の中ソ紛争のさなか、防空壕を掘っている時に、大きな磚室墓《せんしつぼ》が発見された。二世紀ころ、河西にいた張将覇《ちょうしょうは》を葬った墓で、墓道は薄暗い電球の下を背をかがめてやっと通れるほどの広さしかない。

レンガの縁どりがあるドーム型の墓は、一九・三メートルの長い墓道から甬道《ようどう》に入り、前室・中室・後室をもつ。

盗掘にあい金銀財宝類は盗まれていたものの、中室の側壁などに三九個の馬俑などもふくめて二百数十点の遺物がみつかった。これらは甘粛省博物館に展示されており、その一部が一九八八年の「シルク博」の時に出展された。

この遺物の中に、銅奔馬とよばれる青銅製の「馬踏龍雀《ばとうりゅうじゃく》」があった。長さ四五センチ、高さ三四センチの青銅製の小さな馬は、一足超掠《いっそくちょうりゃく》する瞬間をとらえている。頭《こうべ》をやや左向きにあげていななき、尾をぴんと立てながら疾駆《しっく》する姿は実に生き生きとしてお

西夏碑

雷台漢墓の前に立つ筆者

**馬踏龍雀**（雷台漢墓出土）

り、数ある馬の造形の中でも見事というほかはない。天を翔《かけ》るかのように二本の前足と一本の後足は空中を蹴《け》り、後足の一本は龍雀の背中を蹴飛ばす。龍雀は大きく羽根をひろげ首をまわして馬を見あげる。これこそ、武帝が求めてやまなかった天馬にちがいない。

一九八〇年放送の「シルクロード」では、この銅奔馬を「馬踏飛燕《ひえん》」つまり、燕《つばめ》を踏みつける姿だと紹介していたが、近年、中国側の研究の結果「馬踏龍雀」と呼ぶようになったという。

龍雀とは、古代中国で、天空を早く翔る架空の聖なる鳥のことで、中国の学者の間ではこのいい方が定着しており、現在はシルクロードを紹介する中国国家旅遊局のシンボルマークにもなっている。

武帝の時代に話をもどそう。武帝は機動力にとむ匈奴の騎馬軍団に手を焼き、それに勝つには優れた馬による戦法しかないと考え、強い馬の獲得に執念を燃やした。そんなおり、大月氏国から帰ってきた張騫がパミール高原の彼方の大宛《だいえん》（フェルガナ）に、一日千里走る汗血馬《かんけつば》がいるという情報をもたらす。

それを聞いた武帝は、紀元前一〇四年（太初元）に貳師《にし》将軍（貳師とは大宛の城の名）李広利《りこうり》を司令官として敦煌の王門関から数万の遠征軍を出発させる。

汗血馬をめぐる攻防は凄惨《せいさん》をきわめ、二回にわたる遠征の結果、紀元前一〇二年（太初三）、四年の歳月を経て李広利は大宛王を降伏させ、三、〇〇〇頭の汗血馬を得て凱旋する。

武帝は歓喜し「西極《せいきょく》天馬の歌」を詠んだという。

天馬徠《き》たる　天極従《よ》り
万里を経て　有徳に帰す
霊威を承《う》けて　外国を降《くだ》す
流砂に渉《わた》りて　四夷服す

汗血馬を得るために、五万人の将兵が西域の砂漠に消えた。そのいっぽう、大軍の遠征はシルクロードに大きく道をひらき、西域諸国は漢の声威をしたって、宝物や珍奇な品々を貢ぎ、武帝の王宮には西方の珍貨珍獣が満ち、ここに東西文化の交流が活発になっていく。

『漢書』西域伝は武帝の王宮を、

天馬、蒲陶《ぶどう》を聞いては、則ち大宛、安息《あんそく》に通ず。是よりして後、明珠、文甲《ぶんこう》（カメ）、通犀《つうさい》（サイ）、翠羽《すいう》（みどりの羽根）の珍は後宮にみつ。蒲梢《ほしょう》（かわやなぎ）、龍文、魚目、汗血の馬は黄門に充ち、巨象、獅子、猛犬、大雀は外囿《がいゆう》に食す

と記している。西方の文物が満ち満ちて人々を喜ばせたのであろう。

汗血馬は全力疾走すると四肢のつけ根から血色の汗を流したといわれ、雷台漢墓から出土した銅奔馬も、天空を飛ぶように疾駆奔走する姿につくられており、武帝が求めた汗血馬を彷彿させる。

## 張掖・マルコ・ポーロも見た涅槃仏《ねはんぶつ》と馬蹄寺《ばていじ》石窟

河西回廊の夏の陽はなかなか沈まない。武威を後にしてつぎのオアシス都市張掖にむかった。車窓にうつるのは焉支《えんし》山である。この一帯は匈奴が拠点にしていたところで、武帝はこの地の奪還をめざして霍去病を送った。霍去病は紀元前一二一年（元狩二）、一万騎を率いて焉支山付近まで軍を進め、西域一帯で数万人からなる匈奴軍を破る。この時の捕虜は一万八千人におよび、匈奴休屠王《きゅうとおう》が天を祀るのに用いた金人《きんじん》（黄金の像）を奪って凱旋したという。

さらに、二年後の夏、対匈奴戦争はじまって以来の大規模な遠征が行なわれ、大将軍衛青と霍去病が活躍する。匈奴軍は単于が行方不明になるなど大混乱がおき、両将軍は七万の匈奴兵を捕え大勝利をもたらす。

ここに漢は匈奴を河西回廊から駆逐《くちく》し、ゴビの北、現在のウランバートル付近まで追いやり、ゴビが両国の国境となる。焉支山と祁連山脈から駆逐された匈奴は、経済的、軍事的に重要な河西回廊を失い、急速に力がおとろえていく。

当時流行した民謡が『西河旧事《せいかくじ》』に残っている。

我ら祁連《きれん》山を失う
いまや羊・牛・馬とのくらしなし
我ら焉支《えんし》山を亡《うしな》う
もはや嫁どもの頬《ほお》にぬる紅はなし

焉支山は口紅山《くちべにやま》ともいわれ、匈奴の女性たちが化粧に使う紅い花が咲き乱れていたのだろう。祁連の山なみの雪どけ水を利用できるこの地帯は馬の放牧に適しており、騎馬遊牧民の匈奴にとっては、民族生存の拠点ともいえるところで、民謡にうたわれている匈奴の人たちの哀しみが胸にせまる。「燕支」は女性が化粧に用いた紅い花、「祁連」は天を意味する匈奴語であるという。

ゴビの中のオアシス。夏の陽は午後六時になっても強烈で目がくらむ。長い歴史をもつこの地の人びとは渇水に泣き、また洪水に襲われるなど自然の猛威との戦いに明け暮れしたにちがいない。

漢と匈奴が争った焉支山の麓

張掖の人口は三〇万で、年間降水量は一六〇ミリ、その名は漢が匈奴に対して「国の臂掖《ひえき》（腕）を張る」という示威の意味からつけられたという。かつては甘州《かんしゅう》といわれたこともある。

周王朝のころはチベット系の羌《きょう》、戦国時代になると月氏と烏孫《うそん》、漢代には月氏を追いだして匈奴が支配するが、武帝がここに張掖郡を置いてからは漢民族の拠点となった。唐代には吐蕃、五代には甘州ウイグルが支配したこともある。

張掖の街の中心部に、河西回廊最大の鼓楼である鐘鼓楼がある。総高二五メートル、二層の楼閣をもつ鐘楼の朱色とポプラの木の緑、ぬけるような青空のコントラストがみごとな配色を示す。鐘楼に登って張掖の街を眺めると、並木道が街を碁盤の目のように区切っていて整然としている。

マルコ・ポーロが『東方見聞録』に記している大仏寺は街の西南

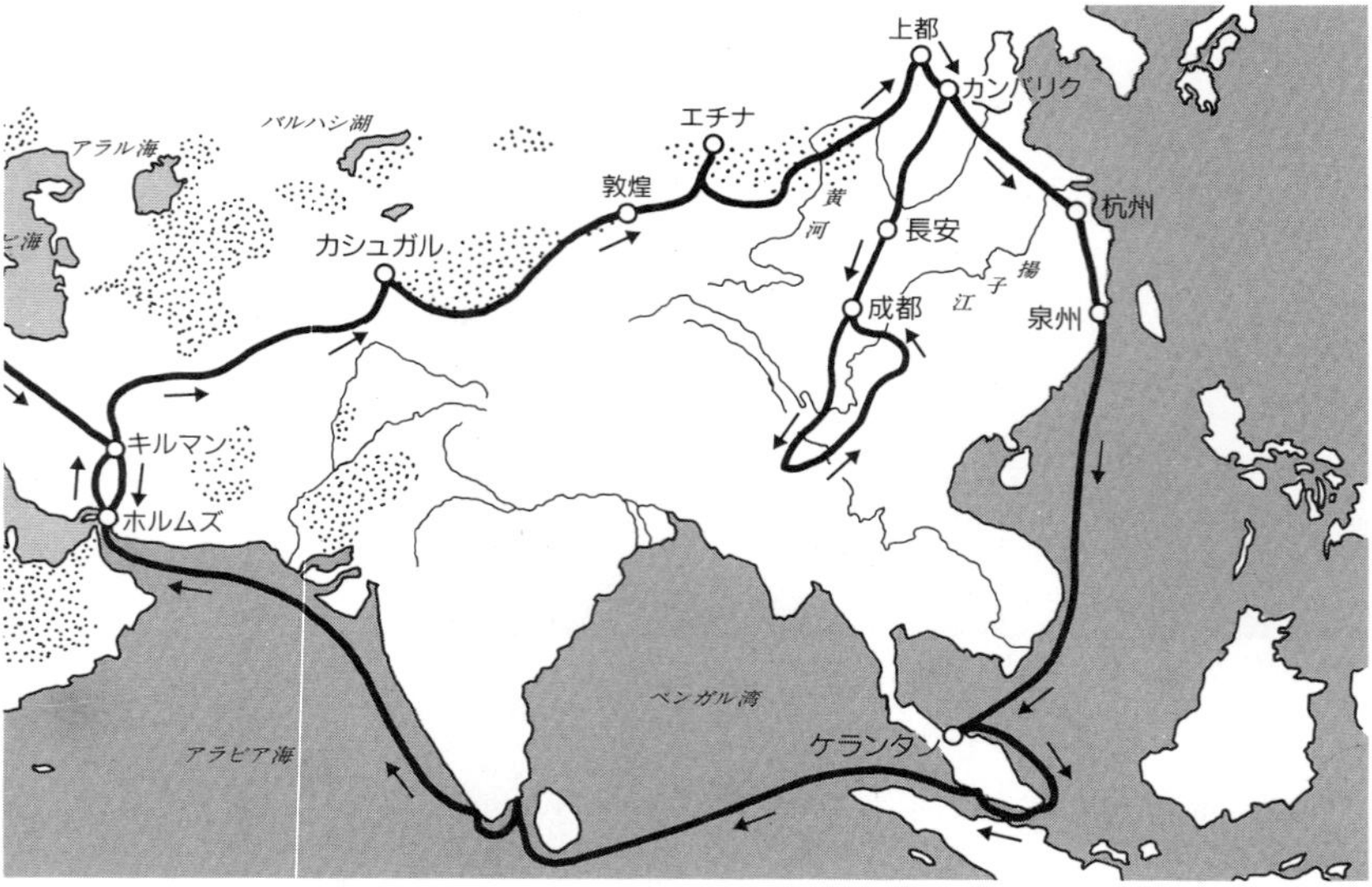


**マルコ・ポーロの大旅行**（岡崎敬『東西交渉の考古学』平凡社より）

地区にある。山門を入ると牌楼・大仏殿・蔵経閣などがならぶ。寺の創建は一〇九八年（永安元）の西夏時代の初頭で、何度も補修している。

大仏殿の涅槃《ねはん》仏は、横の長さ三四・五メートル、肩幅七・五メートル、足の長さ四メートル、耳の長さ二メートルという中国最大の寝仏で、全身が泥でできている釈迦牟尼《しゃかむに》の塑像である。

背後には高さ三メートルの十大弟子、両側に十八羅《ら》漢《かん》の塑像が立ち、涅槃仏の周囲の壁面には、仏伝図や西遊記、唐代の侍女図が描かれている。

涅槃仏を中国では「視之若醒・呼之若醒」と表現している。涅槃仏を見ていると、目を醒しているようにみえ、呼びかけると眠りから目を醒したように見えるという。

たしかに、おへそあたりから見ると目を閉じているようであり、真正面から見ると目は見開かれている。切れ長の目と厚い唇をした顔は笑《え》みをうかべ、そばに弟子の阿難《あなん》が立つ。

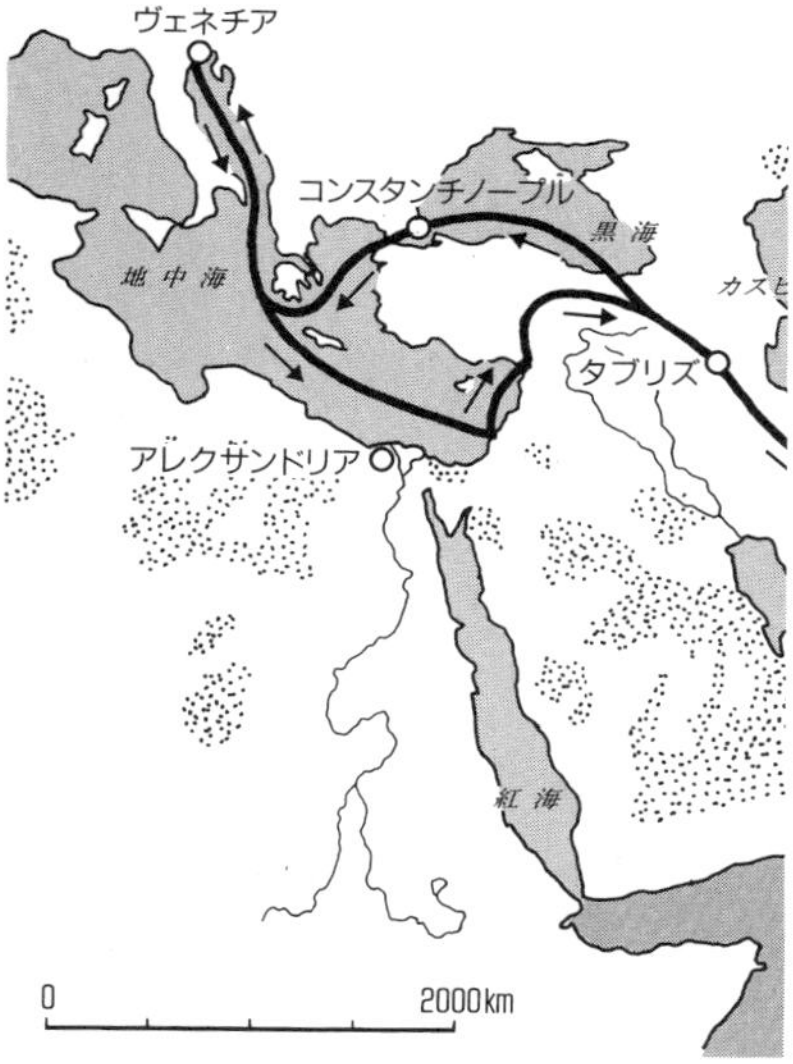


マルコ・ポーロは『東方見聞録』に、

偶像教の寺院・僧院も数多く、そこには例のごとく無数の偶像が安置されている。……巨像は横臥の姿勢をとり、周囲にはうやうやしくこれにかしずいている多数の小像が取り巻いている。

と記している。

大仏寺、張掖博物館につづいて、万寿寺《まんじゅじ》木塔を見る。中国では珍しい木造の塔で、高さ三〇メートル、八角九層のうち七層までの外装は木組みで内壁はレンガ造りになっており、八、九層は木造のみである。九層まで登ってみると、市内や祁連山脈までみることができるが、のぼるのに体力と気力を必要とする。

その後、張掖でなんとしても訪ねてみたいと念願していた馬蹄寺《ばていじ》に向かう。馬蹄寺石窟は街から南へ六〇キロの粛南裕固《しゅくなんゆうこ》族自治県を流れる馬蹄河の西岸にある。石窟群は馬蹄南寺や金塔寺、北寺など七つからなり、北涼時代から掘りつづけられた。

『敦煌県志』に、

郭瑀《かくう》という、まれにみる品行のいい敦煌人が張掖に巡遊したおり、すっかりこの地が気に入った。郭瑀は臨松山薤谷《かいこく》に石窟を掘り住居にした。

とある。郭瑀は敦煌の人で、経書に精通し臨松山にかくれ住み石窟を掘りはじめ、これが馬蹄寺石窟のはじまり

大仏寺の涅槃仏

馬蹄寺石窟（張掖）

であるという。
石窟群の中でも、馬蹄寺北寺は圧巻である。高さ八〇メートルの懸崖《けんがい》絶壁に掘り開かれた石窟は、洞窟と呼ぶのにふさわしい。主要な窟は三三天洞、蔵仏洞、坐仏洞などがあり、チベット仏教もみられる。
中でも三三天洞は五層からなり、第一から第四層までは、それぞれの層に一列で五窟が掘られ、第五層には一窟が掘られており、二一の窟をもつ「一座宝塔」の観のする石窟である。

各層の洞窟はトンネル式の回廊でつながり、上層に行くのには四〇度ほどの傾斜の石段を登らなければならず、手すりはなく滑り落ちる危険性がある。いかなる方法で掘ったのだろうと思うほど複雑な構造をしており、私は登るほどに足の震えがとまらなかった。

曲りくねった回廊、危険な石段を登りつづけてやっと第五層の五度仏母洞にたどりつく。七〇メートルの高さから眼下を見おろすと、身も心もすくんでしまい、信仰心よりも恐怖心が先にたつ。

三三天洞の石窟構造には、①平面四角形で頂上が人字坡《じんじは》のつくり、②平面四角形で伏斗《ふくと》式四面のつくり、の二つの形式がある。

絶壁を掘りぬいた人々の厚い信仰心に思いをはせつつ、つぎの訪問地酒泉に向かった。

## 酒泉・魏晋墓にみる神仙思想と丁家閘五号墳のつかのまの平和図

張掖から酒泉に向かう途中で、交通事故にあい酒泉への到着は二時間おくれた。さっそく夜おそくまでにぎわう自由市場にでて、ブドウや桃、ウリなどを買い込み、シルクロードの味覚を満喫しながら体力の回復をはかり鋭気を養った。

酒泉は人口三〇万で、年間降水量は一二二ミリ、平均気温七・五度と典型的な内陸性気候である。

霍去病が兵士と酒を分かち合ったという伝説から酒泉の地名がつけられたという。かつては粛州《しゅくしゅう》とよばれたこともある。

酒泉県域の中央に、五胡十六国時代に造られ清代に改築された鐘鼓楼がある。一辺二四・三メートルのレンガ造りの楼台に三層の木造楼閣がそびえる。楼台には東西と南北の道がアーチ型の門をかまえ交差している。そして、東西南北の門に四文字の扁額《へんがく》がはめられている。

東迎華嶽《とうげいかかく》　東は華嶽（長安にある山）を迎え、

西達伊吾《さいだついご》　西は伊吾（現在のハミ）に達し、

南方祁連《なんぽうきれん》　南は祁連山を望み、

北通沙漠《ほくつうさばく》　北のかたは沙漠に通じる。

これは、シルクロードの要衝として、酒泉のおかれている位置を見事にいいあらわした表現であり、いにしえの旅人は、この道標を見上げたにちがいない。そして、これから先の旅のゆく末を案じたことであろう。酒泉の街は旅人にとって、つかの間の休息をするオアシスであった。

私は、鐘鼓楼に登り、東西南北を眺めてみたが、南の祁連山以外に街のにぎわいしか目に入らない。古代に西域を旅した人たちも砂塵舞う砂漠を越え酒泉に着き、ここに立ったのであろうか。

鐘楼の近くに泉湖公園があり、武帝と霍去病の物語が伝えられている。武帝は匈奴を撃破し勝利をおさめた霍去病の功績にむくいるため、ひと甕《かめ》の酒を下賜した。ところが全軍に酒を振舞うのには、あまりにも少なすぎる。そこで霍去病は、酒を泉に注いで泉水を飲ませると、不思議なことに泉水は芳醇《ほうじゅん》な酒にかわった。以後、この泉を酒泉と呼ぶようになったという。

現在も丸い池の真中から地下水が湧きでており、そばに「西漢酒泉勝跡」の碑が立つ。

酒泉に夜光杯《やこうはい》をつくる工場があるが、ここを訪ねると、唐の詩人王翰《おうかん》の詩がうかぶ。

涼州詞　　王翰

葡萄の美酒　夜光の杯《さかずき》
飲まんとして琵琶馬上《ばじょう》に催《もよお》す
酔《よ》うて沙場《すなば》に臥《ふ》す　君《きみ》笑うなかれ
古来征戦幾人《いくにん》か帰る

夜光杯の原石は、かつて、西域からの貢物である白玉《はくぎょく》を使っていたが、現在は祁連山でとれる玉石を材料にしているという。正倉院宝物にペルシア産といわれる「紺瑠璃杯《こんるりはい》」が伝世しており、これらの杯からは、なみなみと注がれた葡萄の豊潤《ほうじゅん》な香りがただよってきそうだ。

中国の『本草綱目《ほんぞうこうもく》』（一五九六年に成った自然科学書）には、張騫が西域から葡萄を運び込んだと記されているものの、張騫は匈奴に捕らえられており、この

酒泉の鐘鼓楼

霍去病の伝説が残る酒泉

説は信憑性がうすい。

酒泉から嘉峪関《かよくかん》にかけて、魏晋《ぎしん》時代（二二〇～四二〇）の墓があるということで、その一つ嘉峪関郊外の新城第六号魏晋墓を訪ねた。

死者を葬る墓室の壁面を絵「画像」や文様で飾ることが始まるのは、中国では戦国時代にさかのぼるという。日本でも高松塚など一部の古墳で確認されている。

中国の墓内壁面の画像にはいろいろな種類がある。画像塼《がぞうせん》はレンガを焼く前に型押《かたお》しスタンプや彫刻によって画像を描いたもの、画像石は石材の表面に画像を彫り込んだもの、帛画《はくが》は絹などの布に絵を描いたもの、壁画は墓の壁面や塼積みの表面に描いたものなど、その種類は豊富である。

このあたり一帯には、数多くの古墳があるが、実際に調査されたのは、わずか八基で、そのうちの二基が公開されている。

私が初めて訪ねた魏晋墓は、人家のまったくないゴビタンに、ぽつんと建つ建物の中にあった。案内人が懐中電灯をともして鍵をあけてくれる。三〇度の傾斜がある甬道を三〇メートルほど進んだところに前室があり、中室、後室とつづく。

前室の天井は伏斗《ふくと》形をし、四角の四隅を三角で切っていく「三角持ち送り式」で、壁面は画像磚になっている。画像磚は茶色や黒の彩色をほどこし、狩猟や農耕、炊事といった日常生活の様子が流麗軽快なタッチで一つの磚に一場面ずつ描かれている。

後室には夫婦を埋葬したと思われる長さ二・二メートルの木棺があり、天井に伏犠《ふくぎ》と女媧《じょか》図が描かれている。伏犠の胸には太陽があり、その中に烏《からす》がいて、女媧の胸には月があり、その中に蟾蜍《せんじょ》（ひきがえる）がいるという構図である。魏晋墓の内部は、漢民族の日常生活を描くとともに神仙思想に彩られていたのだろう。

酒泉から西北へ八キロのゴビ砂漠上にある丁《てい》家《か》閘《こう》五号墳にも足を運んでみた。この一帯は一大古墳群をなし、

| | |
|---|---|
| **画像塼** | 塼（レンガ）を焼く前に，表面に型押し（スタンプ）や彫刻によって画像を描いておき，焼いた完成品を墓穴の壁面に沿って積み上げ，あるいは，はめ込むことによって墓室を構築する。<br>古い時期には，中空にした大きい箱形の塼（空心塼）に画像を型押しし，これを使って槨を造ることもある。<br>なお，離れた地域から同じ型によるスタンプ文の画像塼が見つかる場合がある。 |
| **画像石** | 長方形の石材の表面を平滑にして，画像を彫り込んでおき，この石を墓内に積み上げ，あるいは，はめ込むことによって墓室を構築する。 |
| **帛　画** | 絹などの布に絵を描いておき，それを墓内の壁面に垂らす。 |
| **壁　画** | 墓室を構築した後に，中の壁面や塼積みの表面に，まず下地として白土などを塗り，その上に各種顔料で画像を描く。 |

**墓室壁画・画像の種類**（『シルクロードのまもり』近つ飛鳥博物館より）

**魏晋墓の画像磚**（農耕の様子が描かれている）

古墳群の範囲は南北二〇キロ、東西二キロにわたっているという。

五号墳は、五胡十六国時代に建国された西涼《せいりょう》（四〇〇〜四二一）の王に仕えた豪族の墓で、磚の上に漆喰《しっくい》をぬった壁画墓である。封土があり、墓道は長さ三三メートル、前室と後室をもち、伏斗型の天井の高さは二・五メートルある。一九七七年に調査をした時にはすでに盗掘を受けていたが、後室には三体の遺骸があり、中央が男性、左右が女性であったという。壁画は、壁面にうすく二重に施した化粧土の上に描かれ、前室の四壁と天井、後室奥壁にある。壁画の内容は多彩で豪華絢爛をきわめる。

前室の東壁には樹木の上に東王公《とうおうこう》（伝説上の仙人）がすわり、上段には太陽を九個持ち上げる後翼《こうよく》という力もちが描かれている。

西壁には左右に鳥と虎を配した樹木の上に西王母《せいおうぼ》（中国に古く信仰された女仙）がすわり、その上には円い月に蟾蜍がいる。東王公と西王母は中国の画題や詩題によく登場する仙人である。

北壁には上段に雲の中を疾駆する天馬、中段に女性、下段に空を飛騰する麒麟《きりん》と肩に羽根をはやした羽人《うじん》が表現されている。

南壁には上段に祁連山、中段に一家で酒宴を楽しむ「燕宴居行楽図《えんえんきょこうらくず》」がみえる。冠をかぶり長衣を着たこの墓の主が机の前にすわり、酒器がおかれ、うしろに男女が立つ。宴《えん》たけなわの場で逆立ちしているのは鼻の高いチベット系の羌《きょう》族であろうか。

そのそばで鼓を打ち、竪笛を吹き、琵琶を弾き、箏を奏で女性が踊る。鼓は西域からクチャに伝わった腰鼓にちがいない。下段は畑を耕したり家畜の世話をする人たちが素描で、輪郭を黒色か紅褐色に配し、いっきにかきあげている。

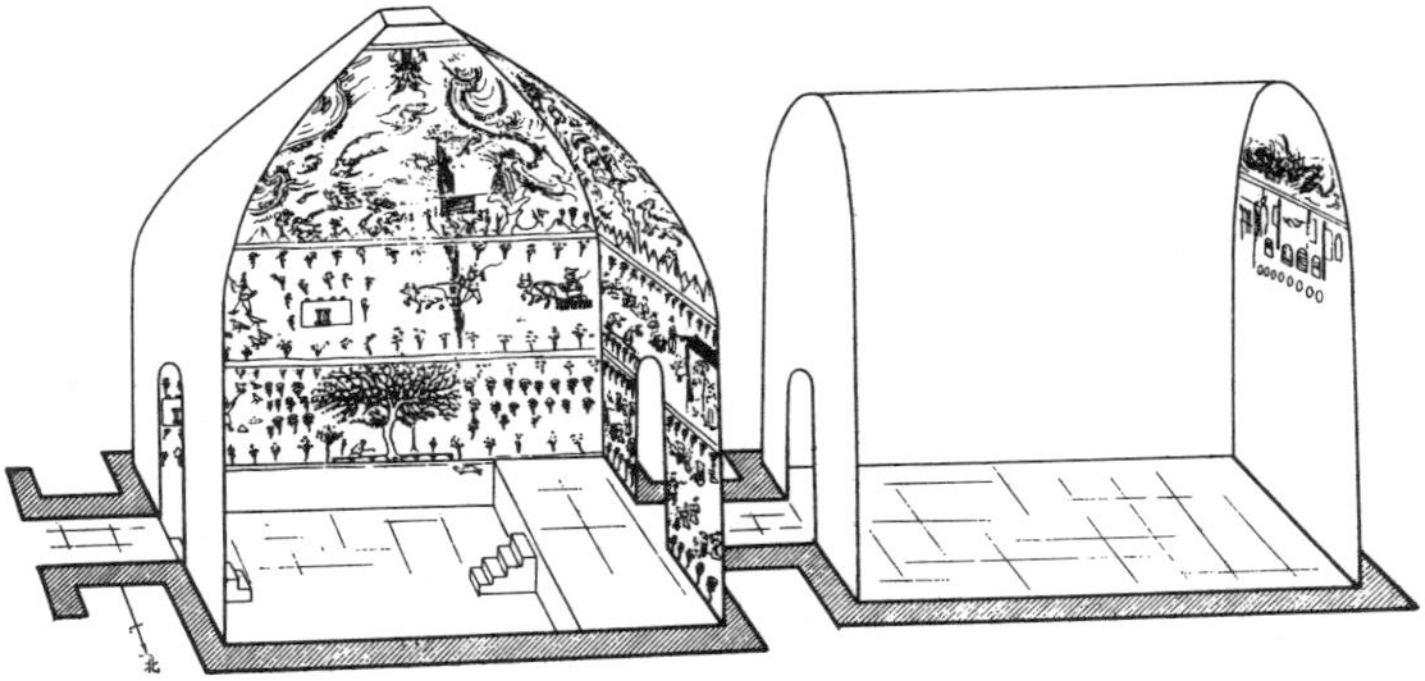

丁家閘５号墳石室見取図

燕宴居行楽図（酒泉市丁家閘５号墳）
（甘粛省文物考古研究所『酒泉十六国墓壁画』文物出版社より）

いずれの壁画ものどかである。戦闘の場面はなく平和そのものである。五胡十六国時代は漢民族と北方遊牧民が入り乱れ、民族の興亡が繰りひろげられた時代であるが、彩色壁画はつかのまの平和なひとときを描いたのであろうか。

丁家閘五号墳の壁画を見たあと、未解放地区にある文殊寺を訪ねた。

酒泉から南に二二キロ、文殊川が流れる文殊山に仏教と道教の寺院が並立して建つ。

ここは文殊菩薩が顕現《けんげん》したところといわれ、黄土をくりぬいて造った高さ六メートルのドーム型の仏教寺院に、文殊菩薩をはじめ諸仏が安置されている。

道教寺院には太上老君《たいじょうろうくん》が祀られており、左右に八仙と呼ばれる道教の仙人が立っており、面白いことに壁面には「西遊記」が描かれている。

## 万里の長城の西の外れに建つ嘉峪関と安西の楡林窟

酒泉を後にして嘉峪関《かよくかん》に向かったのは一年のうち、河西回廊が最も暑い八月中旬であった。人口三〇万の嘉峪関は整った街で、夜、自由市場にでかけてみると、日用品が所狭しとならび、果物がうずたかく積まれ活気にあふれ、河西の人々の熱気が伝わってくる。

万里の長城といえば、秦始皇帝が築いたことで知られているが、長城そのものは、春秋戦国時代から明代に至るまで築かれ、時代によって構造や位置に違いがある。

ただ、建設の目的は、騎馬戦術を駆使する北方遊牧民に対する南方農耕民の防衛にあったことは疑うべきもない。

はるか東方の山海関《さんかいかん》から続く全長六、〇〇〇キロにおよぶ長城の西の端が、天下の雄関とたたえられる嘉峪関である。明代の一三七二年（洪武五）に常勝将軍と呼ばれた馮勝《ひょうしょう》が、元のモンゴル軍を破った時に城壁を築いたのがはじまりで、三〇〇人の兵士が常駐していたという。

城砦は内側と外側の二重の城壁をもち、城内の広さは二万五千六〇〇平方メートルある。内《ない》城・甕《よう》城・羅《ら》城・

外城《がい》からなり、嘉峪関の中枢は内城である。

周囲は一辺の長さ一六〇メートルの城壁にかこまれ、東に光華門《こうか》、西に柔遠門《じゅうえん》を配し、両門のうえに楼閣が立つ。内側の城壁に沿って城の上に登れる馬道がついているが、この道は、何かおきた時に兵士が城門をくぐって坂道をかけのぼり、楼閣にいる将軍に伝えるために使われたのであろう。内城の城壁に立ち眺望すると、まわりは砂漠と山脈にはさまれ、長城の遺跡が遠くまで延びている様子を確かめることができる。

嘉峪関城

懸壁長城・嘉峪関

路上で売られている安西ウリ

放牧されているラクダと蘇蘇草

嘉峪関から北西へ七キロのところにある黒山《こくざん》の急斜面に懸壁《けんぺき》長城がある。あたかも空に懸けられたかのように見えることから、この名が付けられたといわれ、明代の一五四〇年につくられた。長城の長さは七五〇メートルであるが、その傾斜は急なところで四五度に及ぶところがあり、気力をふりしぼって登らなければ頂上までたどりつけない。明代の長城はここが西の端である。

私が訪ねた時、遊牧民と農耕民による争奪が繰り返された歴史の舞台は、観光客であふれていた。

嘉峪関から安西《あんせい》に向かう途中で疏勒河《そろくがわ》付近を通る。この一帯は有名な安西ウリの産地ときき、路上で売られているウリを二個買い、その夜に安西賓館で食べた。甘くてみずみずしいウリは河西回廊ならではの味である。

安西の人口は一〇万で、河西地方のオアシス都市ではいちばん小さく、時おりゴビタンの砂を巻き込んだ嵐が街を襲うという。この地は「風庫《ふうこ》」と呼ばれるほど風が強く、「一年一場風、従春刮到冬＝春よりふいて冬にいたる」といい、風砂を防ぐためにさまざまな工夫をこらしている。

私は安西市の南七六キロにある楡林《ゆりん》窟に向かった。風景は雄大な祁連山が連なる荒涼としたもので、わずかに草地が生えているところにラクダが放牧されているだけである。

**楡林窟**（安西市郊外）

ラクダが食べる草はトゲのある蘇蘇《そそ》草といい、そのまわりに紅柳《こうりゅう》がピンク色の花を咲かせ、しばし古代の幻想世界に足を踏み入れたような錯覚をおこす。茫漠たるゴビを二時間ほど走って目的地についた。

楡林窟には、蘭州でお世話になった敦煌研究院副所長の李最雄さんが待っていてくださり、楡林河の流れに身をまかせながら昼食をともにした。

楡林窟は、楡林河峡谷の両岸にあり、絶壁の東岸に三一、西岸に一一の総計四二を数える。創建の年代は不明であるが、唐・五代・宋・西夏・元などに造られた石窟が確認されている。壁画の面積は四、二〇〇平方メートル、塑像は二五九体あるが、ほとんど原型をとどめず、いずれも後の重修か重塑である。

唐の中期に造られた第二五窟の壁画は精美である。中央の仏壇に補修した坐仏を安置し、北壁に弥勒下生成仏経変、南壁に

**普賢経変**（楡林窟第25窟）
（『甘粛石窟芸術　壁画編』甘粛人民美術出版社より）

観無量寿経変《かんむりょうじゅきょうへん》、東壁に曼荼羅《まんだら》、西壁に文殊《もんじゅ》経変と普賢《ふげん》経変を描いている。盛唐期の傑作として貴重なものである。

　第六窟は、楡林窟最大の広さをもち、主室に高さ二四・七メートルの弥勒大仏が安置されている。壁画には巻草文が描かれ、窟の明り窓のところに、一時、敦煌を支配した曹一族の曹延禄《そうえんろく》の供養者像や前室に蒙古系の供養者像がみえる。

　西夏時代に造られた第二窟の水月観音像は、精緻で色づかいも美しく、元代に造られた第四窟の観音・文殊・普賢像は、正確なプロポーションをしており、外来の技法の影響を受けたのであろうか。

　楡林窟には、四幅の玄奘取経図がある。とくに第三窟の西夏期の壁画は、玄奘が合掌礼拝し、猿の行者が白馬をひいている図である。

　明代の呉承恩《ごしょうおん》が著わした『西遊記』にさかのぼること三百年前のこの図像の出現は、玄奘求法の物語が唐代から広く流布していたことを示しているのであろう。

　楡林窟を李副院長に案内していただいた後、私は敦煌に向かって出発し、二週間あまり敦煌研究院でお世話になり、もっぱら、莫高窟詣《もう》での毎日を送った。

この時の旅は、蘭州から敦煌まで総距離にして一、二〇〇キロを走破したことになったが、古代の人たちは、この道をどれほどの時間をかけて往来したのであろうか。

シルクロードは、前漢時代に武帝と張騫によってひらかれたものの、それは歴史に登場する権力者がすべて支配したのではなく、わずかにその点と線を手中におさめたにすぎない。

河西回廊は、匈奴が、鮮卑《せんぴ》が、ウイグルが、モンゴルが、そして漢民族が拠点をかまえたり追われたりしながら興亡を繰り返した要衝であるだけに、端倪《たんげい》すべからざる有為転変の歴史の波をかぶってきたことであろう。

私は、河西回廊の旅の中で、風雪に耐え今日まで伝えられている歴史遺産に接し、あらためて、シルクロードは「歴史の道」であり「仏教東漸の道」であることを実感した。

古代から変らぬ陽の光と風の音、そして東西二、〇〇〇キロにおよんで回廊の南を走る祁連山脈のみが、人間の営為を凝視しつづけているのである。

**（児島建次郎）**

**主要参考文献**

『敦煌の美と心』児島建次郎ほか著、雄山閣
『シルクロード　絲綢之路　第一巻　長安から河西回廊へ』陳舜臣著、ＮＨＫ出版
『大黄河・遙かなる河源に立つ』井上靖著、ＮＨＫ出版

# 第八章
# シルクロードを詠《うた》った詩人たち

## 二千年前の西域の詩

シルクロードの文学として、まず初めに紹介しなければならない作品は、「蘇武《そぶ》に与ふるの詩」と題する五言詩三首で、作者は前漢の時代、シルクロードで活躍した李陵《りりょう》である。『文選《もんぜん》』巻二十九に収録されているこの作品に対して、あまりにも完成度が高すぎるので、梁の劉勰《りゅうきょう》は『文心彫龍《ぶんしんちょうりゅう》』明詩篇で、また、蘇東坡《そとうば》は「答劉沔書《りゅうめんにこたうるしょ》」において、後世の偽作であると述べている。

それに対して、李陵本人の作であるという説もある。梁代の『詩品』では、李陵のこの作品こそが五言詩の始まりであると記し、杜甫、韓愈《かんゆ》、白楽天、厳羽《げんう》、鐘惺《しょうこう》、沈徳潜《しんとくせん》らもこれを信じて疑わなかった。

私は、この「蘇武に与ふるの詩」を鑑賞した時、そこで使用されている言語、たとえば「浮雲」・「遊子」・「徘《はい》徊《かい》」は、明らかに三世紀末から四世紀初頭によく使用される詩語であり、また、規模雄大にして奔放《ほんぽう》肆大《しだい》、規則や形式に束縛されず、清明にして自由な作風という前漢の文学とは明らかに異質であることに気づいた。むしろ後漢から六朝《りくちょう》にかけての、別離の情感に近い作品といえる。その断片を紹介してみよう。

遠く望めば　悲風至り

酒に対すれど　酬《むく》ゆる能《あた》はず　（其の二）

手を携《たずさ》へて　河梁《かりょう》に上《のぼ》る
遊子《ゆうし》　暮れに何《いづ》くにか之《ゆ》く　（其の三）

次に引く、『文選』巻二十九の蘇武の作品も、同じく後世の偽作の疑いのある五言詩四首である。しかし、古代中国の西域文学の一端を示す作品であることに変わりはないので紹介する。

黄鵠《こうこく》一たび遠く別れ
千里　顧みて徘徊す　（其の二）

結髪《けっぱつ》　夫婦と為《な》り
思愛両《ふた》つながら疑はず　（其の三）

前漢の武帝の元封年間（前一一〇～前一〇五）に、西域諸国の中で最も大きい国、人口六三万を擁する烏孫《うそん》国に嫁入りした烏孫公主《うそんこうしゅ》は、『古詩紀』に見られる「悲愁の歌」と題する詩を残している。

吾が家　我を嫁《か》す天の一方
遠く異国に託す　烏孫王

この詩も、よく故事をふまえているが故に、四世紀初め頃の作と思われる。
容姿端麗《ようしたんれい》な王昭君《おうしょうくん》は、一七歳の時に元帝《げんてい》の後宮《こうきゅう》に入ったが、前三三年、匈奴《きょうど》の呼韓邪単于《こかんやぜんう》のもとに嫁《とつ》ぎ、一男をもうけた。夫の死後、その正妻の子と再び結婚し二女をもうけたという。

『西京雑記《せいけいざっき》』によれば、後宮で宦官《かんがん》に画かれた肖像画が、賄賂《まいない》を画師に贈らなかったために醜《みにく》く描かれ、そのために匈奴王のもとに嫁ぐはめになったといわれている。今日、王昭君が歌った「怨詩《えんし》」という作品が伝わっている。その一節に、

父や母や　道里《どうり》悠長なり
嗚呼《ああ》　悲しいかな憂心惻傷《そくしょう》す

とある。この彼女の悲劇は、李白や白居易にも歌い継がれている。西域文学は、このように女性の悲哀を詠った漢詩に彩られている面が多くある。

## 唐王朝の辺塞詩人たち

ところで、中国はいくつもの異民族と隣接し、歴代の王朝は絶えずその侵略の危険に悩まされていた。とくに、東進南下する北方と西域には、極度の神経をはらい対外政策を進めてきた。

中国史を紐《ひも》解くに、塞外史《さいがいし》なくしては語れないとまで言われており、国境の守護のため、「或《あるい》は十五より北　河《か》を防ぎ、便ち四十に至って西　田《でん》を営《いとな》む」（杜甫・兵庫行）とあるように、空しく青年期や壮年期を、国境で送る者は稀ではなく、そうした塞外を素材にした詩が辺塞詩である。

辺塞詩、すなわち征戍《せいじゅ》文学の起源は、「尚書《しょうしょ》」の甘《かん》の効野における王の誓言「甘誓《かんせい》」、紀元前二千年前後の古代社会にまで遡《さかのぼ》ることができる。その辺塞詩を内容によって分類すると、概略、次の四項になる。

まず初めは、作者は戦場に赴かず、遠征から帰ってきた兵士の話を聞き、それを素材として歌った作品群である。これは、王翰《おうかん》の「涼州詞《りょうしゅうし》」などに見られる厭戦《えんせん》感情を詠んだものと、煬帝《ようだい》の「飲馬長城窟行《いんばちょうじょうくっこう》」の系譜に属す

る、征戦を鼓舞《こぶ》するものとに分けられる。

二番目は、一度も戦場に赴《おもむ》かず、内地にのみ身を置く詩人が、兵士の辺域での転戦を回想して作った詩、王建の「送衣曲《そういのきょく》」などがあげられる。いずれも人間生命の尊厳観にもとづいて、戦争による惨禍《さんか》を憤《いきどお》り、兵士の死による絶戸《ぜっこ》と、家族制度の崩壊を嘆いている作品が多い。

天山山脈の南麓の姑墨と尉頭の中間にある高さ 18 メートルのチラン烽火台

三番目は、詩人が直接戦場で歌う作品があげられる。李益《りえき》や、岑《しん》参《じん》らの詩がそれである。中でも、岑参《しんじん》の「白雲歌送別武判官帰京」は、この項の代表的な作品で、よく辺塞の風光を描写している。

北風　地を捲《ま》き百草折れ
胡天《こてん》　八月なるも雪を飛ばす
忽《たちま》ち一夜　春風《しゅんぷう》来たり
千樹万樹《せんじゅばんじゅ》　李花《りか》開く

四番目として、出征した兵士を慕《した》う、妻子の悲しみを代弁した詩もある。李白の「子夜呉歌《しゃごか》」の末尾の二句を引く。

何れの日か　胡虜《こりょ》を平らげ
良人《りょうじん》　遠征を罷《や》めん

辺塞詩の世界では、兵士の栄耀《えいよう》と軍人の心意気を歌った勇戦詩より、「残酷戦禍《ざんこくせんか》」の語に評されるように、戦争否定の精神を詠じた詩の方が多い。李華は「弔古戦場文《こせんじょうをとむらうぶん》」で、何の罪もない人民が、兵士として戦地に追いやられる悲惨をリアルに詠じている。

唐代には、戦争反対を歌う厭戦詩が数多く作られた。その原因は、明の王夫之《おうふうし》が指摘しているように、唐朝の社会に広く寛容の精神が流れていたことによる。戦争の責任は皇帝にあるとの、厳しい批判を詠うことのできる表現の自由があった。『旧唐書《くとうじょ》』の魏知古伝《ぎちこでん》に記されている玄宗《げんそう》の「よく心を正しくして、君王を風諭《ふうゆ》をもって諫《いさ》めるようにするべきである」の言葉は、そうした時代風潮を示したものである。

ところで、唐朝は左遷《させん》や放逐《ほうちく》は数多くあるものの、功臣殺害の例は他の王朝と比較して極度に少ない。天宝年間の一時期には、仏教の生命尊厳の思想の影響を受け、死刑廃止をも実行したのである。こうした世相にあって、王昌齢《おうしょうれい》、高適《こうせき》、岑参、王翰らの辺塞詩人は、己《おの》が才能を駆使《くし》して詩作に励んだ。

## 王翰《おうかん》「涼州詞」の魅力を探る

「涼州詞」の作者、王翰は、字《あざな》を子羽《しう》と言い、垂拱《すいきょう》三年（六八七）太原県晋陽《たいげんけんしんよう》に生まれた。景雲元年、二五歳にして科挙《かきょ》の進士科に及第し、昌楽の尉《い》に調せられた。地方財閥の出身で、馬屋には多くの名馬を所有し、家には妓女《ぎじょ》や楽人を多く蓄えていたという。またその性格は豪放で、他人に拘束されることを好まず、日々、英傑を集め従禽《じゅうきん》や撃鼓《げきこ》に打ち興じるなど、その生活や言動には、王侯に比すべきところがあった。

張説《ちょうえつ》が宰相になるとその厚遇を受け、正九品下の秘書正字となっている。玄宗の開元年間には、天子の車駕《しゃが》・郵駅をつかさどる従六品上の駕部員外郎に抜擢《ばってき》された。しかし、張説が姚嵩《ようすう》との対立に敗れ失脚すると、彼は仙州に左遷された。現地ではろくに仕事をせず、狩猟《しゅりょう》や酒にばかり耽《ふけ》っていたので、時を経ずして道州の司馬に貶《へん》謫《たく》され、開元一四年（七二六）、失意と寂寥《せきりょう》のうちに湖南の地に卒したのである。

王翰の「涼州詞」は、唐代七絶の優として、『唐詩選』などで広く知られ、王世貞はこの作品を唐朝辺塞詩の最高峰であると評している。まさしく「涼州詞」は「詩語は雄壮であり、そのうえ心はきわめて悲しさに満ちている」（大典）と評されるように、極寒孤絶《ごくかんこぜつ》の辺域にあって、死の恐怖と戦いつつ日夜警備に励んでいる兵士の姿をよく想察している。

葡萄《ぶどう》の美酒《びしゅ》　夜光《やこう》の杯《はい》
飲まんと欲すれば　琵琶《びわ》馬上に催《もよお》す

唐軍とイスラム軍が西暦 752 年に激戦をくり広げたキルギスのタラス川

酔いて沙場に臥す　君笑うこと莫《な》かれ
古来征戦《こらいせいせん》　幾人か回《かえ》る

涼州は唐代では隴右道《ろううどう》に属し、河西節度使の駐在した町である。今日の甘粛省武威県《かんしゅくしょうぶいけん》に位置し、気候が寒冷であるためこの名がついたという。

その歴史は古く、前漢の武帝は匈奴を西域深く追いやり、黄河上流に武威《ぶい》・張掖《ちょうえき》・酒泉《しゅせん》・敦煌《とんこう》の四郡を置いた。昭帝の時、さらに金城の一郡を置き、河西の五郡と称した。長く平和な時期が続いたが、献帝の治世に反乱が起こってから以後は、政治的混乱期に入っていく。

武徳二年（六一九）唐朝により河西節度使が設置されると、長安北西の一大要塞として、戦略的にも重要な町となったので、涼州城内にはたえず三三、〇〇〇の兵士と一三、〇〇〇の軍馬が配置されていた。

ペルシャを起源とするブドウは，漢代に中国に伝来，日本へは遣隋・遣唐使によって伝えられた。

「涼州詞」は「楽曲涼州の歌詞《がっきょくりょうしゅうのかし》」の意であり、この地名を借りて楽曲の名としたものである。地方官が、それぞれの任地の流行歌をとって朝廷に献上した時、この作品も、玄宗の開元年間に、西涼府《せいりょうふ》都督《ととく》、郭知運《かくちうん》が朝廷に献じたものである。

まず、「涼州詞」の起句から見てみよう。ガラスの輝きとブドウ酒の赤色が醸《かも》し出す豊かな色彩感、視覚と味覚が殺伐《さつばつ》な風景の中でよく調和している。この「葡萄」・「夜光杯」といった詩語は、兵士が千里外にいることを暗示させる。

葡萄は苜蓿《うまごやし》などと一緒に、漢代に張騫《ちょうけん》がペルシア地方から持ち帰ったと伝えられている。『史記』大宛列伝《たいえんれつでん》に、武帝が上林苑に葡萄を移植して以来、しだいに漢土でも栽培されるようになり、唐代に入って、被高昌《ひこうしょう》が初めて葡萄酒を醸《じょう》する法を得てから、一般でも多く作られるようになった。

「夜光杯」は「白玉杯《はくぎょくはい》」ともいい、夜も光を発するという西域の特産で、『後漢書《ごかんじょ》』西域伝に、西域の産物として夜光の璧《へき》があげられている。また、今日では、祁連《きれん》や天山や崑崙《こんろん》の各山脈からも夜光杯を作る玉石が多く産出されている。

辺境の町では、砂漠に夕闇の迫るころ酒宴が開かれる。美味《びみ》なブドウ酒、夜光の杯を用いた酒宴の華やかさは、出征兵士の望郷の念や塞外《さいがい》での労苦をしばし忘却させる。

承句に移り、詩情は聴覚の世界へとゆるやかに変転する。琵琶の美しい音色は、年老いた父母、愛しい妻子の姿を脳裏《のうり》に去来《きょらい》させたことであろう。

琵琶はペルシアやインドから出た楽器で、枇杷《びわ》とも書き、後漢の頃に中国に伝来し、貴族階級の楽器として珍重された。劉熙《りゅうき》の『釈名《しゃくみょう》』に「枇杷はもともとシルクロードから出た楽器である。馬の上で弾くもので、手で推すを琵《び》といい、手を引くを琶《は》という。それによって琵琶という名がつけられたのである」とある。

唐代ではペルシア産は四絃、インド産は五絃が普通で、撥《ばち》または手の指でギターのように抱きかかえて弾奏《だんそう》した。当時、段和尚《だんわしょう》という人物がいて「涼州詞」の曲譜を作り、これを琵琶の名手である康崑崙《こうこんろん》に伝えたという。

この詩においては琵琶の弾奏者は、同僚の武人か国境の駐屯兵士を慰問する妓女かは知るすべもない。しかし、詩情から推察するに、王昭君の故事や唐代に女子の騎馬が流行したことを思う時、妓女と解した方がよいであろう。玉杯の美酒《びしゅ》をまさに飲もうとすると、どこからともなく美しい琵琶の音が流れ来たり、その音色がいっそう酒興《しゅきょう》をかりたてるのである。

この詩の主題は後半にある。転句の「酔臥《すいが》」の二字は、ロマンチシズムな色彩と甘美《かんび》な異国情緒を秘めている。筋骨逞《きんこつたくま》しい兵士が、敢《あ》えて狂態《きょうたい》をさらす姿の中に、絶望的な心境の表白《ひょうはく》と、凄惨《せいさん》な孤独感が脈動している。明《みん》の譚元春《たくげんしゅん》が「又壮又悲《またそうまたひ》」と評しているように、荒涼たる塞外の砂漠に痛飲酔臥《つういんすいが》する将兵は豪放《ごうほう》であるが、その中に言い知れぬ悲哀の情が沈潜《ちんせん》しているのである。

結句において注目すべきことは、「来《らい》」という助字《じょじ》である。韻律上から厳しく文字が制限されている絶句において、この「来」という助字を使用したことは大きな意味を持つといえる。「来」は「古」という時間的経過を意味する語と結びつくことにより、昔から今に、そして未来も同じように戦争は続くのであるとして、戦いにあけくれる人間の悲しみを詠んでいる。

ここでは、「死」とか「悲」とか言った直接的表現や、感情語の使用を避けたことによって、近い将来に自らの運命の上に来るであろう「戦場での死」までの苦痛の長さを暗示している。砂漠の兵士にとって、物理的時間の長さと、空間的悲愁の大きいことは、まさに筆舌《ひつぜつ》に尽し難いものが感じられる。兵士たちは、酒宴という表面的ににぎやかに高揚する精神の中に、悲傷を充満させつつ酔臥するのである。

## シルクロードの玄関、敦煌の文学

敦煌出土文書の一つである「張議潮変文《ちょうぎちょうへんぶん》」には、唐代において仏教が興隆したさまを次のように詠んでいる。まるで、古代聖王の堯王《ぎょうおう》の時代のように、一人ひとりが幸福な生活を満喫しているようすを歌っているのである。

二月仲春　色光輝き、
万戸　謌謡《かよう》して総《すべ》て眉を展《の》ぶ。

二月になるとうららかな春日和がつづき、あちらの家からもこちらの家からも、明るい歌声が聞こえているという。こうした平和で幸せな敦煌人の生活ぶりは、出土文献中、とくに変文《へんぶん》の中に描写され、『敦煌変文』においては、こうした資料を七八種のせている。

また発見された多くの文学作品の中より、敦煌が重要な絹貿易の市場であり、庶民生活が豊かであったようすを「女人百歳篇《にょにん》」から見てみよう。

参拾《さんじゅう》　珠頰《しゅきょう》の美少年、
紗窓《しゃそう》　鏡を攬《と》りて花鈿《かでん》を整《ととの》う。

「三〇歳になると、息子は立派な少年に成長し、娘は薄絹《うすぎぬ》を張った窓の中で、鏡を手に取って花かんざしを整えている」という意である。この歌に示されるように、敦煌では美しい薄絹が窓のカーテンにまで使用されている。この事実はもはやこの町が流沙の彼方の辺境の町ではなく、長安や洛陽の文化が広くゆきわたり、国際的な文化の花開くオアシスであったことを証明している。

ところで、仏教伝来の初期の敦煌仏教の中心者は、生命を賭けて流沙を渡ってきた先駆者だけあって、深く自己の使命を自覚していた。ゆえに、決して高坐に位置して民衆を睥睨《へいげい》するが如き態度はとらず、オアシスの民と忍耐強く対話を積み重ねている。蔵原伸二郎は、その様子を詩集『暦日の鬼』で次のように歌っている。

その頃の仏教は新しい光明であった。
満月であった。
東洋の満月であった。
今の世の仏教よりずっとずっと有難いものであった。
貧しい人達の生命と生活を守る力があった。
だからあんなに美しい仏像が刻まれたのだ。

ところで、敦煌郊外に玉門関《ぎょくもんかん》の関所があり、それを題材として作詩した王之渙《おうしかん》の「涼州詞」も、シルクロード文学の一篇である。彼は、則天武后《そくてんぶこう》の四年（六八八）に生まれ、その墓誌銘《ぼしめい》に「二〇歳にならないうちに、文学の精髄を究めた」とある。彼の外出漫遊は、遠く玉門関まで及んでいる。

敦煌の莫高窟の正面右側の石室。手前は大泉河

敦煌の玉門関の塞

黄河遠く上る白雲の間
一片の孤城　万仞《ばんじん》の山
羌笛《きょうてき》何ぞ須《もち》ひん楊柳を怨むを
春風度《わた》らず玉門関

ところで、『集異記《しゅういき》』巻二によれば、「唐の開元年間、詩人の王昌齢《おうしょうれい》と高適《こうせき》と王之渙はみなその名を世に知られていた」とあり、さらに、三人の作品の優劣を競う旗亭画壁《きていがへき》の故事がある。この酒宴時に提示された王之渙の作品は、この「涼州詞」であった。征人の雄壮空闊《ゆうそうくうかつ》な思い、そして悲涼慷慨《ひりょうこうがい》にして辺地の苦寒を詠出した詩の中にあって、まさしく「玉門関」の三文字は欠くべからざる詩語であった。

次に、シルクロードの亀茲《きじ》や北庭《ほくてい》に五年間も赴任した岑参《しんじん》の代表作品「胡《こ》笳《か》の歌、顔真卿《がんしんけい》の使ひして河隴《かろう》に赴《おもむ》くを送る」を紹介しよう。

君聞かずや　胡笳《こか》の声　最も悲しきを
紫髯《しぜん》　緑眼《りょくがん》の胡人吹く
之《これ》を吹きて　一曲　猶《な》ほ未だ了《おわ》らざるに
愁殺《しゅうさつ》す　楼蘭　征戍《せいじゅ》の児《じ》
涼秋八月　蕭関《しょうかん》の道
北風　吹き断つ　天山の草

崑崙山南《こんろんさんなん》　月　斜めならんと欲す
胡人　月に向かひて胡笳《こか》を吹く
胡笳の怨み　将《まさ》に君を送らんとす
秦山《しんざん》　遥かに望む　隴山《ろうざん》の雲
辺城　夜夜《やや》　愁夢《しゅうむ》　多し
月に向かひて　胡笳　誰《たれ》か聞くを喜ばん

唐の辺塞詩人，岑参が２年間にわたって住んだ北庭故城

岑参は送別の宴という場をかりて、まだ見ぬシルクロードを、空想性と独創性をもって描写し、辺塞での駐留兵士の心情を文学的に想察したのである。詩を受け取った顔真卿《がんしんけい》は、顔体字の創始者として名高い書家であり、唐朝四代の皇帝に仕えた名臣である。安史《あんし》の乱の時、敗北の続く官軍において、義兵を率いて抵抗したことでも知られる。

「君聞かずや」との、倒置法を用いた技法は、よほど自信がないと歌えない発辞《はつじ》である。李白の「将進酒《しょうしんしゅ》」に、「君みずや黄河の水」との歌い始めの詩があるが、こうした倒置法の歌い出しは、凡人の詩才では、詩情の展開が行き詰まり息切れ状態となってしまうが、ここでは見事に詠みこなしている。

「胡笳の声の最も悲しきを」の「胡笳《こか》」は、漢代から唐代にかけて西域一帯に流行した、もの悲しく美しい音色を出す少数民族の楽器である。

初めは葦《あし》の葉を巻いて吹いていたが、やがて改良が加えられ、竹や木でも作られるようになった。「胡笳」の響きによる聴覚の美は、以下の「紫髯緑眼《しぜんりょくがん》」の視覚の美へと転回する。

「之《これ》を吹きて一曲　猶《な》ほ未だ了らざるに、愁殺《しゅうさつ》す楼蘭　征戍《せいじゅ》の児《じ》」は、「未了《いまだおわらざるに》」にポイントがある。胡笳の哀《あい》音《おん》により、一曲すら聞き終わらないうちに、兵士には悲愁の情がもうこみ上げてくるのである。

ところで、流沙《りゅうさ》に埋もれた歴史の町である楼蘭を、何故に詩中に歌い込んだのであろうか。ましてや顔真卿は、河西、隴西《ろうせい》地方に行くのであって、遠く楼蘭までは行かない。

思うに、岑参の胸中にとって、楼蘭はロプノールの北西に美しく栄えた古都への、時空を超えた憧憬《しょうけい》であったのではなかろうか。敦煌や輪台《りんだい》、また高昌《こうしょう》や亀茲では、あまりにも具体的であり現実的であり、詩的世界が圧縮されてしまう。この位置に詠み込む地名はまさに、楼蘭以外には考えられないのである。

こうした楼蘭を読み込んだ技法は、唐代の詩人がよく詠出する手法で、例えば、王昌齢の作品にも「楼蘭を破らずんば終《つい》に還《かえ》らず」とある。

次の、「涼秋八月　蕭関《しょうかん》の道、北風吹断《ふきた》つ天山の草」の詩句により、天宝四年八月、顔真卿が蕭関ルートで河隴《かろう》に出発しようとしていることがわかる。「蕭関」は現在の寧夏《ねいか》回族自治区固原の東南にあった関所で、西北辺境ルートの要衝《ようしょう》であった。長安の都から西域に向かうには、唐代においては三本の道が利用されており、最も北よりのコースが蕭関ルートである。

「崑崙山南　月斜めならんと欲す、胡人月に向かひて胡笳を吹く」は、北方から一転して、タクラマカン砂漠の南方の崑崙山脈に浮かぶ月光を配置したことにより、詩に空間的拡大をもたらしている。このように、西域の地理感覚を鋭敏かつ厳格に歌い込むことによって、その美意識は「月に向かひて胡笳を吹く」の一節と抒情的に連結する。さらに、紫髯緑眼の胡人の姿は、時空を超えて夢幻の世界へと変転し、詩画一如《しがいちによ》の世界が具現するのである。

漢や唐の軍が遠征する時に通った敦煌郊外の砂漠道

「胡笳の怨み　将《まさ》に君を送らんとす。秦山遥かに望む　隴山の雲」は、哀切な胡笳の音で旅行く先輩を見送っている。なお、「秦山」とは、長安の南部に連なる秦嶺《しんれい》山脈のことであり、厳密に言えば、顔真卿は西北の蕭関コースから旅立つのであるから、南方にある「秦嶺」を詠み込むことは現実的ではない。しかし、詩中における地名の頻出《ひんしゅつ》という流れを考慮に入れれば、この「秦嶺」なる地名の挿入は、これまた、欠くことのできない配置である。

「辺城夜夜《やや》　愁夢多し、月に向かひて胡笳誰《たれ》か聞くを喜ばん」は、顔真卿だけに贈られた句ではない。西域に旅する商人、兵士、使者などすべてを思いやっての詩情である。この二句に流れる甘美な郷愁、悠久の天地に夢馳《は》せた作者の美意識、まさに辺塞詩の最高峰とも言える旋律《せんりつ》である。私はこの作品から、個人的な叙情精神から、万人に共通した普遍的な文学精神へと拡大していく、作者の生命の拡大を垣間《かいま》見る思いがしてならない。

今一つ、シルクロードを詠《よ》んだ李白の「戦城南《せんじょうなん》」の冒頭を紹介しよう。キルギスのトクマク（砕葉《さいよう》）で西暦七〇一年に生まれた李白は、故里である西域の地名を随所に詠み込んだ名作を残している。

去年桑乾《そうかん》の源に戦い

今年　葱河《そうが》の道に戦う
兵を洗う　条支《じょうし》　海上の波
馬を放《はな》つ天山　雪中《せきちゅう》の草

「桑乾」は、漢土の北方にあり、唐軍と契丹《きったん》の戦闘が展開された場所である。「葱河」は、葱嶺河の略で、パミール高原から南新疆《しんきょう》に流れる河川のことで、天宝六年、唐軍と吐蕃《とばん》の大激戦が繰り広げられた戦場である。「条支」は吹河《すいが》が熱海《ねっかい》に注ぎ込む西岸の町であり、砕葉《さいよう》の東に位置した町である。

唐代には、詩が盛行したが、その勃興の要因は、天子の文学愛好と文人の優遇や、科挙の進士科に詩賦が加えられたことが挙げられる。また、絶句や律詩といった近体詩の完成や、安史の乱による政治の変転が、詩人の涙をさそったことも考えられる。そうした中にあって、私は西域での兵士の喜怒哀楽の情を詠んだ辺塞詩の誕生こそが、唐詩を重層化させ、豊穣《ほうじょう》な文学へと昇華させた最大の要因であると考えている。

**（山田勝久）**

# 第九章
# シルクロードの出発点・大唐の都として繁栄した長安

## はじめに

大唐の首都である長安（現在の西安）と、副都である洛陽は、現在のニューヨークやトウキョウと同じように、各地から人々が集まり、物も集まっていた。

なかでも、長安の繁栄は素晴らしいものがあった。肌色や頭髪の異なる人々が集まり、宗教も中国自生の儒や道教以外に、インド起源の仏教が栄え、キリスト教の一派であるネストリウス派も教会を建て、景教と言われていた。ササン朝ペルシアの国教であったゾロアスター教も祆教といわれ、祆祠を建てていた。他にも摩尼教（マニ教）なども流行し、祆・景・摩尼教は三異教とも言われていた。その信徒は漢人が少なく、長安に到った異民族が中心であった。

まさに国際都市であった。諸外国からの定期・不定期の外交使節団（遣唐使）も、華やかな民族衣服で、にぎわいに華を添えていた。逆に外国に使節として派遣され帰国したり、玄奘《げんじょう》のように国禁をおかして外国に至って、仏法を伝えた留学僧の帰国することも少なくなく、大群衆が、熱烈に迎えた。このような群衆の熱中を一層ひきたてたのが、中央アジア、東南アジアなどからの音楽と楽器の伝来であり、朝廷、寺院、貴族の邸宅にはじまり、坊間にもひろがっていった。このような熱中が、唐詩に曲をつけ愛唱するなど庶民へも流行し、それは遠く海をへだてた日本の朝廷、貴族にも及んだ。李白、杜甫、白楽天らの詩は今日の世界的ヒットソングといってもよい。大唐の都・長安の国際性を象徴する詩人を一人あげよう。客寓の詩人ともいわれる李白（七〇一～七六二）である。李白の生誕はナゾに満ちている。生誕地についても山東、蜀中、砕葉の三説がある。山東は山東省、蜀中は四川省で、ともにいつの時代においても中国の領域であったが、砕葉は現在のキルギス国のスイヤップである。現在の李白研究では、五歳まで砕葉で生育し、のち父に随って蜀中に至ったとするのが一般的である。

李白の人種についても、漢人説。異民族おそらくはモンゴロイドの顔貌をもった人。漢人であったが、父が何らかの事情によって、砕葉ちかくに流刑あるいは移民していた人。そのいずれかとされているが、決定的資料はない。異民族あるいは、寄寓漢人とされることが多い。

李白が生誕し、五歳まで生育した砕葉は、唐のシルクロードとは極めて関係が深い。砕葉は唐初期からの突厥との戦いをへて、唐の高宗の調露元年（六七九）に、唐軍はパミール高原を越えて、ここを占有した。唐軍の将裴行倹は、安西都護の王方翼を留めて、砕葉城を建設した。この地は、唐の占有以前は西突厥の王庭であり、六三〇年に取経の旅の玄奘はここで盛大な歓迎を受けていた。その後に唐が占有し、安西四鎮の最西端として唐の西国経営にあたっていて、則天武后が各地に建設した大雲寺さえ建立されていた。開元七年（七一九）に至って、ここは破城された。

砕葉城で李白は誕生し、育ったのであった。五歳までの記憶は幼児体験として、深くその人生に関係したことであろう。たとえば、官途にはつかず、安史の乱（七五五～七六四）では、永王の水軍に参陣し、乱の終結後このために投獄されている。変則的な救国思想をかい間みることができる。

この砕葉は、地球上のどこかについては長く論争があったが、文献考証からは、ほぼ、キルギス国のトクマック周辺であることに一致していた。わたしは一九九六年二月にウズベキスタン国におけるソグド遺跡と仏教遺跡を尋ねて調査旅行した。

この時にタシケント大学に留学中の川崎建三さんに通訳をお願いしていた。氏はこの時に、わたしに「上柱国」とは何かと質問されたのを契機に、ウズベキスタン人学生が鉛筆で写しとった一種の拓本を見せられた。つぎの数文字があり、一見して体が震えた。なんと、上柱国……杜懐……とある。全文はつぎのとおり。

| | |
|---|---|
| □西副都 | 安西副都護で |
| 護砕葉鎮壓 | 砕葉鎮において |
| 十姓使上柱国 | 壓十姓使上柱国（の身分の） |
| 杜懐宝□上為 | 杜懐宝は上は |
| 天　下 | 天…………下は |
| □　妣 | ……妣（母）が……を |
| 見　使□ | 見、………… |
| 法界　生晋 | 法界に……せしめ…… |
| 願平安護其 | 平安をえんことを願い、その、 |
| 瞑福　敬造一仏 | 冥福をえがために、敬しく一仏 |
| 二菩薩 | 二菩薩を造り（たてまつる） |

そこで、この実物を見たいと思い、調査の計画を大きく変更し、川崎氏の同学の中村さんと二人で見に行くこ

ととした。実見したが、採拓などは、次に期すこととした。

その次の一九九七年一二月に、奈良シルクロード学研究センターの仕事として、加藤九祚先生と現地調査をすることになった。タシケントから夜行バスで、キルギス国の首都ビシュケック（当時はフルンゼ）に行った。実物

杜懐宝の石仏の銘文部分（上部は欠けている）

砕葉城の唐代の石碑の上部

を見て、それを採拓した。観音菩薩と脇侍は完全に残っていて、その下部の銘文の一部分は欠けているが、まぎれもない初唐の彫刻であった。石材も赤味がかった紅砂岩で、周辺では産出しない石材であった。

つづいて、車でアクベシムに行った。小さい管理事務所があり、ごくわずかな出土品を展示していた。そのなかに屋根瓦の丸瓦があり、内面に布目があり、刃物による分割痕が残っていた。間違いなく、唐代それも長安出土のものと技術は同じであった。砕葉城跡はここであると確信がもてた。

さらに、何かないかと捜すと、あまりにも大きく、重いのでと唐式の石碑の碑頭（螭首《ちしゅ》ともいう）があった。四人がかりで外に運び出すと、見事な竜が彫刻されていた。残念ながら文字を彫るべき碑額は素面であった。碑は唐碑としては中の大ぐらいの大きさであるが、三メートル前後もある巨碑であった。

ほぼ間違いなく、ここが唐代の砕葉城であると確信がもてた。この調査の報告、なかでも碑については別人が書かれた。わたしにとっては誠に残念であった。ただ、この碑と仏像の発見は、北京大学で集中講義した時に話しておいたので、多くの中国学者が知ることになった。

二一世紀の交通手段を用いても、行くことが極めて困難な場所である。天山山脈の北麓の地下水が湧出するところで、北はカザフスタンの大草原に連なり、西約三八〇キロにタラス川畔の戦で知られている胆邏私城（タラス城・現タラス市）がある。タシケントへの帰途は汽車であった。雪の残る天山北麓を、ゆっくりゆっくり進む汽車の旅は、玄奘の旅程でもあり、六二八年に玄奘が、このあたりを通過したのが、四〜五月頃で、季節も一致しており、とくに感動をもよおした。

唐代のシルクロード交易の盛行は、まさに砕葉城の建設とふかい関係にあった。

中国の内地とも言われる甘粛省をこえると新疆に至る。前漢に北辺の護りである長城が新疆の楼蘭まで延びて、漢文化―中国文化は、新疆に至り、東晋までは、漢文化が継続して、あるいは断続して、タクラマカン砂漠周縁のオアシスに栄えていたが、長い南北期には、支配が及んでいなかった。

唐の建国と、第二代皇帝の太宗李世民による突厥との戦争によって、その支配はタクラマカン砂漠をこえて、さらにパミール高原をも越えることになった。砕葉に都護府を設置し、羇縻《きび》支配を行なった。羇縻とは、厳格に内地の支配制度を実行するのではなく、現地人による間接的支配であった。このため、西国なかでも、ソグディアナ地方――現在のウズベキスタン――からの移民や商用旅行者が、割合に順調に、内地に至るようになった。このため、唐の首都である長安はじめ大都市には、「胡の文化」が大流行したのである。その極みを漢詩（もちろん唐詩である）がよく示している。

漢詩の紹介の前に「西域」と「西国」について、かんたんに触れておきたい。

西域は、ほぼ現在の新疆にあたり、西国はパミール高原以西、天山山脈の主峰であるポゴダ山（六、八〇〇メートル）以西を指すことは、唐代墓誌の記述から知ることが出来る。「胡」は、その両方を指すようである。

## 李白の少年行とシルクロード

唐詩でもよく知られた一つに、李白の『少年行』がある。わたしなりに意訳してみる。「少年行」は『楽府』雑曲にもあり、それを受けた詩題であるが、李白の詩には西域を感じざるをえない。

少年行

五陵年少金市東　長安のお金持の青年がにぎわう金市の東を（五陵は漢高帝以下の五帝の陵。長安と意訳）

銀鞍白馬度春風　銀の鞍を置いた白馬を進めている。突然、春の嵐が吹きわたり、花を路面に敷きつめた。

落花踏尽遊何処　　フラワーロードを無情にも踏みつけて、少年たちはどこに行こうとしているのか。
笑入胡姫酒肆中　　そのにやけた顔には、胡姫を求めて、宿つきの高級酒場へ急ぎますと、書かれている。

長安は隋の大興城――「城」は都市の意味。英語のアーバンと同じで、ここではキャピタル――を基に、建設された計画都市である。方眼目のように、東西・南北方向に道路を布設し、区画されたブロックを「坊」といっている。北から三本目の東西方向の道路が、西の城壁と交わるところが金光門で、東は春明門である。日本はじめ東や南からの諸国・諸地域の使者などは春明門を通って都に入る。西からの使者らは金光門をくぐる。現在の西安市街地の西壁の安定門は、ほぼ唐の金光門跡にあたるので、門の西外側には、西域からの隊商がモニュメントとして造られている。

シルクロードは、まさに金光門から西にのび、日本など東へは春明門を通って伝わったのであった。巨大都市であった長安の右京（都市の西半分）には、西域や西国からの移民や旅人が多く居住していた。旅人はおもに商人で、現在の旅人とは違って、長期にわたって滞在したと思われる。

長安市街の西に開設された西市とその周辺には胡人が多く住んでいた。李白の「少年行」は、貴族や大商人の息子が、きらびやかに着飾って、良馬にまたがり、遊蕩の場におもむく情景を表現している。その門をくぐったのちのことは、詩情をくんでいただきたい。

西市は部分的に発掘調査されていて、東西約一キロ、南北約九二〇メートルの長方形の区画である。旅館、料亭、貴金属店、馬具店などが出土品から判明している。東西両市の周囲は、高い城壁で囲まれていて、全市を東西と南北の大きい道で井字に区切っていた。四辺に各二門が開いている。夜は閉じられていた。市を管理するため「東市局」「東平準局」などがあり、同名の官署が西市にもおかれていた。平準局は物価を管理するものである。市には二二〇店舗（行といった）があり、その店舗に商品を運ぶ運河もあり、人と物で賑わっていた。『唐六典』に、詳しい規定があるが、そこでは「百族交易之事」がおこなわれ、多民族の市であったことが知られる。また、奴婢、牛馬なども一定の条件下で売買されていた。両市では、鞦轡行もあり、たぶん異彩をはなった美しい馬具の市があり、張字楼という食品をあつめて、食することの出来る店舗もあった。

西市の位置は、明清の西安城の西南隅から広大な面積の西北大学にあたる。現在の城壁（明清長安城）の西南隅に立ち、唐代の西市の息吹きを感じられるとよい。

旅館や料亭では、碧眼高鼻と表現されることが多い中央アジア出身の胡姫がいて、葡萄酒を銀やガラスの杯に注いでいた。衣服も胡服と言われる。男性では、襟付きのオーバのような大衣、皮製の長靴。女性では、足首に別色の布を縫いつけたズボン、色あざやかな袖付きのベストなどが、漢人の目をあざむいていた。

このため、宮邸や貴族の仕女の間では、胡装が大流行し、さらには男性の大衣を女性が着用する男装も大流行した。この様子は、西安郊外で発掘されている多くの唐墓の壁画に描かれている。唐太宗の李世民の陵である昭陵の陪葬墓や、高宗と則天武后の陵である乾陵の陪葬墓の壁画に描かれている多くの仕女や、男性の多くが胡装をしている。昭陵博物館と、乾陵の陪葬者である永泰公主墓（模写）を見学されると、一目でわかる。是非、現地か、図録で見ていただきたい。

移民してきた胡人といわれる人々は、移民後も、その顔貌を保持していたのかどうかが、問題となる、と思われる読者が多いと思う。このことについて、のべたい。

## 唐長安でのソグド人

李白の誕生地である砕葉から西へ約三八〇キロで、タラス川畔に至り、そこから峠を越えるとウズベキスタンの首都タシケントに至る。タシが石の意味で、ケントが町の意味である。現在は中央アジア最大の都市であるが、ウズベキスタン人が多い。今も矢ガスリの民族衣裳を着た女性が多い。

天山に源流をもちカザフスタンとウズベキスタンを流れる大川であるシルダリアと、パミール高原に源流をもち、タジキスタンとウズベキスタンを流れる大川アムダリアは、ともにアラル海に流入する。この両大川にはさまれた平原は、ソグデイアナとよばれる。

このソグデイアナの地域はソグドともいわれている。以後ソグドと言う。ソグドというよび名は、紀元前三二八年頃のアレクサンドロス大王のいわゆる東方遠征でも難攻であった地として知られるようになった。ソグドの平原の南側には岩山が連なり、難攻不落であった。その岩砦の一つを攻め滅ぼし、ソグドの一隅がアレクサンドロスに屈したのである。その時に、その地方王国の娘を妻として迎えた。ロクサーヌである。こうして、一種の調略によって、ソグドと和平し、インド遠征に向かった。

ソグドの地は、さきのタシケントを始めとして、各都市が王国として存在していた。言葉も、習慣も少しずつ違っていた。西方に興ったササン朝ペルシア（二二六～六五一）はソグドを領有し、唐もソグドを領有していた。唐の羈縻支配は現在のアフガニスタンにも及んでいた。ソグドの地は二重支配を受けていたが、各都市は、独立もしていた。

主要な都市は、タシケント、サマルカンド、ブハラなどで、タジキスタンのペンジケントもその一つであった。

これらの非漢字文化地帯の人々が中国大陸に至ると、その出身地の都市名の音を表わす漢字名を姓として名のるようになり、そうさせられた。たとえば次のとおりである。

タシケント　出身者――石
サマルカンド　出身者――康
ブハラ　出身者――安
ペンジケント　出身者――米か
シャフリサーブス出身者――史

このように出身地の都市名を姓とすることは北朝に始まり、これらをまとめて「昭武九姓」と言っていた。この九姓に数えられていない「魚」や「何」もある。

近年になって、中国各地でソグド人墓地が発掘されるようになってきた。新疆のトルファン、寧夏回族自治区固原市、西安、洛陽、山東省益山、山西省太原などであり、今後は甘粛省酒泉市や張液市でも大量に発見される可能性が高い。

これらの墓は地中深くに墓室を設け、そこから長い斜道で地上に通じることは唐墓と同じであるが、墓室に独特の石床や土積の棺床を設け、その上に石の屛風を立て、なかには石屋形を設ける。この屛風や石屋形の壁面には、ソグドの生活場面を線彫り、または浮彫で、鮮やかに表現している。また、墓主の姓名、官職、家系と、出身地、死亡年、年齢、埋葬年などを記した墓誌を墓室あるいは墓道に安置する。

この墓誌を読むと、唐に移民し、あるいは客死したソグド人の生活がわかる。墓誌は二例を除いて、正しい漢文で書かれている。例外の一例は五八〇年に死亡した史君の墓誌で、ソグド語と、漢文のバイリンガルで記されている。他の一例は一九五九年に西安で発見された蘇淳の墓誌で、パフラビ語（中古ペルシア語）で書かれている。

　ともかくも、四代にわたる墓が発掘されている寧夏回族自治区固原市の史家墓地を紹介しよう。この墓地は一九九三年～九七年に、固原博物館の羅豊氏らが発掘したもので、その学術報告書が一九九九年に刊行された。わたしは、この報告書を読んで、固原に行ってみたいと思ったが、永く外国人立入禁止地域となっていた。一九七九年から指導を受けていた日中交流史の研究者であった王向栄教授（社会科学院世界史研究所）が、しばしば自分の子供が固原で仕事をしているので、一緒に行こうと言っておられたのを思い出し、北京に行った時に、すでに退官されていた教授のお宅をたずねると、外国人立ち入り禁止は解除されたといわれ、今夜にも行くかと言われたが、次の機会と言った。それから、文部科学省の研究費の申請を行ない一九九五年に採択された。その研究代表は友人の谷一尚氏（現在、岡山オリエント美術館長）であった。わたしも、この年から滋賀県立大学に移っていたので、早速、打ち合せなどで北京と固原を往復することになった。そして、ついに八月一日から、固原の史家墓地のすでに墳丘が削平された古墳（以後、墓葬と表現する）を発掘することになり、いろいろと問題があったが九月三〇日に唐墓一基の調査をおえること

**秦長城**（中国・固原市北部）

が出来た。その結果は当初の予想をこえる成果があった。

第一は石製の墓誌が原位置であったこと。第二は被葬者、つまり史道洛（時には史道楽とも表現されている）の頭骨はじめ、およそ全身骨の半分ほどが残っていたこと。第三は、過去になんどもの盗掘を受けながらも若干の出土品があったこと。なかでも、東ローマ帝国の金貨一枚が残され、別に小形のガラス杯があったことなど、多くの成果をあげることが出来た。期待していた壁画は、ごくわずかしか残っていなかった。

史一族の家系を、史家墓地出土の四個の墓誌の記述から復原すると次のようになる。

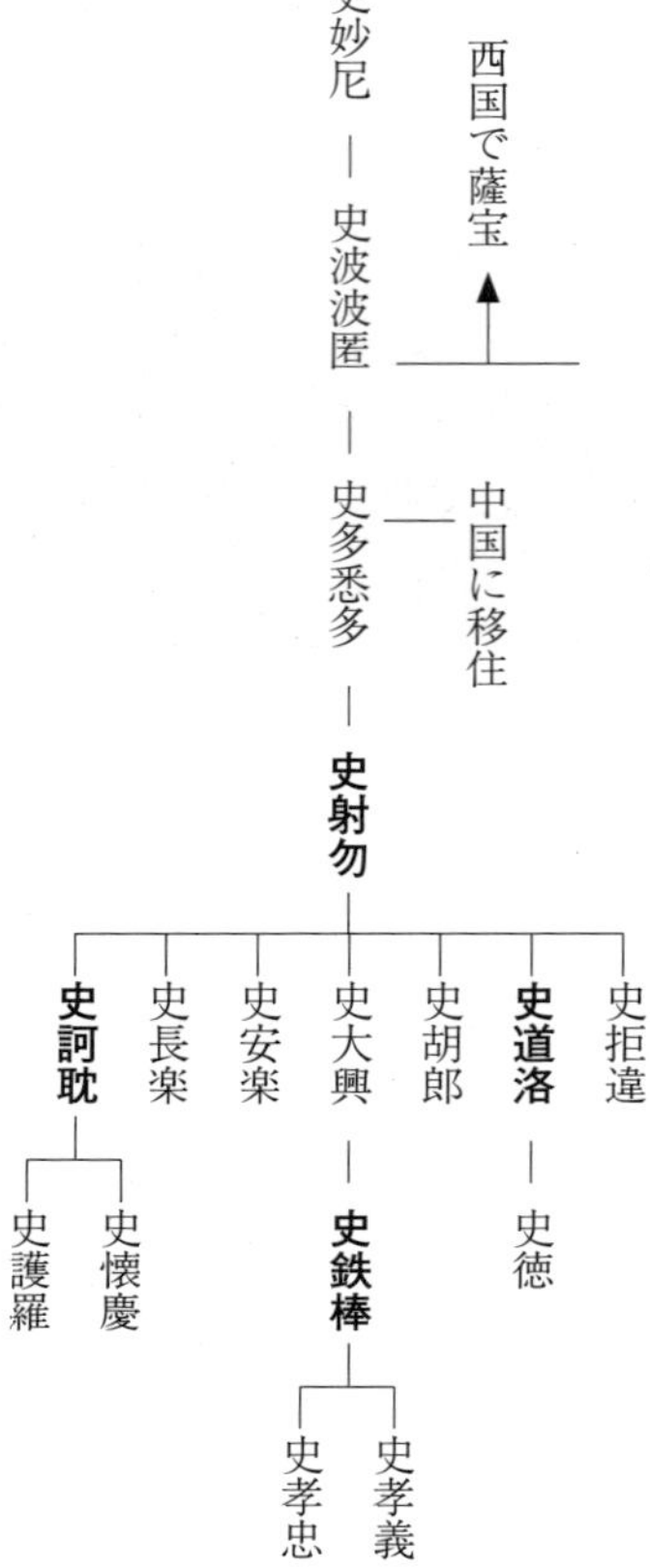


右の家系図の太字のものの墓誌が出土している。この一族は、祖父ともいえる史多悉多の時に、ウズベキスタンのシャフリサーブスを出て、甘粛省酒泉に至ったようである。祖父の父の墓は未検出。史射勿の妻は、ソグド人であったが姓は不明。その間に誕生した子供（たとえば六男の道洛）も、ソグドの顔貌を保っていた。七人の息子のうち、長男である史訶耽は、長安に出て唐軍に参軍し、ついには游撃将軍の地位に至った。この位は四品官

で貴族といってもいい官職で、六六九年九月二三日に長安で没し、固原に帰葬してきている。八六歳であった。その墓誌によると、妻の姓は康であるので、サマルカンド出身であることがわかる。六三〇年に二〇歳で死亡し、後妻は漢人で姓が張であった。その康夫人所生の子供はソグドの顔貌をもっていた。六男の史道洛については、やや詳しく述べておこう。

史道洛墓誌の出土した瞬間

史道洛は官職に就かなかったようである。たぶん商人として過ごしたのであろう。五九一年に生まれ、六五五年六月一日に死亡し、六五八年三月一二日に父である史射勿と、長兄である史訶耽の墓の中間部に墓を設けた。その妻は、姓が康である。サマルカンド出身者である。その墓を発掘したところ、墓室の奥壁に接して、造りつけの棺床があり、頭骨の一部があり、下顎骨やその他の骨は棺床の下に盗掘者によって散乱させられていた。頭骨と下顎骨を結ぶ線上に金貨があったことから、金貨は口の中に含ませられていたことが知られる。唐代にソグドの習慣を記している『唐会要』には、口含銭のことを記録している。また、シルクロードを求法の旅をした玄奘三蔵の『大唐西域記』にもソグドの風習を記している。ともに、貨幣を口に含ませる誕生一歳の儀式を記している。死者の口に貨幣を含ませている例は多く、例をあげるべきであるが先に進みたい。

ソグド人の配偶者について一覧しておく。漢人との結婚も多いよ

| 夫の葬年 | 夫の姓と諱（字） | 妻の姓 |
|---|---|---|
| 645 年 | 何相（元輔） | 尹■ |
| 650 年 | 曹諒（叔子） | 劉 |
| 658 年 | 史道洛 | 康 |
| 663 年 | 安師（文則） | 康 |
| 669 年 | 曹徳（文則） | 淳于 |
| 670 年 | 史訶耽（説） | 康・張■（継妻） |
| 672 年 | 康武通（宏遠） | 唐 |
| 679 年 | 曹宮（善進） | 張■ |
| 681 年 | 康枕（仁徳） | 曹 |
| 690 年 | 任智才■ | 史 |
| 683 年 | 安懐（道） | 史 |
| 694 年 | 康智（咸） | 支 |
| 694 年 | 史愛（季冲） | 田 |
| 697 年 | 曹玄機（警） | 陳■ |
| 702 年 | 史懐訓（中晦） | 季■ |
| 709 年※ | 安菩（薩） | 何 |
| 728 年 | 篩莫※（強） | 史 |
| 748 年 | 何知猛（元頊） | 王■ |
| 751 年 | 焦札※ | 曹 |
| 794 年 | 安元光 | 阿史那△ |
| 814 年 | 田鸞（旻） | 史 |
| 830 年 | 何文哲（子洪） | 康 |
| 847 年 | 曹秀（成烝） | 張■ |
| 849 年 | 米文弁 | 馬 |
| 851 年 | 魏 | 曹 |
| 856 年 | 康叔卿 | 傳■ |
| 857 年 | 史興 | 張■・梁 |
| 865 年 | 曹惟政 | 張■ |

※改葬で長安から洛陽に改葬。その契機は妻の死による。

■漢人の可能性が高い。※漢人ではない可能性が高い。

△突厥人。夫がソグド人で，妻が突厥人の例として最も知られているのは安禄山である。

うに見えるが、ソグド人間の結婚の比率は確実に高い。これらは、たまたま墓誌が残っていて、さらに夫妻両者の記述が揃っているもので、その時代の全体像を示すには、数が少ないと言えば少ない。

この点を追及したのが、史道洛墓の発掘調査の大きな成果であった。自画自賛している。史道洛墓からは、破損が著しかったが、道洛本人の骨格が出土した。この骨の形質人類学的調査をするべきと考え、中国社会科学院の韓康信教授に連絡をとった。韓教授とは旧知で、日本の吉野ヶ里遺跡や東京で、また北京においても幾度も教示を受けていた。固原から電話で依頼すると、唐墓からの一体の、それも破損していてはと、婉曲に断わられた。ともかく、持参するからと言い、予断を避けるため、唐墓の骨で、六五五年のもの、父子兄弟の墓もあることを告げるに止どめた。それから半年ほどしてから、北京でお目にかかると、さきの骨は西域人の墓からの出土ではないかと言われる。そこで、その墓誌の記述から判明する家系を申しあげると、骨はコーカサイドの特徴が強く、モンゴロイドの特徴が少ないと話された。報告書の執筆にも同意され、そののちいく度も固原に行かれ、父射勿や兄訶耽、四男の子の鉄棒の骨をさがされたが、保存されていなかった。この反省から、固原博物館では、骨の保存に注意されることになった。それ以前は、唐代墓葬出土の骨は、全国的にほとんど研究対象とはされていなかったのが現状であった。

史道洛の顔貌が、コーカサイドのもの、つまり高鼻であることがわかった。頭毛の色、皮膚の色、目の色は人骨からはわからないが、たぶん史書に高鼻碧眼と表現される顔貌をもっていたことがわかった。このことが日中が合同して組織した原州考古隊の最大の成果で、中国考古学に対する貢献であった。

こうして、ようやく唐詩「少年行」の「胡姫」に戻ることが出来た。胡姫は高鼻碧眼であり結果的に、エストニックを求めて少年は胡人の料亭に入って行ったのである。

乾陵の神道の石馬（奥が陵）

唐の長安には、外国人も多い。ササン朝ペルシアは唐と、ソグド地方で対峙していたが、イスラム勢力との戦で、現在のイラク、イランを奪われたので、ナルシー王は唐に逃れ、亡命王朝を作り、唐の支援を受けて、二度も遠征を試みたが、パミール高原を越すことなく、唐土において滅亡を迎えた。ペルシア人も多くいたのである。蘇淳などはその一人であった。

唐の上級社会では頭髪が縮れ、皮膚が黒い人々を使役することが多かった。これらの人々の具体的な姿態については唐墓出土の俑によって知ることが出来る。東南アジアかインド亜大陸などからの移民であったと思われるが、その墓の検出はない。

唐太宗李世民の昭陵には、十四国酋長石刻像があり、唐高宗李治の乾陵には七十五蕃酋像があった。昭陵のものは、突厥の阿史那社爾、吐蕃贊府、龍突騎支、麹智柔など、唐に併呑されたり、朝貢した国々の王個人の像であり、一四の異民族の酋長を死亡したのちも従えていることを示している。このため、石像は陵園のなかでも玄室の北側に配され、その北には六駿図が配されている。この六駿といわれる六馬は、李世民の生涯にわたる戦争を支えた忠実な馬であった。

高宗の乾陵の蕃酋像は陵の南側にあり、神道の左右にわかれて設置されている。武人石像、天馬、駝鳥などとともに配されている。こちらは唐に朝貢してきた国々の使者を彫刻しており、昭陵のものとは意味するところが違っていた。日本人の像もあったとされている。

これらの各国の使臣（使者）は、新羅などのように、ほぼ毎年にわたって朝献した国や、海を隔てた日本のように数年から数十年に一度朝献する国などがある。これら各国からの遣唐使は留学生や留学僧を伴い、留学生・僧は従僕を伴うことがあり、長期の滞在となる。

史書に記録されている日本からの遣唐使を見ても、現地での客死、長安での任官、長安での結婚、長安での還《げん》俗《ぞく》などが記録されており、多くの混血があったことは想像に難くない。他の国々からの使者にあっても同じことであったとみてよい。新羅と唐の連合軍に滅ぼされた百済や高句麗人も多くいた。

長安は人種のるつぼであった。顔貌も、皮膚の色も、身につける衣服・装身具、威儀具、歌と楽器などさまざまであった。唐がもっとも敏感に反応し、流行となったのは、ソグド地域からのものであった。オアシスルートのシルクロード文化であった。

## 海のシルクロード

海のシルクロードの概念は、古くからのものではない。東京大学教授であった三上次男先生が、エジプトのフォスタット遺跡において大量の唐代陶磁器片を確認し、中国なかでも江南から直接運ばれたものとされたことが大きいことを確認された。そして、ご自身も一九六九年に『陶磁の道』を岩波書店から刊行された。この本は中国訳もあり、大きい影響を与えた。もちろん、三上先生以前にも海上交通による唐の繁栄を指摘された先生も多かった。また、史料も多い。

記録として早いのは、中国人僧の法顕《ほっけん》が東晋の三九九年に、洛陽を出発し、タクラマカン砂漠に至り、それを北から南に縦断し、ヒマラヤから西にのびる崑崙山脈の雪山をこえ、現在のパキスタン、インドに至った。さらに、ナーランダ寺院での学習ののち、スリランカから、商船に便乗し、マラッカ海峡をこえて、山東半島に帰還した記録である。『法顕伝』はこの旅を記している。かつて『仏国記』とも言われた。『法顕伝』は広く読まれたようで、西域あるいは天竺に求法する場合の指南書となっていた。法顕に遅れること、二七〇年して新羅僧義浄も、ほぼ同じコースで求法を行ない『南海寄帰内法伝』を著した。義浄も商船に便乗している。唐代では、さらに貿易は発達した。このような情況下で、日本の真如法親王も唐をへて天竺に海路出発している。

真如法親王は桓武天皇の皇太子であったが、政争の末に廃嫡され、僧門に入られた。八六一年に唐に至って、天竺に向かって巡礼の旅に出られたが、現在のベトナムあたりで亡されている。この天竺求法の計画をたて、実行に移すことは南海航路が盛んであって、ひろく南海貿易が行なわれていたことを示している。真如親王の唐への航海自体が、日本で建造することが原則であった遣唐使船ではなく、唐なかでも浙江・福建省の沿海地域の商船によっている。任命でいうと第十九次（八三四年）の遣唐使の帰国は楚州の新羅船、つまり商船九艘を雇い入れて帰国している。

海のシルクロードの基地のうち、もっとも大きいのが江蘇省の揚州・鎮江であった。長江の川口から約二五〇キロ上流で、大運河と十字交差する長江の北岸が揚州で、南岸が鎮江である。揚州からは大運河が洛陽ちかくまで通じていて、そこからは陸路で長安に通じていた。大運河は唐の二京の経済の最大の動線であった。北中国ではシルクが気候の関係で製造出来ないのである。唐代から流行する茶もそうである。真珠も南中国のものである。

唐代人が特に好み、こだわった香料も乳香などの西アジア産のものを除くと、沈香や丁香など東南アジア産のものが多い。東南アジアから、福建省の泉州・福州などに運ばれ、さらに舟で揚州に運ばれ、都に運ばれた。揚州へは日本からの遣唐使船が入港し、新羅船も入港していた。日本と新羅の交易の品物からみると、新羅船は揚州で購入した南海産の品物を日本へ、いわゆる三角貿易で運んでいたことがわかる（天平勝宝四年に到着した新羅船からの購入品目を記した「正倉院文書」による）。揚州は晩唐では、都の長安をしのぐ大都市で、アラブ商人、インド商人、ソグド商人などが店を構えていた。揚州市内の発掘調査によって、ガラス商店の遺構も検出されている。

現在のタイ国やラオス国を経由する道路もあり、雲南省から四川省をへて長江を下るものと、雲南から湖南省をへて長江を下るものがあった。唐代に盛行する銀器の原料の多くは、この道を通っていたと思われる。近年になって、洛陽の東の菜園墓地の墓からは、インド東海産のシェンク貝が出土している。これなどは、上記の道路を通って運ばれたものである。シェンク貝は空海が長安から持ち帰ったものが、京都の東寺に伝えられている。

揚州に戻ると、安史の乱の後に、八万人のソグド人を殺害したという記録が『新唐書』に残されている。盛唐の南海貿易はソグド人がその利益を占めていたとみてよい。長安は国際都市であったが、唐も国際国家と言ってもよく、ササン朝の亡命王朝を受け入れ、非漢人も多く官吏に登用している。われわれのよく知っている阿倍仲麻呂や、高句麗の高芝仙（タラス川の戦の唐の将軍）、ソグドの史思明、ソグドの母と、突厥の父とをもつ安禄山などは、特に知られている。中・下級の官吏では、きわめて多くの異民族が登用されている。ソグドが唐の広い地域で活躍できたのは、このような政治の背景があったからであるとみて間違いない。

## 唐代の紡織と印染

唐墓出土の土製の俑は、顔料で美しく衣服を描いている。金箔や銀箔を貼り付けることも多かった。唐代には、絹、毛、木綿、麻などが紡織され布となった。生産は官営工房と民間工房があった。前者は文献記録が豊富であるので、古くからの研究書を読むと、官営工房がすべてのように誤解するが、実際は民間工房の生産量がまさっていたことは、唐の各地から出土している発掘資料（そのほとんどは器物にスタンプされた痕跡）の量から知ることができる。

隋において中央の官庁である太府寺（この「寺」は仏寺ではなく役所を示す）の下位に司染署と司織署が設けられていた。のち両署は合併して織染署となり、少府監が管理していた。その下に二五の作坊（官工房）があり、織紝として一〇種（布・絹・絁・紗・綾・羅・錦・綺・繝・褐）を製作し、組綬として五種（組・綬・絛・縄・纓《えい》）を製作した。また、紬線として四種（紬・線・弦・網）を、練染として（青・絳《コウ》〈赤〉・黄・白・皀〈黒〉・紫）を染めた。工人としては綾と錦のみでも三六五人が従事していた。貴妃院や掖庭においても高級品を生産していた。

民間工房でも高級品を生産し、各地に世に知られた製品があった。たとえば、四川省の蜀錦・単線羅など。江南の越羅・繚綾、光朱紗など。西南地方の欄干布、斑布など。西北では毛毯などの羊毛製品などが知られている。

これらの実際は、乾燥地帯の新疆のアスターナ墓地からの出土品によって、世界に報じられた。一九四九年の新中国成立後は、全国各地で考古学調査が行なわれ、多くの紡織品や毛織物が、つぎつぎと出土してきて、史料が伝える唐代の染織業の発達は、それ以上であったことが明らかとなった。一九八六年には長安の西方約七〇キロの扶風県の法門寺から大量かつ最高級の織物が出土した。

法門寺は釈迦の真の仏舎利が奉安されている寺として著名で、早くも六六〇年には仏舎利を長安と洛陽に運び則天武后が金棺・銀槨を寄進して盛大な供養をしている。この時に多くの織物が、塔の地宮に納められた。則天武后の供養は七〇四年にもあり、七六〇年には粛宗が、七九〇年には徳宗が供養している。ところが会昌四年（八四四）には、武宗による会昌の仏教弾圧によって、塔や地宮が破壊されたが、この時の情況は、日本から唐に留学僧として渡っていた円仁の日記である『入唐求法巡礼行記』に詳しい。その後、懿宗によって八七三年には盛大な供養が行なわれている。

その具体的な供養品目録である咸通一五年（八七四）の『監送真身使随身供養道具及恩賜金銀器衣物帳』には、金銀器やガラス器とともに多くの染織品を含んでいて、目録と実物が対比できる。インド北部におこり、シルクロードを経て、中国に伝えられた仏教のシンボルともいう「真舎利」と唐朝との関係を示すもっとも重要な資料と言うべきであり、西アジアのガラス、中央アジアからの金銀器などが、狭い地宮に凝集していた。これは、まさに、唐のシルクロード文化を代表するものである。咸通（八六〇～八七三）以降は、唐は滅亡への道を走るのであった。大唐帝国の首都長安の最終期の輝きが、法門寺真舎利の入京供養であったといってもよい。唐の滅亡は年表では九〇七年とする。

さきの法門寺『衣物帳』には「乳頭香山二枚、丁香山二枚、沈香山二枚」の記述があり、香木を山岳の形に加工し、そこに金を象嵌したものがある。高価な香木そのものを、納めているのである。さきにも記したように乳香は西アジア、沈香は南海のもので、檀香・丁香も同じである。南海貿易の海のシルクロードを示している。仏舎利はシルクロード文物の芳香に囲まれて現在に至っていたのである。

## 唐代シルクロードの前代

シルクロードという言葉は、もともとドイツの経済学・地理学者であったリヒトホーフェン（F. V. Richthofen）が、東ローマ帝国の首都であるイスタンブール（ビザンチン）と、唐の長安間の絹製品を介した経済の形態について、ドイツ語でザイデンシュトラッセーという言葉で表わしたのが始まりで、のち英語訳で、シルクロードと翻訳されたのに始まる。

のち、その概念は拡大をつづけ、時間軸としては、戦国・秦漢にさかのぼり、空間軸としては、草原を通るステップの道と、ソグドの地からパミール、天山をこえてオアシスを結ぶ道、そして南海に代表される海の道にまで拡げられた。また、長安から東へ、韓国、日本におよび、西はイタリアのローマに至るまでを、シルクロードとして認識することになった。このため、その概念に、あいまいなところがあるためか、古くからの東洋史では、東西交渉史という名称を多く用い、シルクロードとは言わないことが多い。学界からは、好事家の用語と見られていたのである。

わたしは、一九八八年に「なら・シルクロード博覧会」に関与し、のち「シルクロード学研究センター」の開設にあたり、やはりシルクロードという用語を学術用語まで高める必要を感じ、ついてはシルクロード学研究センターの存在を知らしめるために、『シルクロード学の提唱』を編集し、二〇〇五年に小学館から刊行していただいた（編集は、シルクロード学研究センター。編集およびあとがきはわたしの執筆）。

秦漢にはじまる長安と北の匈奴との間の絹馬貿易（交易）にはじまり、少し遅れて、仏教が伝えられ、中国化していく。漢文経典の誕生である。そして、南北朝の北朝が、もともと、北方の少数民族であったこともあり、西から、北から、非漢民族が大挙に流入してきて、文化の交流、融合が大いにおこった。また、歴代の中国王朝のいわゆる中華思想の具現化したものである遣使、朝覲《ちょうきん》が増すなかで、まず、西方から珍貨、珍獣などがもちこまれ、宗教にまで及ぶことになった。衣服、楽器にはじまり、坐法にまで及んでいる。おもにワンピースに帯をしめ正座をしていた漢民族が、胡装となり、大衣といわれるズボンとコートを着るようになる。坐り方も晩唐では椅子生活が一般的になる。唐では古くは床《ゆか》に正坐し、女性は片足を立て膝する坐法が多かった。この変化は、すべて、西からのシルクロードの影響であると言えよう。

食物・飲料にも大きい影響があったことは、「胡」のつく食品、ブドウ酒などに代表される。胡の食品は喧伝されているので、ここでは述べないことにする。

わたしには、シルクロードが、なぜか西から東への高度文明（その代表は仏教）の移転の痕跡しか見い出せない。不思議なことである。それは、漢民族であれ、異民族であれ、中国大陸に王朝を打ち立てた国家が、つねに、対西方に対しては、穏健な政策をもっていたからであるように思えてならない。このために、西からの文物の流入の痕跡が多く、その逆は、わずかに西アジアと東ヨーロッパに絹織物の断片が出土しているのにとどまっているものと思われる。西アジアのイスラム化以降は、一般にはシルクロードは含めないことが多い。わたしも述べないことにする。

**（菅谷文則）**

# 第一〇章　シルクロードから平城京へ

## 第一節　シルクロードの東の端──日本への絹の道

### 絹を知った日本列島

シルク、つまり絹を知ったのがいつ頃なのかは、実は難しい問題である。考古学による発掘調査資料について述べるべきであるが、まず時系列的文字史料をたどってみよう。そのことによって、シルクのみならず、シルクロード織物である羊毛使用についても知ることができる。

後漢王朝が光武帝（在位二五〜五七）によって建国されたころは、日本列島は弥生時代で、その中頃であった。光武帝は建武中元二年二月三日（現行暦五七年四月二日）六二歳で死去するが、その直前に倭の使者が、後漢の帝都である洛陽に到着し、光武帝に謁見をゆるされた。この時に、光武帝は使者を派遣してきた倭王に対して、『金印紫綬』をあたえた。

この金印こそ、福岡県志賀島《しかのしま》で天保四年に出土した金印である。印面には、つぎの文字が彫られている。

## 漢委倭國王

一般には、「漢の委の倭国王」と読まれていて、漢が倭王（姓名不明）を倭国王としたという証明として、長さ三丈（約七・五メートル）もの紫の絹製の紐（綬《じゅう》という）をつけて使者らに持ち帰らせたものである。

漢代シルクロードの要地“居址”の城跡と砂漠

後漢の歴史を書いた『後漢書』の記述は簡単で記述はないが、皇帝からは錦などが貢直として下賜されたことは確実であり、日本列島に美しい錦がもたらされたのである。

この五七年から少し後の弥生時代遺跡から絹織物の破片が出土している。福岡県板付《いたづけ》遺跡や須玖《すぐ》遺跡、奈良県唐古《からこ》・鍵《かぎ》遺跡などからである。弥生時代後期には、さらに出土数が増加している。

五七年の遣使（遣漢使とよんでよい）は、金印の存在によって、ほぼ確実にあったとみてよい。一〇七年にも遣使の記録がある。

弥生時代人は、絹なかでも錦の美しさ、手ざわりに感動したことであり、絹織物の製作法を知る努力をしたものと思う。

ついで、大量の絹織物がもたらされたのは、卑弥呼の遣使の帰国によるものであった。倭から魏への遣使で、『三国志』に詳しい記述がある。遺魏使である。よく知られている二三九年の邪馬台国女王卑弥呼の遣魏使は三回あるいは四回におよび、その養女壱与による晋への遣使を含めると五回あるいはそれ以上の往来があったようである。

二三九年の卑弥呼の遣使については、『三国志の魏志の東夷伝』（一般に『魏志倭人伝』といわれている）に詳しい記述があり、なかでも魏王が卑弥呼に下した詔文の全文が記録されている。詔文の全文は三国志のなかではこれが唯一のものであり、きわめて価値がたかい。

この時に倭から魏に貢品として送られたものは、次のとおりである。男生口四人、女生口二人、斑布二匹二丈。これに対して魏から倭に下賜された品物も明記されていて、これとは別に「汝の好物」として紺地勾文錦以下が特に下賜されている。それらを表示しよう。

| 名称 | 数量 | 説明 |
|---|---|---|
| 絳地交竜錦 | 五匹 | 赤（紅）地交竜を錦の技法で織り出したもの |
| 絳地縐粟罽 | 十張 | 赤（紅）色の細かく起毛したフェルト |
| 蒨絳 | 五十匹 | あでやかな赤（紅）色の絹地 |
| 紺青 | 五十匹 | ぐんじょう色の絹地 |
| （以上は貢直に答えて） | | |
| 紺地勾文錦 | 三匹 | 紺地に鍵文をあらわした錦 |
| 細斑華罽 | 五張 | 細かい文様をあらわしたフェルト |
| 白絹 | 五十匹 | |
| 金 | 八両 | |
| 五尺刀 | 二口 | |
| 銅鏡 | 百枚 | |
| 真珠 | 五十斤 | |
| 鉛丹 | 五十斤 | |
| （以上は「特賜」として） | | |

第三回の遣使は正始四年（二四三）に行なわれた。この時の貢品には、「倭錦、絳青縑、緜布、帛布」などが記録されている。倭では二三九年頃以前から、桑を植え、繭をとり、絹糸をひき、絹布を織っていたのであったが、錦は織ることが出来なかった。魏との往来によって、ただちに錦を織りあげたのであるが、図紋が独特のものであったので「倭錦」と記録されたのであろう。魏の官廷人は、倭の民族紋様を好んだのであろうと想像している。

倭は絹の時代に突入したのである。二三九年頃は、古墳時代の始まりの時期である。前期古墳からは多くの錦を含む絹織物が出土している。なかでも、奈良県天理市下池山《しもいけやま》古墳出土の「倭文《しどり》錦」といわれる倭の錦は、色あいも美しく、第二回の遣魏使が魏に朝貢品として献じ魏で好評をえた倭錦を見るかのように思うものである（時代は下池山古墳が、三十年ほど遅れているので、発展した姿であるかもしれない）。

罽《けい》についても述べておこう。卑弥呼に下賜された罽は毛織物であるか、フェルトのようなものかは確定していないが、羊毛から製作されたものである。単位が「張」と表記されていることから、衣服あるいは衣服地ではなく、敷物《しきもの》であったとしてよい。

罽の名は、西域諸国の一つで罽賓《ケイヒン》国から漢に伝えられたカシミヤ羊の毛を用いた毛織物またはもうせんで、一種のカーペットとみてよい。『三国志』は西晋の史官であった陳寿が執筆したものであるが、多くの先行書を引いている。その一つの『魏略』の「西戎伝」は、罽賓国、大夏国、高付国、天竺国はともに大月氏に属するとしている。大月氏国はパミール高原の西にあった国である。

魏から卑弥呼に与えられた罽は絳地とあるので赤地で、縐粟とも記されているので、極めて細かい毛織のカーペットであったようである。

長々と罽について記したのは、卑弥呼の遣使に先立つこと一〇年の、太和三年（二二九）に大月氏王が魏に入貢し、「親魏大月氏王」に封ぜられていること。さらに、景初三年二月に西域の使者が、魏の首都である洛陽に至っている。この西域の使者に遅れること、数ヵ月で卑弥呼の使者も、魏の首都に至っている。

想像をたくましくすると、大月氏から魏の皇帝に献上されたものの、おすそ分けであったかもしれないし、献上品を模して洛陽で製作されたものかもしれない。そうであるとすると、紀元二三九年に倭国と中央アジアの大月氏国が間接的にシルクロードで結ばれたとしてもよいといえる。太平洋の孤島である倭が、東アジア世界を越えて、中央アジアに物品を通じて接したのである。まさにシルクロードは日本に通じたのである。

## 倭錦とは

卑弥呼からおよそ二世代あとに築かれた下池山古墳から倭錦そのものが、色彩を保って出土している。

下池山古墳は奈良県天理市に位置する全長一二〇メートルの前方後円墳で、大和《おおやまと》古墳群の北群に含まれる古墳である。大和古墳群は、およそ三五基の前方後円墳と五基の前方後方墳群からなる大古墳群で、奈良盆地東縁の山の辺道周辺に分布する（説明の便宜のために纏向《まきむく》古墳群を含めた）。大和王権誕生の具体的情況を解く鍵となる古墳群であるということには、まったく異論がない。

一九九五年から九七年にかけて、大和古墳群調査委員会が発掘調査を実施した。後方部に竪穴式石室があり、長い木棺が腐敗しないで出土したが、棺内は盗掘によって、ほとんどの副葬品が持ち去られていた。ところが、墓坑西北隅に板石で囲まれた小さな石室（一辺五〇センチ四方）があって、直径三七・六センチ、重さ四・八八キロの大形の内行花文鏡を収納していた。この鏡は倭で製作された。いわゆる仿製鏡で、日本出土では九番目に大きい鏡で、学術調査によって発掘されたものとしては最大のものである。

鏡は袋に包まれ、さらに漆ぬりの箱に入れられていた。このため鏡の表面には、きわめて保存のよい織物が付着していた。調査概報には次のように記されている。

鏡に付着した繊維は図一、二のように縞織の平絹、茶色の平絹二枚、真綿、毛織物の順序で重なっていた。これらの繊維は糸目方向や裂の重なり状況の調査の結果から、表裂に毛織物、芯裂に真綿を敷いた平絹、裏裂に縞織物を用いた袋であったと考えられる。

縞模様の文様をもつ平絹は、「茶・黄緑・青の三色からなる二種類の縞文様を、青地をはさんで繰り返す」とある。この縞織は一見すると、平絹には見えず、錦のように見える。調査概報ではこの縞を織り出した絹織物を「倭文（しどり）」としている。

下池山古墳の鏡付着布と模様パターン（奈良県立橿原考古学研究所提供）

三国志を考究した江戸時代の学者・政治家の新井白石は、卑弥呼が貢上した「斑布」は、「倭文」であると考証している。もちろん、三世紀の出土品を見ずに考証したのである。その見識の高さには驚かされる。

調査概報の第三三図の縞織物の組

織片表によると、平絹ではあるが、織り目を変えているので、錦としてもよい。このような縞文様の錦は、豊富な漢代の出土絹織物には見ることが出来ない（魏代のものは未出土）。魏の朝廷では、エスニックな文様の絹織物として珍重されたのかもしれない。魏の皇族や高臣が、倭錦とみたのか、斑布とみたのかは、決定することは出来ない。

古墳時代前期、それも初期に良質の絹織物を倭では織っていたのである。桑樹植栽、養蚕、製糸、織布と、それに伴う染料を用いる技術が確立していたことを示している。絹の繊維断面の扁平度からも蚕が中国大陸、朝鮮半島のものでないと判定されている。

古墳時代を通じて多くの絹織物が出土して、錦の比率も高い。ところが、それらの出土品の多くは鉄器や銅器のサビによって、腐敗をまぬがれ小断片になったもので、下池山古墳出土品のように、細部まで明らかにすることが出来ない。古墳時代の錦の出土地域は、ほぼ日本列島中におよんでいて、各地で桑樹植栽から養蚕、製糸などが行なわれていたことを推認させるに充分な状況にある。その広まりの頂点に、法隆寺、正倉院などの伝世絹織物がある。

## 法隆寺の絹織物

世界最古の木造建築物である法隆寺には七世紀後半から八世紀の絹織物が、多く伝世されている。それらの一部は、明治三二年に皇室に献上されたが、寺蔵の伝世品も驚くべき量が保管されている。

昭和五七年からの『昭和資材帳』作成に際して、学術整理が始められた。『昭和資財帳』は、古代の律令時代に寺院に対して提出を求められた、寺の縁起と、資財（土地、仏像、建築、什器などの目録で、動産の一部も記述されている）にならって勘録そして提出されたものである。それにならって、昭和の法隆寺の全体をデータベース化したもので、大型全一六巻として小学館から刊行された。わたしも、その第一回配本（第九巻）を担当させてもらった。

法隆寺の絹織物と言えば、誰しも国宝の四騎獅子狩文錦や、蜀江錦を想いおこす。四騎獅子狩文錦は、幅一・三四五メートル、縦二・五〇五メートルのきわめて大きい錦で、一五個の蓮珠文で囲んだ円形のなかに四人の騎士が獲物をねらって、馬上からバック・ショット（ペルシャン・ショットともいう）している図文を織り出している。唐からの将来品ともいわれるが、生産地については、アフガニスタンから日本まで幅広い意見が提出されている。この錦は幅が約一・三メートルもあり、普通の織機では織れないので、どのような織機で織りあげたかも議論されている。もちろん緯織《たており》か経織《よこおり》かも含めて。四騎獅子狩文錦は、七世紀末、おそくとも八世紀ごく初期に織られていて、世界にのこるこの時代としては最大の錦であり、世界の宝と言ってもよい。

蜀江錦は、赤地を基調に、亀甲文や格子文などを織り出した錦で、古くから中国の蜀（四川省）の錦であるとして珍重されたもので、蜀の錦かどうかは判らない。おもに、幡、箱類の内張や外包《そとづつみ》、床畳の縁飾りなどとして利用されたもので、量も多い。各々に染織品としての名称がある。赤地亀甲繋花菱文錦（一・九一×〇・七六メートル）、赤地格子蓮花文錦（一・二三×〇・六九メートル）、赤地山形文錦（〇・七七×〇・六七メートル）など、織り出された文様によって名称が異なるが、総称して蜀江錦とよんでいる。

寺院の堂塔の柱などにかけられた幡には奉納の年号を記したものがあり、錦の製作年もわかる。昭和資財帳調査で確認された一例をあげると、「荘二五〇」号と目録に記されている長さ三・二一メートルの幡の第二坪（方形の部分）に、

戊子年七月十五日記丁亥□名過作幡也

と墨書されている。戊子年は持統天皇二年の六八八年に、ある僧の臨終にあたって、「命過幡灯法」を修するために用いられた（作成された）幡であることを示している。この幡は蜀江錦ではなく、黄地平絹の幡で、長さが三・二メートルもある。

坪の周囲を赤い蜀江錦で縁どりした綾大幡は長さ九・六二メートルもあり、堂塔の屋根から掛け垂らされたりしたものである。

前者は臨時に製作されたもので、このような臨時制作のものにも美しく光沢のある錦が、ふんだんに臨時のためにも用いられていることは、その生産量が大きかったことを示している。法隆寺には、他にも多くの種類の絹製品がある。現在、中宮寺に蔵されている国宝の天寿国繡帳を見ると、いろいろの色糸が刺繡に用いられていることを知る。古墳時代初期の下池山古墳のころから四〇〇年を経過して、染の技術の発展を知ることが出来る。

## 正倉院の絹

正倉院は東大寺の正倉であったものを、明治一七年五月に宮内省の所管となった校倉造りの宝庫で、別に明治二六年に東大寺が尊勝院経蔵（聖語蔵という）と、内部の経巻約五千巻を皇室に献納した校倉造り経蔵を合わせて慣習的に正倉院とよび、内部に伝えられた品も時には正倉院といわれている（正倉院展という名称）。

正倉院宝物のうち、もっとも伝来関係が確かなものは、天平勝宝八年五月二日に聖武太上天皇が崩御してのち、その七七の法要、つまり四九日に光明皇太后によって東大寺に記入されたもので、それらは詳しい目録が伴っている。この目録は「国家珍宝帳」とも、時には「東大寺献物帳」などと言われている。この第一回の献納以降、光明皇太后は、薬物、屛風、花氈《かせん》、王羲之・王献之真跡書、藤原不比等真跡書などを、天平宝字二年一〇月一日までに合わせて七度の献納をしている。

東大寺への献納以外でも、施薬院や大寺にも若干の品物を献納している。このうち、法隆寺に献納されたもののみが、目録・宝物ともに伝えられている。この七度の献納以外に、正倉院には次のような経路で宝物が納められた。

○大仏開眼に用いられた品々
○天平勝宝五年三月二九日の仁王会《にんのうえ》に用いられた品々
○天平勝宝六年五月三日の弁財天女壇法会に用いられた荘厳具《そうごんぐ》
○天平勝宝七歳七月一九日の中宮宮子一周忌斎会に用いられた品々
○天平勝宝八歳五月二日の聖武太上天皇崩御の時に供された品々
○天平勝宝九歳五月二日の聖武太上天皇御一周忌斎会に供された品々
○天平宝字二年正月子日及卯日に行なわれた儀式に関する品々
○天平神護三年に称徳天皇が東大寺行幸時に東大寺に献納された品々
○天平神護四年四月三日に称徳天皇が東大寺行幸時に献納された品々
○平安時代の天暦四年（九五〇）に東大寺羂索院《けんさくいん》の双倉《ならびくら》の老朽化にともない、その品々を正倉院南倉に移したもの

こうして形成された正倉院宝物は、天平勝宝八年（七五六）から八年目の天平宝字六年一二月には欧陽詢《おうようじゅん》の真跡屛風を道鏡《どうきょう》に貸し出し、八年九月一一日には恵美押勝《えみのおしかつ》の乱に際して大刀八八口などを出蔵させている。その後

も、桓武・嵯峨天皇らに貸出するなど出入りがあり、その度に、新しい品物も加わることがあったが、基本は大仏開眼（天平勝宝四年・七五二年）からの奈良時代のものであった。シルクロードや唐・新羅経由でさらには南海航路経由でも多くの品物がもたらされた。その枠が正倉院に残されている。

毎年秋に開催されている正倉院展でも、絹織物が展示されないことはない。正倉院宝物は、一般に書籍、文房具、調度、飯食器、服飾、仏具、武具、楽器、楽具、遊戯具、年中行事具、香薬類などに分類されている。絹は、これら器物・器具に直接使用されている以外に、経典の帙《ちつ》、器物を納める袋、敷物、紐帯、箱の内張など多方面に用いられている。織りものの種類も、平絹、錦、綾、羅など多種多様である。錦の技法で多種多様な文様を織りあげている。

錦には唐製、新羅製、日本製などがあり、その区分は難しい。つまり、日本製の技術水準が高く、簡単に生産地を区分できない。

正倉院には、さきに記した罽の系譜としてより多くの花氈《かせん》がある。文様をあらわしたものが三一枚、単色のものが一四枚、あわせて四五枚も伝えられている。花氈はヤギやヒツジの毛に水分を含ませて、圧力を加えつつ巻き締めてフェルトとしたもので、今もモンゴルや中央アジアの遊牧民が用いている。文様は単色のフェルトの地に色染めしたヒツジやヤギの毛を埋め込む、一種の象嵌《ぞうがん》手法を用いていると解説されている。

このような絹織物の隆盛は、全土で広く行なわれていた養蚕業に負っていたが、この点が、突然の比較であるが戦前の日本の木綿産業（原料の大部分が輸入品）とは異なっていた。このことを示すために、正倉院に伝えられ、平城宮や貴族、大寺の生活を飾った船載品（船来品ともいえる）の購入についてシルクロードの観点から見てみよう。

## 新羅文書

正倉院に伝えられる紙に墨で書かれた文書のなかに、「新羅文書」といわれている一群の文書がある。量は決して多くはない。

正倉院南倉に伝えられている佐波利加盤《さわりかばん》は、銅と錫との合金である佐波利で作られた鋺《わん》四個を入れ子式に重ねたものである。正倉院には佐波利加盤や佐波利匙《さじ》などが多く伝えられている。

四個一組の加盤が、重ねることによって傷つかないように故紙（反故紙《ほごかみ》）をその間に挟んで重ねている。匙の物も同じである。その故紙は新羅の行政文書が保存期間が過ぎたので、廃棄され、挟み紙として再利用され、今に伝えられたものである。

表裏に書き付けがあり、巴川村が正月一日に上米四斗一升一分などを租として貢進したことを記している。巴川村は日本の村ではなく、新羅国の村の名前である。新羅の反故紙を日本が購入して再利用したのであろうか。たぶん挟み紙として佐波利とともに伝えられた。そうでないことを示す資料も正倉院に伝えられている。

中倉に伝えられている華厳経論帙という、巻き物のお経をつつむ、筆巻きのようなものがある。縦二九・五センチ、横五八センチのものである。今日的に言えば、本カバーのように華麗なものである。

東大寺の所依の経典が華厳経である。第五四回展の図録説明によると「表は楮紙で、臈纈風の文様を褐色地の紙にあらわした縁を巡らしている。芯は麻布で、その両側を紙で挟んでいる。この二枚の内胎の紙に新羅国の官文書が用いられていることから、同国の製品とみられ……」とある。この新羅文書は、昭和八年の修理の時に確認された。二片五帳からなる。内容は現在の忠清北道清州にあった四村の現況報告書とでも言える文書である。

漢文で書かれている。文書は罫線《ケイセン》を引き、端整に記されている。村の上に県があったので、『当県沙雪漸村……』と表示したうえ、面積、戸数、人口、家畜数、田畑の面積、植樹の数、三年前の調査との異同を示している。

この内胎文書は経帙製造時に挟み込まれたものであるので、経帙が新羅国から輸入されたことを示している。新羅と日本の商取引きがあったことを示しているともいえよう。驚くことに、その実態を示す文書も正倉院に残されていて、奈良時代の歴史を記した『続日本紀』には示されていない商取引きの実態を示している。この文書は、シルクロード交易を示しているのである。

## 天平勝宝四年の新羅の使者

七五二年三月二二日に新羅王子・貢調使大使・送太子使らが船七艘に分乗し七〇〇余人で到着したと、正史である『続日本紀』に記されている。ついで六月一四日には、新羅王子が拝朝し、調物を貢上した。また、同日に新羅王子自身の貢物を貢上したとも記されている。六月一七日には天皇が朝堂で饗応している。六月二二日には、東大寺、大安寺を訪れ礼仏している。七月二四日には、帰国するために、難波館（今の大阪市内の上町台地にあった迎賓館）に滞在する新羅王子らに絁布や酒肴を賜ったと『続日本紀』は記し、一連の記事は終わる。この間に平城宮の大官らは難波に使者（家令など）を派遣して、新羅船が持ち来たった品々を競って購入している。その代価は朝廷が支払っている。その購買のすさまじさを日を追って記しておく。

六月十五日　某家知家事資人栗前首某が金、蘇芳、小鏡を購入。
六月十五日　右大舎人中臣伊勢連老人が併風以下十六種類を購入。
六月十六日　丁香以下九種を某が購入。

六月十七日　従四位下小槻山君広虫が鉢以下九種を購入。
（このころ）　某家事業還始連百足が物品を購入。
六月二一日　左舎人犬養小足、麝香以下二一種を購入。
六月二三日　某が鏡以下二三種を購入。
六月二三日　某家の飯高某が、鋺以下一四種を購入。
六月二四日　某家の事業である日置酒持が、牙笏などを購入。
六月二六日　藤原北家の家令大田広人ら、黄金を購入。
六月某日　その他の購入記録が、六種ほどある。

およそ十数回の購入記録は決して、天平勝宝四年に難波に来着した新羅船との購入（交易）のすべての記録ではない。なぜならば、その年の記録が不要となったので、（今日風に言うなれば保存期間が終了した）、反故紙として、下貼などとして再利用され、また、裏面を再利用されたという偶然によって残された記録が十数回あるということであり、さらに多くの購入があったことが確実であったと推認できる。

天皇、大官が新羅太子を朝廷に迎えている。その日にも、大官の家令たちが競って買いものをしていたのである。新羅を経由して購入する器物が珍貨であったことをよく示している。購入物は新羅産の鋺や鉢など、銅合金の佐波利や、新羅北部や渤海産と思われる麝香にはじまり、東南アジア産の象牙の笏、蘇芳、丁香などの香料、唐の併風など、各地の産品を含んでいる。購入品目の具体的な目録が失なわれているので、その全容を知ることが出来ない。丁香は、クローブで、聖武天皇の御冠にも着けられ芳香をはなっていた。丁香があれば、西アジア産の乳香もあったとみてよい。正倉院には今日も伝えられている。鏡もたぶん唐製であっただろう。遣唐使船の往来は、その派遣が不定期であり、長期間の往来のないこともあったので、比較的安定して往来した新羅・渤海との間で、購入していた。決して、新羅船は新羅、渤海船は渤海の貨物のみを運んだのではなかった。

遣唐使船の帰国による珍貨の入手は、唐において（その多くは港湾都市である揚州や対岸の鎮江において）、入手のうえ持ち帰ったもので、自ずら選択できないという不便があったが、新羅船の場合、西アジア、唐、新羅さらには南海のものなど、いわゆる品揃に富んでいたので家令自らが見たうえで購入できたのである。

この交易といい、購入というためには、代貨が支払われていたのである。それらは絁布、綿、糸など絹とその加工品である。絁布は平絹の無地の絹布。綿は、真綿である。糸は絹糸である。まさに、シルクを代貨として、シルクロード貿易の、いわゆる三角貿易を成立させていたのである。新羅は、大量の絁・綿・糸を持ち帰り、これを代貨として、西アジア、唐、南海から珍貨を購入していたのである。

正倉院宝物の絹関係の製品は、きわめて高い技術で製作されていて、交易に充分たえたと考えられる。

日本からの代貨が、絹製品であったことは、『延喜式』巻三十大蔵省・蕃使の条が記す遣唐大使以下に支給される天皇よりの賜物も、絁、綿、布である。これらの一部は、いわゆる仕度金にもあてられたが、多くは入唐後に揚州などにおいて換金されていたとみてよい。

いっぽう、『延喜式』巻三十の「賜蕃客例」による大唐皇帝への貢上品は、絹以外に、銀、出火水精、瑪瑙、出火鉄、海石榴油、甘葛汁、金漆などがあげられている。瑪瑙は、『旧唐書』が記す養老の遣唐使の貢上品にも含まれており、メノウ（瑪瑙）やコハク（琥珀）などが唐朝では歓迎されていたようである。出火鉄以下のものは、平安時代ちかくになって品目に加えられたとみている。

この節では、シルクロードは、絹の生産を通じて、日本と深く結びついていたのであることを、指摘しておく。

## 第二節　ガラス碗《わん》からみた日本とシルクロード

### ガラスへの想い

ガラスは建築資材として、家具として、アクセサリーとして、現在はきわめて身近なものとなっている。ところが、つい百年少し前までは、きわめて高価なものであり、珍貨中の珍貨であった。

最近、原子力発電所を見学した。この時に見学コースの一部には原子力汚染を防ぐため厚さ二〇センチもの特厚のガラスが遮蔽に用いられていることを教えられた。このガラスは高鉛ガラスであるとも教えられた。放射線技師が鉛入りの服を着ているのと同じで、鉛が放射線を通さない性格をもつことを利用している。

アジアのガラス、つまり中国が戦国時代に作り出したガラスは、鉛ガラスであった。アジアの古代ガラスに高く含まれている鉛は、それを取り除く努力が長い期間されてきたのであり、逆にそれが先端技術の結晶ともいえる原子力発電所で用いられていることに、わたしは一種の苦笑さえした。ものには、いろいろと用途があることを改めて知らされた。

中国の戦国時代に始まったガラスは鉛成分を多く含む鉛ガラスであった。いっぽう、中国に比べてかなり早くガラスを製造しはじめた西アジアのガラスは、鉛をほとんど含まないソーダガラスであった。少し遅れて始まった中国古代ガラスが、西アジアのガラス技法を受けて始まったとみるか、中国が独自に開発したとみるかは、鉛ガラスかソーダガラスかで、別系統の技術とみる研究者と、何らかの影響を受けて中国で鉛ガラスとして始められたと見るかは異見があるところである。

わたしが、古代のガラス碗に関心を持ったきっかけは、昭和三八年八月六日に奈良県橿原市の新沢千塚《にいざわせんづか》一二六号墳において、透明ガラス碗と、濃紺色のガラス皿を発掘した時からである。

新沢千塚の発掘調査は昭和三六年から四一年までつづけられたが、その全期間を学生として参加した。わたしは幸運にも二回生から修士一年次までの期間であったので、全期間（草刈や測量という先発隊から撤収まで）を参加した、唯一人の学生であった。この頃は夏は新沢千塚、冬から春は岩橋千塚《いわせせんづか》の発掘に参加していた。

一二六号墳は、ほとんど目立たない古墳で、七月一四日から始まった調査も終わりに近づいた八月五日に、発掘古墳数の数量調節のために、古墳ではないだろう、唯の丘だろうと考えて調査は始まった。墳丘は南辺二二メートル、北辺一九メートル、東辺一一メートル、西辺一〇メートルの不整長方形で、高さは一・五メートルほどである。その墳頂にほぼ東西方向の木棺を納めた痕跡があり、その東端少し高い位置に、方形の箱に入れた刀二本と、青銅製熨斗《しょうと》（熨）と、四神図を描いた漆盤が出土した。八月六日、この漆盤があったことで、調査団に緊張が走り、多くの古墳に分散していた学生も、八月六日には一二六号墳に集中することになった。八月七日には多くの金・銀の装飾品が出土し、八月八日には人骨の頭ちかくからガラスの碗と皿が出土してきた。八月一三日まで調査が続けられ、その年は発掘調査を終了した。

その当時、発掘を主宰していた橿原考古学研究所には、耐火倉庫がなかったので、ガラス、金・銀製品などは、自宅の近いわたしが、自宅に持ち帰り、お盆の間を自宅で保管していた。その後は奈良市内の住友銀行の貴重品庫にて保管されていたと聞いている。棺内のふるい残りの土を自宅の庭で、水洗したのもいまでは遠い思い出である。こうしてガラス碗や皿に関心をもったが、その後の長い期間は、これを研究する機会がなかった。平成三年に友人の岡山オリエント博物館の谷一尚氏（現在は館長）をお手伝いして、「中国金・銀・ガラス展」（ＮＨＫなど主催）に参画して、昭和三八年の頃を思い出し、ついには谷一尚氏とともにガラスを求めて中国で発掘調査まですることになってきた。

## 日本にガラスが伝わったころ

日本列島にガラスが伝わったのは弥生時代の北部九州である。弥生時代中期後半、つまり西暦紀元前後の遺跡から中国の前漢の青銅鏡や銅剣、銅矛などとともに出土する。

福岡県春日市の須玖《すぐ》岡本遺跡のカメ棺から明治三二年に発掘されたガラス勾玉は長さが五センチもある大形のガラス勾玉で、定形化した勾玉としては、もっとも古い。同時にガラス璧《へき》二片も出土している。璧は中国古代の玉器のひとつで、輪のような平たい玉器で、中央部がぬけていて、俗に言うならドーナツのような扁平な玉の輪とみてよい。周以来の玉製礼器の一つであり、もともとは天を祀るのに用いられたが、前漢代では、もっぱら呪的な用途が強調されて使用されたようである。もともと、玉製であったが、漢代の江南ではガラスでも作られた。それから、日本列島――当時はこの国名はなかった。あえて言えば、倭――に伝えられた。

須玖岡本遺跡とほぼ同時代の福岡県前原市の三雲南小路《みぐもみなみしょうじ》遺跡では、文政五年（一八二二）に二基のカメ棺が偶然に発見された。二基から前漢鏡五七面以上、有柄銅剣一本、銅矛二本、銅戈一本、ガラス璧八個、ガラス勾玉一五個などが出土している。この三雲南小路遺跡は、記録のみが残されていたのを、福岡県教育委員会の柳田康雄さんたちが再発掘調査を行ない、さらに前漢鏡や、ガラス製ペンダント、ガラス璧片、木箱などを飾る四葉座金具などを発掘された。ガラス製ペンダントと璧の二つとは、質量がほぼ同じであったので、ガラス璧を再加工、つまりガラス原料としたのではないだろうかとされている。結論は今後のガラス成分の詳細な分析を待つべきであろう。ガラス璧をカメ棺に完形で納めているものもある。ガラス璧が持つとされている呪力を知っていたとみるべきである。単にガラス原料として日本にもたらされた、あるいは用途を知らず、ガラス原料としたとは一概には言えない。三雲南小路遺跡からは、ヒスイ勾玉も出土していて、ガラス勾玉と共存している。ガラス勾玉はヒスイ勾玉の代用品であったかもしれない。

ガラス勾玉以外に、ガラス管玉が吉野ケ里遺跡などから出土しており、同巧の朝鮮半島出土のガラス管玉は、北部九州で生産され、逆に朝鮮半島へ移出されたこともわかってきた。ガラス製の珠（小玉、丸玉といわれる）の出土は多く、出土範囲も北部九州に限らず、東は関東にも及んでいる。

このガラス珠の生産と墓への副葬は古墳時代にも及んでいる。色あいも多様化するが、ガラス勾玉は少なくなる。弥生時代から古墳時代そして飛鳥時代に至る数百年にわたってガラス珠は、大量に製作されたが、ついに碗や皿などの容器は製作できなかった。

## 古墳出土のガラス容器

日本列島からは、古墳時代のガラス容器がつぎのように七点出土している。

・奈良県新沢一二六号墳　碗・皿各一個
・大阪府伝安閑陵（古市築山古墳）　碗一個
・同　大仙古墳（伝仁徳陵）（再埋没）　碗・皿各一個
・京都府上加茂神社境内　碗の破片

・福岡県沖ノ島祭祀遺跡　碗の破片

少し説明を加える。

伝安閑陵出土と伝えるガラス碗は、江戸時代の寛政一二年（一八〇〇）に編纂された松平定信の『考古小録』に収録されて以降、その所在がわからなかったのが、昭和二五年になって、古物商に出ていたのを石田茂作先生が気づかれ、国立博物館に所蔵された。もう地上からなくなっていたと思われたものが、第二次世界大戦後の社会的混乱のなかで、どこかの土蔵に忘れ去られていたものが、換金のために出てきたのであった。この間の経過は石田先生が『考古学雑誌』第三六巻第四号に万感をこめて記されている。

この安閑陵出土と伝えられているガラス碗（白琉璃碗や玉碗と言われることが多い）は、破損しているが破片が揃っていて、ウルシ接着されている。長らく直接的に土中にあったことを示す風化（サビ）もなく、透明を保っている。直径約一二センチ、高さ約八・五センチで、やや大振りのカットグラス碗で、アルカリ石灰ガラス製で、吹きガラスで、鋳型成型とされている。ガラスの表面を凹ませたカットは、四段一八個で、底面には大きいカットがある。カットは、成型後に、研磨して砥ぎ出したものである。器胎は厚い。安閑陵から出土してのち、古墳ちかくの西琳寺に伝えられていたと伝えられている。ササン朝ペルシアで大量制作されたものの一つであるが、サビずに透明のまま残っているのは、次にのべる同形同大の正倉院の白琉璃碗との関係をおもわずにいられない。

正倉院には合わせて六個のガラス容器がある。白琉璃碗、紺琉璃杯、白琉璃瓶、緑瑠璃十二曲長杯、紺瑠璃壺、白琉璃高杯である。このうち紺瑠璃壺は、平安時代末に正倉院に入れられたものである。酸化鉛が五五％と推定される緑瑠璃十二曲長杯については、中国清代の乾隆ガラスではないかという考えをガラス研究者の由水常雄氏はされている。この二器を除く四器が確実に奈良時代に入庫したものであるが、正倉院に入った時期については、確定していない。ガラス器はすべて、『国家珍宝帳』に記載されていない。二二四、二二五ページに記した正倉院への九度の献納とは別に納められたとしてよい。

白琉璃碗はカットグラスで、伝安閑陵出土碗とほぼ同型同大で、カットの段数も、個数も同じである。兄弟碗とも形容されることがある。世界に収蔵されている多数のカットグラス碗は、同型同大同巧のものはないとされているので、この二器の符合は、同時期に同工房で製作されたものである可能性を強く示している。同時期に日本列島へ将来されたのである。その時期は、安閑陵、つまり古市築山古墳から江戸時代に出土したものとする伝承が確実であるならば、古墳の形式や、出土している埴輪などからみて、六世期の前半の輸入と考えられる。

古代のペルシア製カットグラスは朝鮮半島では出土していない。中国大陸においても正倉院の白琉璃碗と同形の碗は出土していないが、近年になって、陝西省咸陽市の国際空港の拡張工事の事前調査によって、長楕円形杯が出土した。隋開皇六年十一月に埋葬された北周（五五七〜五八〇）の大将軍であった王士良の木棺内から出土している。死亡のその年に埋葬された墓の副葬品である。このガラス杯は、サビがはげしい。サビのことを風化ということもあるが、器胎の色と、カットの凹凸が見えないほどサビている。

伝安閑陵出土のガラス碗は、まったくと言っていいほどサビていない。もし、安閑陵出土という伝承が正しければ、石室あるいは石棺のなかにあって、水や土砂に触れない状況にあったとしなければ、サビのない透明さは説明がつかない。このため、西琳寺などの飛鳥時代からの古寺につまり地上に永く保存されていたという考え方も出てくる。

正倉院のものも、天皇の身辺にあったものであれば、『国家珍宝帳』に、記録されてしかるべきである。ところが記述はない。話しを進めよう。

紺瑠璃杯は、銀製の台座は明治時代の補作である。典型的なササングラスで、表面に円環を貼りつける。この円環を貼りつけるガラスは、韓国度洲の積石木槨墓からの出土が多く、五世紀頃には、西アジアから東方に伝えられている。これも、土中した痕跡はない。

白瑠璃高杯は直径約一五センチ、深さは三センチの円盆状のガラス杯に、大きめの脚部を付着させたガラス器で、製作には高度の技術が必要とされている。ササン朝末期のガラス器である。

白瑠璃碗は金属製の水差の形をガラスに置き換えたもので、把手や口径部は接着されている。よく似た器形の水差しが、韓国慶州市の金冠塚などから出土している。

こうしてみると、正倉院のシルクロードのシンボルとも言えるガラス器はともに正倉院に多くの器物が献納された七五〇年代よりも一五〇年ほど古い時期の製作であったといえよう。このことを真実として解釈することは難しい。正倉院のガラス器に土中にあったためによって生じるサビがないことから、地上に保管されていたことを知る。その保管場所が西アジアの生産地から、日本列島までのどこかに求めることは難しく、日本のどこかで、地上に伝世していたとみるのが自然である。

## 正倉院ガラスよりも古いガラス碗

京都の古社である上加茂神託境内で、ガラスの小片を採集したのは郷土考古学者の板東善平氏であった。昭和三〇年に上加茂神社の土塀の崩壊個所で小さいガラス片を見つけられた。その後の研究で、この小破片は直径一三センチ程のカットグラスの碗の破片とわかった。大きい凹技法（円形の浮文）のカット碗であった。なぜ、上加茂神社の土塀の積み土に混じっていたのかは、知るよしもない。

田弘墓出土のビザンチン金貨

福岡県沖ノ島のガラス碗片も小片である。こちらは浮き出し円文の切子碗の小片二点である。この切子は厚手のガラス碗の表面を円形の浮文が残るように削ったうえ研磨したものである。ほぼ同じ器形のものが、中国寧夏回族自治区固原市李賢墓から出土している。李賢は五三七年に死亡した北周の大官で、その墓からはギリシア神話を装飾文様とした銀壺も出土しており、シルクロード往来を示している。李賢と同時代で北周の武将で大官であった田弘（五〇九～五七四）の墓を一九九六年に発掘調査し、東ローマ帝国（ビザンチン）の金貨五枚を検出した。北周代の東西交流を知る具体的な資料である。

新沢一二六号墳出土の碗は薄手のカットグラスで、ソーダ石灰ガラスであることがわかった。皿は器表中央にリボンを銜《は》む鳥、周辺に樹木、人物、リボンを首に巻いた馬などが描かれている。絵画の塗料は明らかでなく、類例もないらしい。

新沢一二六号からの碗と皿の出土によって、再評価されたのが、大仙古墳（仁徳陵）の前方部中段で、明治一三年に発掘され再埋納されたガラス器である。さいわいにも、出土直後に描かれた絵巻が残されていて、新沢一二六号墳出土のものと、ほぼ同型同大の碗と皿で、色が碗が紺色、皿が白色のものである。両古墳出土の碗と皿は色が正反対であるのである。この色の違いが正しければ、両古墳の出土品は、同工房でほぼ同時期に製作された可能性が強い。ただ、成分分析によると皿と碗とでは、組成を異にしているので、大仙古墳の皿と碗の色が、絵巻物完成時における塗り違いであった可能性もある。ともかくも、ともにアルカリ石灰ガラスで、ローマグラスであるとされている。由水常雄氏によるとエジプトのカラニス遺跡で、よく似た皿を出土しているという。エジプト製ともいうこの二器に類似するガラス器は、中国大陸、韓国では出土していない。

## ガラス容器の道

シルクロードは、ガラスの道であったと言ってもよい。上述したように、日本出土のガラス容器も、エジプト（新沢一二六号出土など）、イラク（安閑陵出土碗など）、イラン（沖ノ島出土など）で製作されたのち、長い長い道を辿って、日本の古墳に埋められたのである。

この道がオアシスルートか、ステップルートか、あるいは南海ルートかを考える必要がある。

ここで、重要なことは、西アジアから日本列島に至る途中の中国大陸と、モンゴル高原、朝鮮半島への陸路で、日本列島出土と同様または近しいガラス容器が出土しているか否かである。

朝鮮半島では、北に高句麗、西に百済、東に新羅が鼎立した三国時代の、新羅の古墳のみからガラス容器が出土している。ともに五世紀の積石木槨墓から出土していて、二〇余個も出土している。この二〇個という数字は、日本列島の七個の三倍もの量である。また、中国大陸のうち、新疆ウイグル自治区を除いた中国大陸の西アジア系のガラス容器の出土数は、およそ二十個でその出土数は、決して多くはない。漢から晋のものを除くと、さらに少ない。朝鮮半島（朝鮮半島の三国時代は日本の古墳時代にあたる）出土のガラス器は卓越した量であるとしてよい。

新羅の古墳出土のガラス容器と、日本の古墳出土のガラス容器の形態や文様に、強い共通項が認められないので、かんたんに日本の古墳出土のガラス容器が新羅経由でもたらされたとは言いきれない。同様に新羅の古墳出土のガラス容器も中国大陸の古墓出土ガラス容器と同様なものは少ない。ガラス研究者によると、正倉院の白琉璃碗などのカットグラスは大量生産されたものであったと言われる。そうであるとすると、シルクロード沿いに、点々と同種の容器が出土して、その出土地を線で結ぶと、シルクロードの路線が復元できるようにも思われるがそうではない。また、その路線の中途の強者が一括して入手し、周辺に配布・転売した様子もみられない（ある地点を中心にして、同心円状の出土状況）。わたし自身は、中国と西アジアとの地理的中間地点であるソグド地域の都市国家が、独自にもっていた交通路によって個別的に、朝鮮半島、日本列島にもたらされたものと考えている。

わたしたちは、まだまだ、シルクロードの実像を完全に知る状況にはないことを示している。広大な砂漠や草原、そして果てしない大海原が、われわれに資料を、系統的に理解するのを拒否しているように思われる。

ただつぎのひとことを最後に記し、日本にシルクロードの終点が至っていたことを強く主張したい。それは、日本列島の人は、シルクロードを通じての文物や文明を、代価を払って入手したこと。紙幅の都合でまったく述べることが出来なかったが、六世紀以降のそれは、仏教の受入・展開・求法と不可分の関係であったことを指摘したい。

正倉院の献物帳に夫である聖武天皇をたたえる、つぎの言葉を光明太皇后は記している。

先帝陛下徳合乾坤（中略）声籠天竺、菩提僧正涉流沙而遠到、（中略）鑒真和上凌滄海而遙来（下略）

先帝である聖武天皇の徳は、乾坤を合わせたほど高く、……

その名声は天竺（インド地方）に及んでいたので、（インド僧の）菩提僧正は、流沙（砂漠）をも横断して、（ここ奈良に）おこし下さった。

鑑真和上は、大海原をわたって、おこし下さった。……

この言葉こそ、飛鳥時代からのシルクロードが奈良時代に開花したことをよく示しているのである。

（菅谷文則）

# 第二章 大仏の来た道・華厳の教えが天平の都に花開く

## 奈良の大仏さん

「奈良の大仏さん」――これほど仏像に親しみを込めた呼び方があるだろうか。

古来、日本で生活する多くの人々は、一生に一度は大仏さんに会いに行くという。古代文化のモニュメントともいえる東大寺の盧舎那仏《るしゃなぶつ》はいかなる道をたどって平城の都にたどりついたのであろうか。

大仏造立の源流をシルクロードにたどってみることにしよう。

仏教発祥の地・釈尊が生まれたインドには大仏と呼ばれる巨大仏はみあたらない。ただ、アジャンタ石窟第二六窟に七・二メートルの涅槃像があり、ムンバイの近くにあるカーンヘリー石窟に七メートルの仏立像が現存する程度である。

仏教南伝ルートをみてみよう。タイは、現在も国王をはじめ国民の大多数が仏教を信仰する仏教国家である。南伝仏教を取り入れたスコタイ王朝のラーマカムヘン王（在位一二七七～一三一七）時代の都スコタイに巨大仏がある。ワット・シー・チュムに高さ一五メートルの釈迦仏があり降魔印《ごうまいん》を結んでいる。

仏教南伝ルートのこの他のスリランカ・ミャンマーなどには涅槃像はあるものの巨大な仏立像はない。カンボジアのアンコールトムやインドネシアのボロブドゥールなどにも一〇メートルをこえる大仏はみあたらない。ただ、アンコールトムには、「バイヨンの微笑」といわれる高さ四メートルの四面釈迦仏が百数十あり異彩を放つ。

## シルクロードに輝く大仏の雄姿

かつて、仏教王国として繁栄したカシミール地方からチベットのラダックに向かう道のムルベックというところに大仏が現存する。

断崖に浮彫された弥勒像は、高さ一〇メートルで、頭頂にストゥーパをつけ四臂をもち八世紀ころに造立されたという。

アンコールトム・カンボジア（バイヨンの微笑といわれる四面釈迦仏）

世界で最もよく知られている大仏といえば、アフガニスタンのバーミヤーン石窟のものであろう。アフガニスタンの首都カブールから北西へ二四〇キロ、ヒンドゥークシュ山脈の大断崖に刻みこまれていた。

この地は仏像が誕生した一世紀ころから修行僧が生活する僧窟が造られはじめたといわれ、大仏は四世紀～六世紀にかけて完成したという。

東大仏の高さは三八メートル、西大仏の高さは

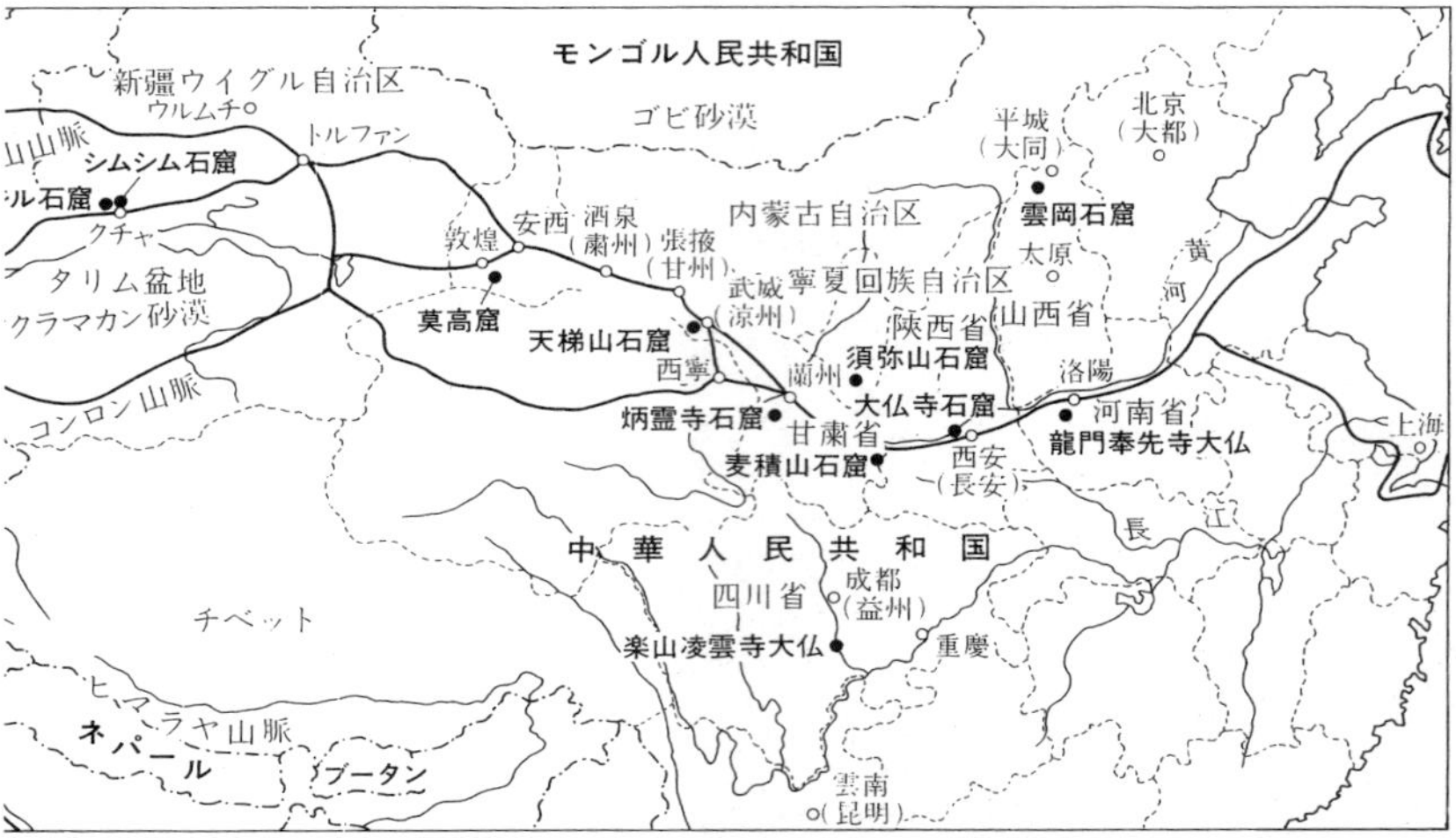

跡地図（水野敬三郎ほか編著『日本美術全集4・東大寺と平城京』講談社，1990年より）

五五メートルで、六三〇年ころ、ここを訪れた玄奘三蔵は、『大唐西域記《だいとうさいいきき》』に、東大仏を「釈迦立像」、西大仏を「立仏」と記し「金色晃曜《こんじきこうよう》、宝飾煥爛《ほうしょくかんらん》」と、金色に輝き、豪華に飾られている大仏に感嘆している。

バーミヤーン地方は、九世紀ころからイスラム勢力圏に入り、度重なる危害にあう。そして二〇〇一年三月、イスラム原理主義勢力のタリバンによって大仏は爆破され、世界的な歴史遺産はこの世から消えた。

現在、世界文化遺産（危機遺産）に登録され、日本をはじめ、イタリア、フランスなどの援助のもとで復興作業が続いている。

さて、シルクロード・オアシスルートの天山南路沿いに多くの石窟寺院がある。

天山南路最大のオアシス都市クチャ（庫車）は、かつて西域三六ヵ国のひとつ亀茲国《きじこく》の王都で、天山山脈の雪解け水がもたらす豊かな水と鉱物資源に恵まれている。

『唐書《とうじょ》』には屈支《くち》国と記され、東西交易の要衝として、さまざまな文化がここを通り、多くの人々や交易品が行きかった。

バーミヤーン大仏（アフガニスタン）
（撮影・深井晋司／林良一著
『美術選書　シルクロード』美術出版社）

中央アジア・東アジアの巨大仏遺

現在はほとんどがウイグル族だが、仏教文化が花開いた六世紀ころは、金髪で青い瞳のインド・ヨーロッパ語族が居住していたという。

クチャの中心部から北西へ七〇キロのところに、新疆《しんきょう》ウイグル自治区最大のキジル大石窟群がある。三〜八世紀にかけ

キジル大石窟群（クチャ）

**弥勒大仏**（初唐）
（敦煌莫高窟第130窟）

**窟檐式楼閣**
（第98窟・弥勒大仏が安置されている）

てムザルト川の岩盤に築かれたもので、現在の石窟の数は三三六にのぼる。

キジル大石窟群は、中央アジアの寺院で最も古い壁画が描かれているが、第三八窟の天井に「箜篌《くご》」「篳篥《ひちりき》」などの楽器が彩色豊かに活写されており、これらの実物が正倉院宝物として日本に伝来している。

キジル大石窟群の中央の絶壁に大きな穴がある。これが三世紀ころに造られた第四七窟で、アーチ状の穴は一七・五メートルにのぼる。現在、ここには何もないが、かつてキジルを象徴する大仏が立っていたという。

危険な旅を続けてきたシルクロードの旅人たちは、断崖にみえる巨大な大仏を見て安堵感を覚え、思わず手を合わせたにちがいない。

中国から西域に向かう起点にあたる敦煌には、「砂漠の大画廊」と称される敦煌莫高窟《ばっこうくつ》があり、二つの大仏が雄姿を見せる。

莫高窟の写真といえば、かならず朱塗りの九層の窟檐《くつえん》式建造物が写っているが、これが莫高窟最大の第九八窟で、上下三層の断崖に三三メートルの北大像の弥勒仏坐像がおさめられている。

造られたのは則天武后の六九五年で、武后が全国にお寺をつくらせた大雲寺の一つと比定されている。北魏（三八六～五三四）から唐（六一八～九〇七）の時代にかけて、中国の人々の心をとらえたのは、弥勒下生《げじょう》の意識であり、弥勒信仰が流布していた。

楡林窟全景（安西市郊外）

修復中の天梯山大仏（武威市郊外）

南大像と呼ばれる第一三〇窟の大仏は、玄宗皇帝の開元年間（七一三～七四一）に、僧の処諺《しょげん》と郷人馬《ば》思忠《しちゅう》らによって造られた。

二六メートルの弥勒大仏倚坐像は、両目を微かにふせ、視覚的にもバランスのとれた豊満なプロポーションは慈愛に満ちている。鼻《び》梁《りょう》は高く、目の彫りは細く長く鋭い稜線を描き、豊かな胸のつくりは、人々に信頼感をいだかせるものである。

仏教東漸の道、安西市の郊外の楡林河峡谷に四二の窟を数える楡林《ゆりん》窟がある。この窟の草創や造営に関する文献や碑銘はないが、石窟の形状などからみると、初唐に草創され清代まで続いたとみられる。

この楡林窟第一窟に二四・七メートルの弥勒大仏がある。唐代に造られたが、清代に彩色鍍金され、当時の面

**炳霊寺石窟・弥勒大仏**（蘭州市郊外）

**麦積山石窟**（天水市郊外）

影はない。

シルクロードの交通の要衝・河西回廊のオアシス都市の武威は、北方遊牧民の匈奴《きょうど》と漢が抗争を繰り返したところで、前漢武帝（前一四一〜前八七）は、匈奴を追いだし、ここに河西四郡の一つ、武威という行政区域を置いた。

武威郊外に天梯山《てんていざん》石窟という、あまり知られていない石窟がある。ここに盛唐時代に造られた二六メートルの如来倚坐像がある。

私が訪ねた一九九八年夏の時には、ダム建設に伴って移転、修復中であったが、現在は一般公開されている。河西回廊最大の都市である蘭州から車で二時間走り、黄河の支流をモーターボートで一時間進むと炳霊寺《へいれいじ》石窟につく。崖面を圧する磨崖大仏が私たちを迎えてくれる。

唐代に造られた二七メートルの弥勒倚坐像は、断崖に彫りだされた石造を芯《しん》にした石芯塑像で、かつては七層の楼閣があったという。

蘭州と西安（シルクロードの出発点でかつては長安といった）の中間に位置する天水《てんすい》の郊外に麦積山《ばくせきざん》石窟がある。この東方崖に磨崖三尊像、西方崖に三尊立像が彫りだされている。特に、東方崖にある一五メートルの倚坐像の相貌は、晦渋《かいじゅう》な威圧感をあたえる。

## 北方遊牧民の北魏がひらいた雲崗《うんこう》石窟の大仏

中国における石窟寺院の開鑿は、北方遊牧民が華北に進出した五胡十六国から北魏の時代に盛んになる。

中国内蒙古自治区の大興安嶺《だいこうあんれい》を故郷とする遊牧民の鮮卑《せんぴ》族拓跋《たくばつ》氏《し》が建国した北魏は、三九八年に都を盛楽から

雲崗石窟全景（大同市）

平城（現在の大同市）にうつす。

北魏を建国した太祖道武帝《どうぶ》（在位三八六～四〇九）をはじめ歴代の皇帝は、漢民族が統治思想の中核とした儒教イデオロギーにかわる新たな思想として仏教を積極的に取り入れていった。

雲崗石窟・第20窟大仏
（北魏の道武帝をモデルにしている）

三代目の太武帝《たいぶ》（在位四二三～四五二）の時に廃仏令が出され仏教弾圧（三武一宗の法難の一回目）が行なわれるが、つぎの文成帝《ぶんせい》（在位四五二～四六五）が立つと、再び仏教信仰の熱が高まる。

北魏の都があった大同市（当時は平城）から西へ一六キロの武州河《ぶしゅうが》に沿って北岸の砂岩の崖に、東西一キロにわたって雲崗石窟が開かれている。

石窟には釈迦像や弥勒像が多いが、これは歴代の皇帝を過去仏（釈迦）、現在の皇帝を当来仏（弥勒）とする「皇帝即如来」の思想のもとに鎮護国家を祈念する目的を内包していたからであろう。

雲崗石窟は四六〇年に文成帝の命を奉じて、沙門統・曇曜《どんよう》の指揮のもとで始まった。そして、献文帝《けんぶんてい》（在位四六五～四七一）、孝文帝《こうぶんてい》（在位四七一～四九九）が洛陽に遷都する四九四年までの三〇年間にわたって彫り続けられた。

特に、西側の第一六窟から二〇窟までは、曇曜が開いたことから「曇曜五窟」と称され、いずれも一三メートルをこえる大仏である。

はり切った丸顔に遠くを見通すように豁然《かつぜん》と開かれた目と鋭く長い眉、太い頸などの造形に気迫がみなぎる。中でも、第二〇窟の大仏坐像は一四メートルあり、肉髻が高く切れ長の目に唇を薄くし鋭角的な鼻をもち、八字型の髭《ひげ》をたくわえ、北方遊牧民の特徴を有している。

この大仏は、北魏初代皇帝の道武帝その人といわれ、鮮卑族の英雄像を理想化した造形であろうか。

## 則天武后の面影をとどめる龍門《りゅうもん》石窟の盧舎那仏

北魏の六代皇帝・孝文帝は、四九四年に都を洛陽にうつす。それにともない、大同の雲崗石窟にならって、洛陽から南へ一五キロの伊河《いが》の両岸一キロにわたって造営されたのが龍門石窟である。

多くは北魏から唐代にかけて造営されているが、孝文帝が洛陽に遷都してから後は、胡服胡語《こふくこご》を禁止するなどの漢化政策がとられたため、龍門石窟は遊牧民の雰囲気がただよう雲崗石窟とは異なり、中国風の仏教美術がみられる。

硬い石灰岩の断崖には、最大で一七メートル、最小で二センチの仏龕が二、三〇〇あまり、仏像九七、〇〇〇体、

**龍門石窟全景**（洛陽市郊外）

造像記三、六〇〇が残っており、これらは世界遺産に登録されているだけでなく、「龍門二十品」の名で、書の手本として今日まで受け継がれている。

北魏時代に造営された石窟としては、賓陽《ひんよう》洞や古陽《こよう》洞などがあり、仏像は面長、華奢《きしゃ》で遊牧民の面影をとどめておらず、衣も漢民族の貴族の服装になっている。これらの仏像は法隆寺の釈迦三尊像に共通する。

龍門石窟の中でも、蓮華座の上に結跏趺坐《けっかふざ》する奉先寺《ほうせんじ》の盧舎那仏は、この石窟のシンボルともいえる大仏で、中国仏教芸術の最高傑作といえよう。

大仏に記されている銘文を見ると、則天武后がかかわっていたことがわかる。

咸亨三年（六七二）、皇后の武氏は二万貫のお金を奉納した。

――皇帝の慈悲心は日月のようであり、謹んでお祈りしている。

大仏は唐の三代皇帝・高宗が発願したもので、則天武后が二万貫のお金を寄付して、六七五年に完成した。

一七メートルの大仏は崇高さと英知にあふれ、面相はやさしく切れ長の目で、鼻梁がすっきりして端正で美しい。

雲崗石窟の威圧するような姿態とは異なり、通肩の衣は薄く、肩から胸にかけては量感にあふれ、胸から腹にかけて大きく弧線をえがくというようにしっとりした気品がただよう。
　大仏に彫まれた原文を読み直してみよう。
　　眉目秀麗《びもくしゅうれい》　慈悲《じひ》無量《むりょう》　日月《にちげつ》のごとき
秀麗な眉が半月形の弧をえがき、沈思観想する慈悲に満ちたまなざしは日月のような輝きを見せているという。

**奉先寺大仏・盧舎那仏**（則天武后をモデルにしている）

まさに、中国女性の理想美を表わしたものといえよう。

　隋から唐代にかけては弥勒信仰とともに『華厳経《けごんきょう》』が流布し、中国華厳は盛唐期に大成されるが、仏教美術もその影響を受けて盧舎那仏が造られる。

　盧舎那仏は、梵語《ぼんご》のヴァイローチャナが音写されたもので「光は遍《あまね》く照らす」という意味をもつ。華厳経には蓮華蔵《れんげぞう》世界が説かれていて、その教主が盧舎那仏で、釈迦如来をはじめあらゆる仏の根源である。

　蓮華蔵世界とは、清浄な海の香水海から大きな蓮華が咲きでて、その上が大地になっており、さらに、その上に海がある。海には一輪ずつの蓮華が咲き、その上にあらゆる世界が展開する。世界には無数の仏国土があり多数の仏がいるという。

　ここでは盧舎那仏が大仏であるとはいっていないが、蓮華蔵世界が瞑想の中で宇宙にまでひろがり、宇宙を包み込むという観想が巨大仏を生みだすもとになったのであろう。

## 天平文化のモニュメント・東大寺の大仏造立

このような唐代の仏教の新しい潮流は、道昭《どうしょう》・道慈《どうじ》・道璿《どうせん》・玄昉《げんぼう》・菩提《ぼだい》らの留学僧や外来僧によって日本にもたらされる。

天平時代（七一〇〜七八四）に華厳経の信仰がひろまるのは、このお経が則天武后によって筆削《ひっさく》（文章を加えるべきは書き加え、削るべきは削り去ること）されたことが日本に伝えられたことがあげられる。経典を日本に持ち帰った人物としては、七一八年（養老二）に帰国した大安寺の僧・道慈を想像してみたい。

さらに、七三六年（天平八）には唐の道璿や天竺（インド）の菩提が渡来しており、彼らから聞く唐仏教の降盛に聖武天皇と光明皇后は、大いなる刺激を受けたにちがいない。

良弁《ろうべん》は七四〇年（天平一二）、金鐘《こんしゅ》寺で華厳経の講説をはじめている。

聖武天皇は七四一年（天平一三）、僧寺と尼寺を造り金光明最勝王経と法華経を書写せよという国分寺創建の詔を発する。

さらに、七四三年（天平一五）、聖武天皇は紫香楽宮《しがらきみや》に行幸し、盧舎那仏造立の詔《みことのり》を発す。

それ天下の富を有《たも》つ者は朕なり。天下の勢を有つ者も朕なり。比の富勢を以て比の尊像をつくる。心や成り易く、心は至り難《がた》し。――如《も》し更《さら》に人の一枝の草、一把《いっぱ》の土を以て、像を助け造らんことを情願する者有《あ》らば――

大仏造立によせる聖武天皇の思惟は、国家の安泰を願うとともに民衆の苦しみを救い、仏の功徳によって、この世を盧舎那仏の守る仏国土にしようとしたのであろう。

そのためには、多くの人々の協力を得ることが意義にかない、仏のみ心に沿うと考え、一枝の草、一把の土でも至誠をもって加わってほしいと願った。

大仏造立の詔が発せられてから九年後の七五二年（天平勝宝四）四月九日、大仏開眼供養会が挙行された。儀式では、天竺の菩提僧正が開眼師《かいげんし》、唐の道璿が呪願師《しゅがんし》を務めた。このことは、まさに、インドに生まれた仏教が仏像を伴ってシルクロードを経て、中国から日本にもたらされたことの象徴といえよう。

**東大寺大仏・盧舎那仏**

**大仏の落慶法要**（東大寺縁起絵巻）
（大香炉の前に立つ行基菩薩）

菩提僧正が持つ開眼筆から開眼の縷《る》（細いひも）が、東大寺の境内いっぱいにひろがり、聖武太上天皇、光明皇太后、孝謙天皇をはじめ、文武百官、善知識《ぜんちしき》の人たちが鮮やかな縷をにぎる。

菩提僧正が大仏の眼睛に筆を点じ、華厳経が講議される。つづいて、唐散楽《とうさんがく》や高麗楽《こまがく》、林邑楽《りんゆう》（ベトナム）など国際色豊かな歌舞が奉納される。これらの歌舞は、当時、シルクロードの諸国で流行していたエスニックなもので、開眼会は、平城の地で東西の文明が融合し、シルクロードの文化が花開いたことの証しでもあった。

この盛大な開眼会を『続日本紀《しょくにほんぎ》』は、

仏法東に帰してより、斎会の儀、未だかつて此の如き盛なるは有らざるなり。

と記している。

それは、仏教東帰、つまり、仏教が日本に伝来してより一二〇〇年のうちで、最も大きな法会であったということである。

（児島建次郎）

**主要参考文献**

『仏教美術のイコノロジー』宮治昭著、吉川弘文館
『東大寺と正倉院』児島建次郎著、雄山閣

# 第一二章 シルクロードの終着駅・アジアのロマン正倉院宝物

## 正倉院の宝物

奈良時代の日本文化の優秀さを最もよく示しているのは、正倉院《しょうそういん》宝物であろう。これは七五六年（天平勝宝八）、聖武太上天皇が崩御し、光明皇太后が遺愛の品を東大寺大仏に奉納され、ご冥福を祈られたのが始まりとされている。約九千点にのぼるそのほとんどが奈良時代、八世紀の遺品であるが、それが地下に埋没されることなく、現代まで伝世されたということは、世界に類例がない。その源流をなす中国では、同じ時代の唐代の文物は、地下に埋蔵されていたが、最近発掘された品が大量にある。中国の考古発掘がまだ盛んでなかった五〇年前までは、唐代の文物と言えば、正倉院宝物しかなく、その代表であったと原田淑人先生が論文を書いておられる。

正倉院という宝庫は最初からあったのであろうか。しかし最近、

正倉院正面

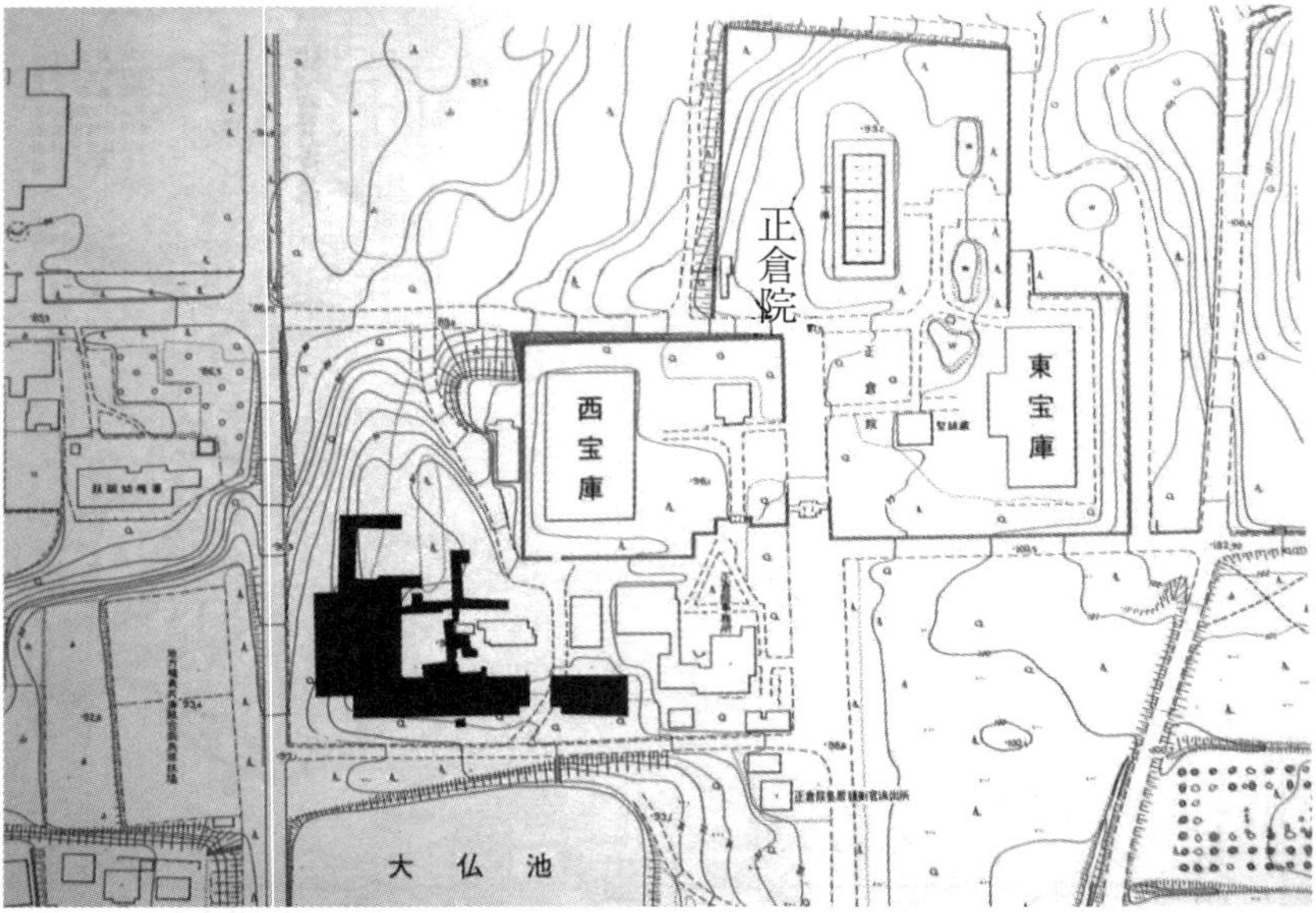

正倉院の地図　唐禅院の位置

正倉院疆域内の発掘調査で、唐禅院とみられる建築跡が見つかった。これは七五三年に来日し、東大寺に戒壇院を設けた唐の高僧、鑑真《がんじん》に聖武天皇が感謝し、七五五年に鑑真の住まいとして建てた寺院である。聖武天皇崩御の際も、まだあったことがはっきりしてきた。

鑑真は七五九年に新築の唐招提寺《とうしょうだいじ》に移っており、その後、唐禅院が消えて、正倉院が建立されたのは、それ以後だろうと考えられる。

ところで、正倉院の宝物は、納められて今日までそのまま誰も手を付けずに擱《お》かれていたわけではない。七六二年には道鏡《どうきょう》が勢力を誇示するために、正倉院の屛風を「貸せ」と取り上げた。七六四年の恵《え》美押勝《みのおしかつ》の乱の際は、武器類が四〇〇点以上、持ち出された。正倉院に納めたものも、必要な時は持ち出し、使うという意図で預けたのではないかとも考えられる。

奈良時代の七〇年間は、平穏な時代ではなかった。藤原不比等《ふじわらのふひと》の一族の争いや疫病の流行。その後も宝物が売られたり、持ち出されたりした。それを何とか今日まで守ってきたのは、修理もし、何年かごとに天日干しもしたためだ。そんな歴史を見る必要がある。

正倉院の所管は一八七五年（明治八）に東大寺から内務省に移り、同一七年には宮内庁にと勅封の方向に移った。明治二五年には御物整理係ができ、破損した宝物がいっぱいあり、十数年間で修理、復元した。現在も破損したものがかなりある。宝物は九、〇〇〇点余りというが、復元するとさらに増えると思う。

しかも、その内容は多岐にわたり、シルクロード各地の古代文化の実像を示す物として、第一級の資料と言える。正倉院宝物の源流を探ることによって、シルクロードの終着駅と言われる古代奈良を解明することが出来る。

当時はシルクロードを通じて国際交流が特に進んだ時代で、正倉院の文物には唐や新羅の文化は勿論、世界各地の文化の影響が認められる。その中には西方のイラン、トルコの製品が直接日本へ伝えられた物もあれば、それらがまず中国へ輸入されて、その影響を受けて作られた中国製品が、日本へ輸入された物もある。勿論中国の伝統的文化を受け継いだ唐の文物もある。さらに、日本製品の中にも、日本の伝統的文物もあれば、外国の文化の影響を受けて日本で作った物もある。その製作地を同定することは決して容易ではない。まして、後進国日本の技術レベルが上がって、先進国中国に近づいてくると、どちらの製品かと決めがたい物がある。その中で、製作地が比較的明らかなものを挙げてみよう。

## ペルシアの製品

まず、西方ペルシアの製品が日本へ伝えられた物としては白瑠璃碗《はくるりわん》と瓶がある。安閑天皇陵出土と伝えられる同型の碗とともに、同類が北部イランのギラーン州から多数出土しており、ここで製作されたと見られている。

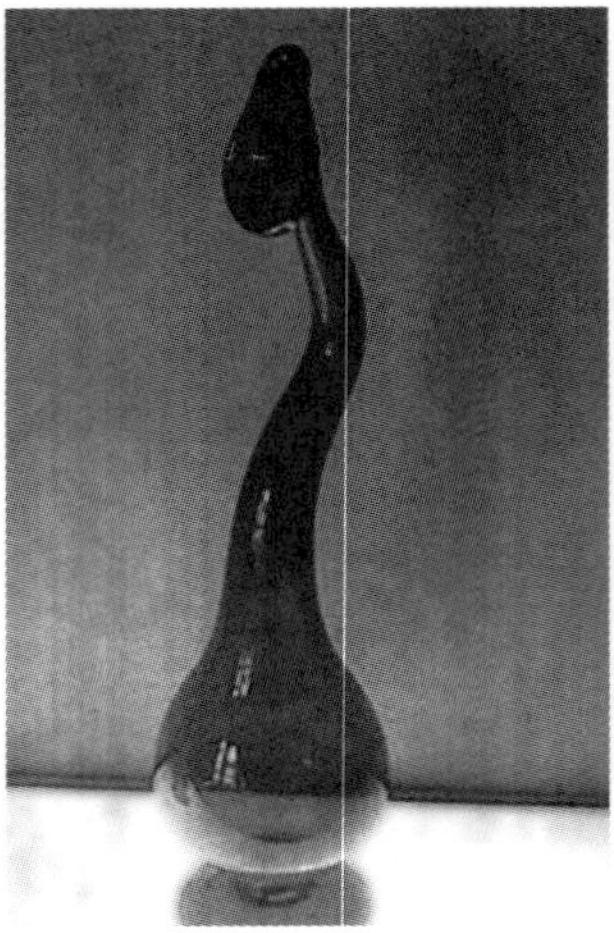
涙壺（テヘラン）

白瑠璃碗

紺瑠璃壺（唾壺）

緑瑠璃十二曲長杯

これらはイランのガラスと同じアルカリ石灰ガラスである。橿原市新沢千塚《にいざわせんづか》１２６号墳からも、白瑠璃碗と紺瑠璃皿がでているが、後者には西方風の絵が施されており、ともにアルカリ石灰ガラスとのことである。

唾《つばき》を入れるといわれる紺瑠璃壺や紺瑠璃杯は、アルカリ石灰ガラスだから、恐らく西の方、イランで作られたものではないかと考える。テヘランのガラス博物館へ行ったとき見た涙壺の色がそっくりだった。戦争にでかけた夫の安否を気づかって、妻が流した涙を溜めた壺だそうである。ところが同じガラスでも、緑瑠璃十二曲長杯は鉛ガラスで、中国製である。

## 中国の製品

西方の文物の形を真似た中国製品としては漆胡瓶《しっこへい》があり、類例は唐の永泰《えいたい》公主墓の壁画にある。

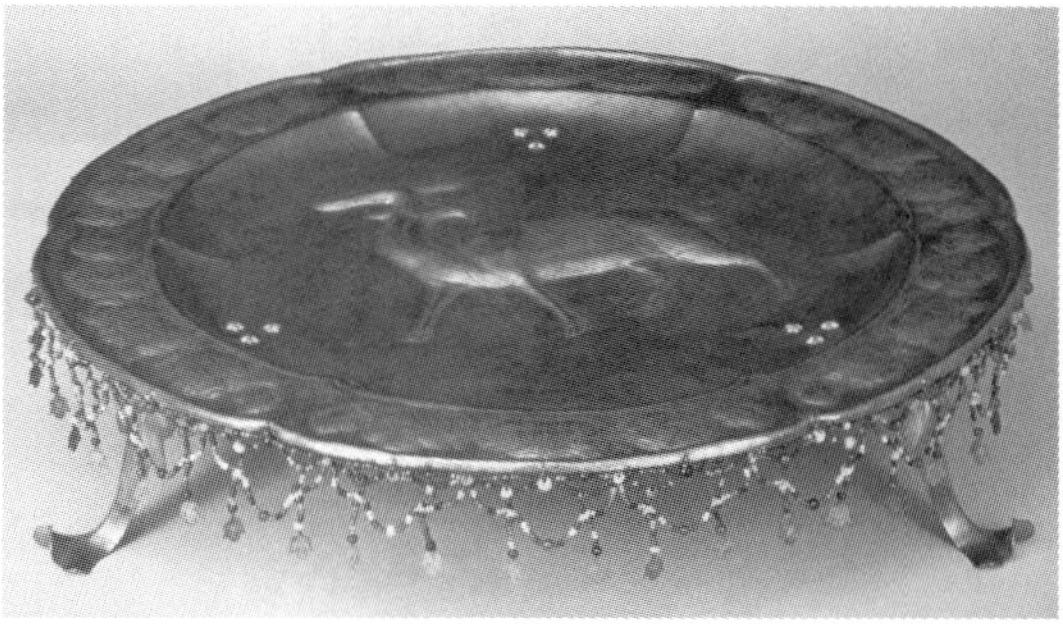

金銀花盤

鍍金銀盤

狩猟文銀壺

金銀花盤《きんぎんかばん》は六花形の浅い銀盤で、周縁に色玉を連結した垂飾を付け、下に三脚を付けている。盤面には中心に花枝鹿文、その周囲に花文を鍍金で表わしている。盤裏には「宇字号二尺盤一面……」の刻銘がある。これは類品が中国や中央アジアから数点出ている。花枝鹿文は河北省寛城県大野峪村出土の鍍金銀盤、遼寧省昭烏達盟喀喇沁旗錦山出土の銀盤、タタール自治共和国レピヨフカ村出土の鹿文銀盤、キーロフ州トゥルシェヴァ村出土の銀壺などにあり、鹿はソグド神のシンボルと言われている。また、陝西省耀県柳林背陰村出土の銀碗に「宣徽酒坊宇字号」の刻銘があり、正倉院の金銀花盤と同じ「宇字号」は千字文の「五番目」の文字の意味で、本器が中国製であることの証拠となる。

大型の狩猟文銀壺《しゅりょうもんぎんこ》は丸底の壺に置台を付けたもので、胴部に描かれた狩猟文は、魚々子《ななこ》地に鳥、蝶、花、草などの文様を散らした間に、一二人の騎馬人物が猪、鹿、羊、兎を狩りしている。特に、騎馬のまま顧首して後の動物を射ている姿は、ササンの銀皿に描かれた〝狩りをするシャプールⅡ世〟の文様と極めて類似するものであり、パルティアンショット（Parthian shot）と呼ばれるイラン特有の文様である。

この銀壺には「東大寺銀壺……天平神護三年二月四日」の刻銘がある。これは称徳天皇が東大寺に参拝された日に当たっており、銘は奉献された日を録したもので、製作の記録ではない。このような大型の壺は中国にも例がないので、日本製という説もあるが、作柄から見て、中国の長安城興化坊出土の高足銀杯の狩猟文に近く、中国で製作されたと見る方がよさそうである。

**銀薫炉《ぎんくんろ》**　ボールのような形に、透し彫りの文様、すなわち宝相花の間に獅子と鳳凰があって、薬玉のように二つに割れ、そのなかに小さな火皿が回転軸の異なった二つの輪によって支えられ、ジャイロコンパスのように、常に水平を保つという仕組みのものである。類例が西安沙坡村（長安城長楽坊）から銀薫炉四個と西安何家村興化坊と扶風県法門寺地宮から一個ずつの銀薫炉が出ている。

**金《きん》銀《ぎん》平《へい》文《もん》琴《きん》**　桐材黒漆の七弦琴で、文様を切り抜いた金と銀の板金を漆地に塗り込めている。図文には隠士達が琴を弾じ、酒を飲む様が描かれている。「乙亥之年」という墨書銘が、唐の玄宗の開元二三年

パルティアン・ショット

西安何家村の銀薫炉

銀薫炉

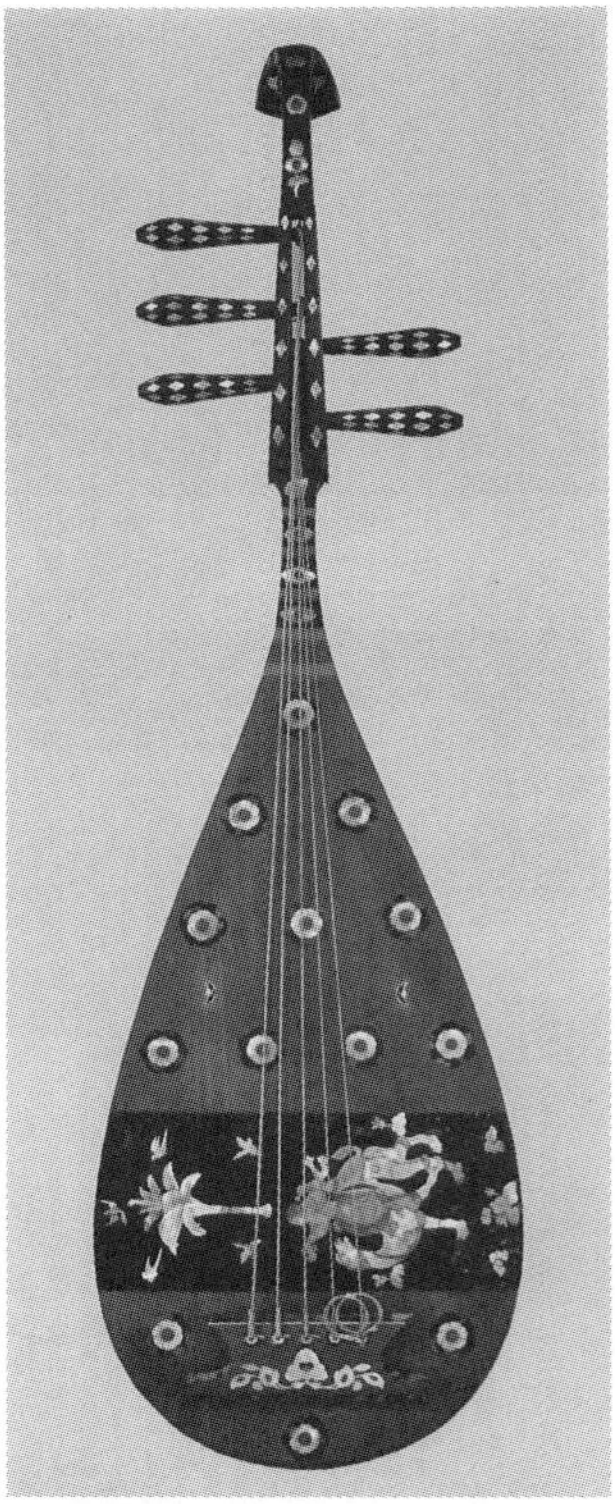

螺鈿紫檀五絃琵琶

（七三五）ではないかと見られている。

**木画紫檀棊局**《もくがしたんのききょく》　碁盤の側面にある象牙裁文のモザイクにもパルティアン・ショットで獅子狩りしている図や二瘤ラクダ、象などの珍獣の絵がある。引き出しの中にある碁石入れの皿は亀形で、明日香酒船石遺跡の亀形石とそっくりである。

**紫檀木画槽琵琶**《したんもくがそうびわ》　四絃で、木画とともにササン朝ペルシアの技法と言われている。逃げる虎を顧射している図がある。

**螺鈿紫檀五絃琵琶**《らでんしたんごげんびわ》　五絃はインド系と言われているが、現在世界で唯一の遺品である。おもてには玳瑁《たいまい》の地に螺鈿《らでん》で表わした熱帯樹のナツメヤシとラクダに乗った琵琶を弾く楽人の絵がある。二瘤ラクダはバクトリアラクダと言われ、東アジアの砂漠地帯に棲息している。中国唐代の製品であろう。日本製という説もある。

**箜篌**《くご》　竪琴で、アッシリア起源と言われ、ササン朝ペルシアから伝えられた。

**螺鈿紫檀阮咸**《げんかん》　晋代の竹林の七賢の一人阮咸がこの楽器の名手であったことからこの名が付いたと言われている。円形の胴に長棹の琵琶である。背面に瓔珞を銜えた二羽の鸚鵡文が螺鈿で表わされている。花喰鳥文の一種である。ホレズムやキジルの壁画にある。

**白石鎮子**《はくせきのちんし》　晶質石灰岩の長方形の石に浮彫模様を施している。四神や十二支の文様を各二つずつ絡み合わせて表現している。裏に「須彼天馬」（青龍、白虎）、「山伐一鳥」（午未）などの墨書銘がある。

**花氈**《かせん》　文様入りの毛氈（フェルト）のこと、羊毛を紡がずに圧縮して、毛の細かい縺れによって固定した布。文様は色染めの羊毛を埋め込んでいる。アジアの草原地帯の遊牧民の発明したもので、西域との交通が盛んになるにつれて、中国へも伝えられた。正倉院の毛氈は中国唐代の作品で、花唐草文が多く、それに花喰鳥文《はなくいどりもん》や打毬図《だきゅうず》などがある。

正倉院には鏡は五六面ある。それらには、中国の伝統的な青銅鏡に葡萄唐草文や天馬、獅子、犀《さい》などの珍獣、花喰鳥文のような西方的文様を施したものがあり、それ以外に、銀貼り、金銀平脱《へいだつ》、螺鈿、七宝《しっぽう》などの特殊な技法を使った宝飾背鏡がある。また、同文の鏡も多い。

海獣葡萄鏡は五面あるが、いずれも優品で、径二九・五センチの円鏡は香取神宮蔵鏡と同形である。いわゆる、海獣葡萄鏡はその傑作品といえよう。肉厚の表現で、葡萄唐草文に禽獣を配した図文であるが、内区の主文には狻猊《さんげい》という獅子形の獣が多く、それに天馬、鳳凰などを配し、外区には小さな走獣や蝶、蜂などの昆虫を入れている。唐代に特に好まれた図文で、『博古図録』には、「海馬葡萄鏡」「海獣葡萄鏡」の名が現われた。また西方へ逆輸出されて、サマルカンドの近くから出土している。正倉院には円鏡、方鏡（鳥獣花背方鏡の類品がタジーク共和国から出ている）など優れた作品がある。日本では仿製鏡もつくられた。

鳥獣花背円鏡は径四七・五センチの大きさがあり、鳳凰、獅子、鴛鴦《えんおう》などの文様がある。これによく似た鏡がトルコのイスタンブールのトプカピ宮殿にある。径が六三・六センチもあり、パレスチナのハラム出土と言われている。その他に、径が四〇～六〇センチを越える大型鏡、鳥獣花背八角鏡《ちょうじゅうかはいはっかくきょう》（北倉42の1号）の径六四・五セン

鳥獣花背円鏡

黄金瑠璃鈿背十二稜鏡

チをはじめ、七面ある。その出来具合は中国鏡的だが、中国鏡にはこのような大型鏡は例がない。中国で知られている現在最大の鏡は、歴史博物館所蔵の伝鄭州出土の金銀平脱羽人花鳥文八花鏡で径三六・五センチの大きさである。これらの大型鏡は正倉院向きに特別造った中国鏡なのか、それとも日本製なのか、証拠がない。大型鏡を蛍光X線分析すると、銅七〇、錫二三、鉛五、砒素一・五%、鉄、ニッケル、銀、アンチモンが微量と出て、中国産の素材とわかった。

宝飾背鏡も正倉院の圧巻である。螺鈿鏡は九面もあり、特に径三九・五センチの鏡は、白い螺鈿で花弁形の文様を散らした間に、獅子、双鳥、犀などを左右に対置させ、その間に玳瑁と琥珀《こはく》を嵌め、地にはトルコ石やラピスラズリを埋めている。

「螺鈿鏡《らでんきょう》」はデザインがいい。白い貝殻を切って花や鳥の文様を表わし、琥珀の赤色を花心に嵌めており、地のところには青や白いトルコ石やラピスラズリをちりばめている。ラピスラズリはアフガニスタンにだけあり、エジプト時代からみんなが欲しがった。世界で非常に早くからもてはやされた素材である。そういうものがすでに、正倉院には伝わっていたのである。

七宝鏡は正倉院では黄金瑠璃鈿背十二稜鏡一面で、中国にもない唯一の資料である。七宝とはガラス質の釉を金属器や陶器の面に焼き付けて、装飾としたもので、エナメルのことである。鏡体は厚い銀板を十二稜形に切り、鏡背に六弁の宝相華文を三重に配し、各弁の文様の細部を銀の板帯で囲いし、それぞれに黄色、薄緑、濃緑の三色の七宝釉を焼き付けている。最外側の弁間には、最粒文を打ち出した三角形の金板を嵌めている。珍品である。

## 日本製品

正倉院には文様の全くない、いわゆる漫背鏡と言うのが九面ある。これらは砒素を特別含んでいるので、日本製と見られている。

羊木臈纈染屏風《ひつじきろうけちぞめびょうぶ》は象木《ぞうき》臈纈染屏風とともにササン朝ペルシアの樹下動物文の系譜を引くものと、昔から言われており、その樹間や岩間に猿や子鹿、猪などが隠し絵のように表わされている。伊藤義教氏は中世ペルシアの文献を使って、善悪の争いに出てくる様々の図像がこの絵の中に隠されていると絵解きをしている。それはともかくとして、私は羊の胴体が黒い三角文で埋められているのが、かねてから不思議に思っていた。今度、テヘラン

レイ出土の双頭鷲文

羊木臈纈染屛風

の国立博物館のイスラム館を観た時、イスラム初期のデザインに動物や植物の体が三角文で埋められているのを見て、おどろいた。次の二つである。

一、絹織物の双頭飛翼の鷲文：レイ出土、四世紀
　Buide期　鷲が人を抱いている。

二、ストゥッコ製の神祠（Mihrab）の植物紋様：
　レイ出土、六世紀セルジュック期　このデザインはササン朝の冠の模様から来たと思われる。

　イランの影響は間違いなかったのである。私はかつて正倉院文物にはササンの影響はあるが、イスラム文化の影響のないことが不思議だと書いたことがある。イスラム文化がすでに日本へ入っていたことを知って、ようやく納得出来た。

　鳥毛立女屛風《とりげりつじょびょうぶ》、鳥毛篆書屛風《とりげてんしょびょうぶ》は文様や文字の部分に鳥毛を貼っているが、日本産のキジ、ヤマドリ、トモエガモの毛が使われた。中国で鳥毛を使用した例は、唐の中宗の娘、安楽公主がモズの毛の裙を着

用していた。裏紙に日本の「天平勝宝四年（七五二）」の裏書きのある反故文書が使われていた。樹下美人の構図はトルファンのアスターナ古墓出土の絹本樹下美人図に近く、豊満な美女、額に付けた花鈿の化粧も似ている。豊満な美女は唐代の絵画や三彩陶俑《さんさいとうよう》にもある。樹下美人の構図はインドのバールフットやサーンチーの浮き彫り、あるいはササン朝ペルシアの銀器の文様などにもあり、生命力や再生の象徴とも言われている。

中国的文物である絹織物には、葡萄唐草文、連珠圏文、ペガサス、ラクダ、サイ、ゾウ、シシ、咋鳥文《さくちょうもん》などの西方的文様を持ったものが多い。また、法隆寺にある獅子狩文錦がイランスタイルの連珠文圏のデザインであることは説明するまでもあるまい。

正倉院宝物のなかには日本製品もあるが、それらに外来の素材を使ったものがあり、その大半は海のルートを通って来たものが多い。インドから来た犀角《さいかく》は杯、如意、帯、鞘などに使われており、象牙は撥鏤尺《ばちるしゃく》、木箱に、玳瑁は御杖や如意に、琥珀は数珠に、ラピスラズリは玉帯や如意や顔料に使われた。特に紫檀、白檀などの檀木は阮咸、琵琶、双六局、碁局、挾軾《きょうしょく》などに使われた。

三彩陶器は近年まで中国製三彩の貴重なサンプルと見られていた。当時は中国に唐三彩の資料がすくなかったからである。ところがスウェーデン皇太子が正倉院の宝物をご覧になられて、「これらは中国の三彩と違う」と指摘され、一方、中国での考古発掘が始まり、三彩陶器の資料が増えてくると、正倉院の三彩は素材が違うことがわかり、日本製品だといわれるようになった。

**（樋口隆康）**

# 第三章
# シルクロードから正倉院・ユーラシア大陸にひろがる美人図

## 正倉院の白眉「鳥毛立女屏風《とりげりつじょびょうぶ》」

正倉院は、シルクロードの終着駅であるといわれる。唐王朝を中心にした七世紀～八世紀にかけての東アジアのインターナショナルな文化変容は、シルクロードにおける異質文化の交流によってつくられたものである。唐王朝の文化遺産の多くが失われている現在、これを反映した美術工芸品を伝世する正倉院宝物は、シルクロードの終着駅・長安に着いた貨車をそのまま入れている車庫といってもよい。

たしかに、宝物の「螺鈿紫檀五絃琵琶《らでんしたん》」の表面を飾るラクダに乗る人物、唐代の詩人がうたった紫髯緑眼《ししゅりょくがん》の胡人をほうふつさせる「酔醐王《すいこおう》」の伎楽面《ぎがく》などは、濃厚な異国情緒がただよう西方の姿であり、ラクダの背にゆられ、シルクロードを通って日本にたどりついたものといえよう。

これらの宝物は、七五六年（天平勝宝八）、聖武太上天皇が崩御され、光明皇太后が国家の珍宝と六〇種の薬物を東大寺大仏に献納されて以来、勅封《ちょくふう》によって宝蔵され今日まで伝世されてきた。

私はＮＨＫのアナウンサー時代に、奈良公園が紅葉に彩られる季節の正倉院展が始まる日の朝、奈良国立博物館前からテレビ中継してきたが、特別な名称がつけられている宝物の呼び名をトチらないように紹介するのに苦労したことが懐しく思いだされる。

正倉院宝物は、数え方にもよるが二万点をこえるといわれ、このような形で伝世されている例はほかにはなく、まさに、世界に誇り得る宝といえよう。校倉《あぜくら》造りの正倉は、南倉・中倉・北倉と三倉あり、屏風類は北倉におさめられている。

東大寺献物帳（国家珍宝帳）の七五六年七月二六日付の「屏風・花氈帳《かせんちょう》」によれば、六扇や八扇のものが百畳献納されており、「鳥毛立女屏風六」とあるのが、宝物の中でも白眉といわれるもので、とみに有名である。

これらの献物屏風は、天平王宮の部屋を飾り、咲く花の栄華を謳ったことであろう。ところが、ほとんどは八一四年（弘仁五）に出蔵したまま返納されずに失われてしまった。

献物帳には、

高四尺六寸、広一尺九寸一分、緋紗縁、以木仮作班帖、黒漆釘、碧施背、緋夾纈、接扇、楷布袋

**鳥毛立女屏風**（米田雄介・児島建次郎ほか著『正倉院への道—天平の至宝』雄山閣より）

と注されている。

「鳥毛立女屏風」は、もとは六扇をつないで六曲屏風をなしていたが、現在は各扇ごとに分かれている。貼付《ちょうふ》されていた鳥毛が剝落《はくらく》しているものの、わずかに残る鳥毛が日本産の山鳥のものであることから、屏風は日本で制作されたと考えられる。さらに、裏貼りに七五二年（天平勝宝四）の反故紙《ほごし》が発見されたことから、七五〇年前後に制作されたものであろう。

一枚ずつ離されている六扇の屏風のうち、樹木のかたわらに立つ美人図が三扇、樹下の岩座に腰をおろした姿が三扇あり、そのうち第四扇は両手を両袖におさめ樹下の岩に腰をおろす姿で、立姿に比べて動きが少ない。また、樹木には鳥がとまったり蔦《つた》が垂れさがり、手に宝珠をもつ女性など全体の構図や表現に変化がみられる。紙本胡粉《ごふん》の地に素描《そびょう》で手や胸、顔に朱でぼかしを入れ、唇を鮮やかな朱で描き、額《ひたい》には花鈿《かでん》（眉間の飾り）、両頬に靨鈿《ようでん》（えくぼの飾り）をつける。

これらの印は白緑色の顔料で描かれており、このような顔面の化粧法は、日本の美術には例がなく流行しなかった。あきらかに唐から伝えられたものであり、この流行はシルクロードのオアシス都市に住む貴婦人にまでおよんでいる。

また、屏風の六人の美人は、上瞼が大きく弧をえがいた切れ長の目と太い眉をもち、ふくよかな頬は朱の隈取《くまど》りが施され紅潮し、きつく結んだ唇は端雅で生気にあふれている。

肉感的な肩のふくらみからは唐風の服装の線が流れ、大きな髪を結い、くっきりとしたくびれをもつ胸など、艶媚《えんび》な魅力をたたえ豊満である。

こうした豊満な女性で樹下に人物を配する図柄は、唐の都長安だけでなく、西域の廃墟からも発見されており、さらに、インドやペルシアにもつながりをもつ「至福の美人図」といえよう。

正倉院宝物の美人図は、過去の美女を思慕するということだけでなく、ユーラシア大陸の文化交流、シルクロードに花開いた一筋の道を辿ることができる。

## インド女性の「ティカラ」と豊饒の女神・官能的なヤクシー像

私はインドに旅するたびに多様なインドに出会い、新たな発見と感動を覚える。それは、「宗教」「言語」「カースト」など、アイデンティティが混在する複雑な社会なるがゆえに、インドに足を踏み入れるとその一側面に出会い、私を刺激するからかもしれない。

インドを旅していると、女性の額の部分に赤や青の円文がつけられているのに気付く。化粧法の一つなのかと思ったりもするが、これはヒンドゥー語で「ティカー」といい、サンスクリット語の「ティカラ」に由来し、ほくろや額の印を意味するという。

古代人は、現代の私達の想像力をはるかにこえる豊かな宇宙に対する意識をもっていた。例えば古代世界において人間や動物の眼には、摩訶《まか》不思議な力が宿ると信じられていた。

松山俊太郎氏の『化粧文化』によれば、古代インドでは女性の額に「ティカラ」と呼ばれる額飾りがつけられていたとし、その由来をつぎのように述べている。

ヒンドゥー教徒は、人間には二つの眼のほかに第三の眼が眉間ないし額に存在すると考えた。この第三の眼には、威力、魔力があると信じた。それゆえ、第三の眼には人間を悪霊から守る力（辟邪《へきじゃ》）と同時に人間を害する力もある。特に女性の第三の眼は、結婚した相手の男性である夫に害を及ぼすとみなされた。

ティカラをつけたインド女性

このため、既婚の婦人は自分の額にあるといわれた第三の眼が夫を害さないように、額の該当個所を花形の装飾でもって隠そうとした。これをティカラと呼んだ。

松山氏によれば、額飾りは古代インドを起源にした女性の面上装飾であったという。

ティカラを付けた女性は、インドの民間信仰の豊饒《ほうじょう》を掌るヤクシー像などとなってあらわれる。原始仏典やジャイナ教教典には、霊樹に樹神が宿るとする聖樹崇拝の習俗がみられる。

大きな聖樹に宿る樹神は、樹木の精としての女神、つまり、ヤクシーでこれが崇拝対象となり民間信仰の中で重要な地位を占めるようになる。

中インドの西部にあるサーンチーのストゥーパ（仏塔）に樹下美人像がある。サーンチーの第一塔は紀元前二世紀のもので、マウリア朝第三代の英主アショーカ王（在位前二六八〜前二三二）の時代に塔と石柱が建てられ、インドに現存するアショーカ王碑文の最古のストゥーパであるという。

ストゥーパのトラーナ（塔門）に、腰をひねりマンゴーの木にぶらさがる像が浮彫されている。

樹神を具象化したヤクシー像は、蠱惑《こわく》的な肉感にあふれ官能的である。はちきれんばかりの双の乳房を中空に突き出し、腰部に紐状の飾りをつけ腰をひねっている。

生命感の漲《みなぎ》る樹精女神が一本の樹に脚をからませ、その手で梢を捉えている図様は、その樹に触れることで花咲き実を結ぶという、いわゆる樹婚の思想をもとにしているのかもしれない。

サーンチーのヤクシー像には、二つの意味がこめられている。一つは、樹精としての女神特有の力をもって仏の世界を守る守門神的な側面である。もう一つは、生産の神秘をもとにして豊饒を祈る気持であろう。サーンチーのストゥーパの横梁に豊満で健康な明るい生《せい》を謳歌する姿を創出し、それにマンゴーの樹果の実り

サーンチーのストゥーパ

サーンチーのヤクシー像（宮治昭『インド美術史』吉川弘文館より）

**サーンチーの樹精女神**（コルカタ博物館蔵）

**マヤ夫人と釈尊誕生像**（森豊『樹下美人』小峯書店より）

を組み合わせた樹下美人像こそは、インドにおきた生命を生み繁栄をもたらす交響楽的な造形といえよう。

仏教では女性を煩悩《ぼんのう》の根源とみており、仏陀は悟りをひらくために、女性を遠ざけたり弟子たちに女色をきびしくいましめている。

仏教美術は原初的なものから、この豊満な肉体をもったヤクシー像を、しかも全裸の官能的な姿態で聖なるストゥーパを荘厳させているのである。

それにしても、何故、かくもエロスの世界を彷彿させるように、誘惑するような裸体が彫刻されているのであろうか。それについては、官能美でもって追ってくる悪霊病魔の力を失わせるためであるという。

あけっぴろげな裸体女神は、官能のインド世界にみる豊穣多産のシンボルにふさわしく、森の女神ヴルクシャカーに豊かな実りを託す信仰でもあった。

こうしたヤクシー像に対して、インドの樹下美人図には、もう一つ釈尊誕生にまつわる仏伝図の系譜がある。

仏伝図が、寺院、堂塔、石窟などに彫刻されたり描かれる時、かならずといっていいほど釈迦誕生の図が制作される。

出産の近いシャーキャ族（釈迦族）の王妃であるマヤ（摩耶）夫人がルンビニー（現在のネパール）にさしかかり、無憂樹《むゆうじゅ》（菩提樹）の下で花を手折ろうとした時、夫人の右脇腹から釈尊が生まれた。

樹下に忽然とあらわれた七宝七茎の蓮花の上に降誕し、七歩進んで右手をあげ「天上天下唯我独尊《てんじょうてんがゆいがどくそん》」といったという。

釈尊の生誕にあたって、天龍八部は虚空《こくう》に満ち、梵天《ぼんてん》と帝釈天《たいしゃく》が礼拝し、マンダラの華が天空からふりそそぎ、飛天が妙なる音楽を奏で、地上の草木は満開の花を咲かせ、ルンビニーの樹園は歓喜と幸せに満ち満ちた。

この釈迦誕生図は、インドのみならず、シルクロードを通って中央アジア、中国、日本へ、また、スリランカやタイなどにも伝えられ流布していった。「無憂樹下のマヤ夫人」は、仏教文化圏に伝播した構図であり、樹下美人図の範疇《はんちゅう》の一つといわなければならない。

## ペルシアの水の女神・アナーヒーターを崇拝する砂漠の民

正倉院の屛風には、尾長鳥や鹿、野羊などの動物たちが樹木や草花を中心に相対したり、その下に置かれたりする構図のものが多い。

樹木を中心に動物を向かいあわせる意匠の源流は西アジアにある。イランのスーサで紀元前三〇〇〇年紀の円筒印章が発見されているが、そこには、山の上に立つ樹木の左右に野羊や牛などが相対しており、西アジアの意匠として長い歴史を経てきた。

アナーヒーター女神が刻まれている銀製水差し（ササン朝）（テヘラン考古博物館蔵）

メソポタミア、アケメネス朝など文明発祥の地イラン高原には、紀元前四〇〇〇年以来、農耕民と牧畜民が居住し、彼らの生活を左右するのは、ひとえに天候の力であった。

広大な砂漠が横たわり乾燥が続き、それを恐れながら生きる人々は、雨水の源泉である天空に対して、心くばりをおこたらず、天空神アフラ・マズダに向かって変らぬ慈雨の恵みを祈った。

こうした信仰心は、やがて天空に雨水を貯える大海があるといった想像をつくり、天空に水を湧き出させる泉があるとか、海の中に存在する山に聖なる樹があるといった思想に結びついていく。

ササン朝ペルシア（二二六〜六五一）の国教・ゾロアスター教の聖典「アヴェスター」によると、イランの人々が想像した天空の泉を「アルドゥヴィー・スーラー・アナーヒーター」（豊かな・権威ある・純潔なもの）といい、これは、古代イラン世界で信仰の対象となった豊饒の女神アナーヒーターのことである。

そして、天空にあると思われる海や泉の中には二本の聖なる樹があり、そのひとつを「ハマオ」、インドでは「ソーマ」といい、その樹液を飲むと不死の生命が得られると考えられた。

もうひとつは「ガオケレナ」といい、これは天空に青白く輝く三日月の形が牛の角に似ていることから「牛の角」を意味し、「月の樹」ということになる。そして、古来からイランでは月は水を与えるものとみなされてきた。

ササン朝の王たちの王冠に三日月の冠飾があるのは、月の聖樹のことがモチーフになっていたことはいうまでもない（『シルクロード』林良一著、参照）。

ササン朝の工芸美術は、こうした古代イラン社会の天空信仰を含むゾロアスター教を源泉にして発展したもので、その技術や様式は、西方ではビザンツ帝国（三九五～一四五三）を経て地中海域に、東方では中国の南北朝から隋唐時代、さらに、日本の飛鳥・天平時代まで伝えられていく。シルクロードのユーラシア大陸全域にひろがっていったということであろう。

ササン朝の美術品に樹下美人の姿がみられる。この王朝のマーザンダラーン遺跡から出土した銀製の水差しに、葡萄の樹の下に立つ美人が浮彫りで彫りだされている。

両方の足元と右手の指先に小鳥をとまらせ、両肩に髪をたらして天衣《てんね》風の衣を腕から腰にかけ、それを翻《ひるがえ》し、腰をひねったしなやかな体に豊かな乳房が天空に向かって突きでる。

これは「すらっとした身体で腰高に帯を締め、清純にして高貴な生まれの処女の姿であらわれる」という豊饒の女神アナーヒーターであろう。

ほかにも、ササン朝の銀器の八曲長杯には、半裸で花冠をかぶり、髪を編んで長くたらし、両手に花の小枝をもつアナーヒーター女神が彫刻され、短辺に葡萄唐草を配している。

興味深いのは、葡萄唐草のアーチの下に立つ女神は、インドの女神のように樹木にからみつく造形ではなく、しかも、細身である点である。

これらの構図は、聖樹たる葡萄の樹「ハマオ」が、豊潤《ほうじゅん》な泉に植生するという観想のもとに編みだされた図柄である。ササン朝の銀杯には葡萄の樹の下で楽器を奏でる女性像のモチーフが多く、連想はアスターナ古墳の桃下遊宴の美人や正倉院の阮咸《げんかん》にまでおよぶ。

## オアシスルートのトルファンと敦煌にみる美人像

新疆ウイグル自治区のトルファン（吐魯蕃）は、年間降水量二〇ミリという乾燥地帯で、天山山脈の雪どけ水を確保するためのカレーズが街のあちこちでみられる。

人口は二〇万で、トルコ系のウイグル人が七〇％を占め、キルギス、タジク、カザフなど多くの民族が共存し、街を歩いていると、シシカバブやナンを焼く匂いがたちこめ、シルクロードの街に身をおいていることを実感する。

トルファンは、天山南路と天山北路の分岐点にあたり、五世紀には漢人の麹氏《きく》一族が高昌国《こうしょう》（四九九～六四〇）を建国し、玄奘三蔵もインドに行く途中の六二九年に一カ月半滞在するが、一七年の求法の旅を終えての帰り道、立ち寄ろうとした時には唐の太宗に滅ぼされていたというオアシス都市である。

一〇代におよぶ麹《きく》氏支配のトルファンは繁栄をきわめ、高昌《こうしょう》を建都し天山山脈一帯をおさめ、二一の城をもっていたという。

高昌故城に居住した将軍や貴族たちの共同墓地が高昌故城から四キロのところにあり、アスターナ古墳と呼ばれている。

アスターナとは、ウイグル語で「休息の場所」という意味で、三世紀～八世紀にかけて造られた墓が五〇〇ほどあり、そのうち公開されている数基の墓にはミイラが安置されている。この古墳から、絹本や紙本の美人図が数多く発掘され、多くの出土品はウルムチの博物館に展示されている。

そのうちの「仕女奕棋図《しじょえつき》」は、囲碁に興じる美人が描かれている。高く結いあげた黒髪、耳朶《じだ》をたっぷりとり頬をふっくらとふくらませ、眼は前方の盤面をじっと見据えている。唇に鮮やかな紅をつけ、額に花鈿（眉間の飾り）を施す。

仕女奕棋図（アスターナ古墳出土）

また、アスターナ古墳の調査をした大谷探検隊（一九〇二〜一九一四）が将来した「胡服美人図」は、高く結い上げた漆黒の双髻《そうけい》に豊かな頬をもち、女性はやや左向きで額とこめかみに花鈿を施し、三日月形の眉と目がりりしさをかもしだし、小さく丹華な唇が全体の顔をひきしめ、筒袖の胡服を着る。

おそらく、これは唐の貴婦人たちに好まれた服装であり、その襟と袖に描かれた赤と紫紺《しこん》、黄などの宝相華《ほうそうげ》の文様なども含めて、当

胡服美人図（アスターナ古墳出土）

樹幹の側に立つ美人図（敦煌莫高窟・蔵経洞）

時のニューモードであったのだろう。

アスターナ古墳からは、「桃下婦女遊楽図」や「侍女図」「仕女弾琴図」などの美人図が出土している。鳥とたわむれたり椰子《やし》の木の下に立つ女性、春の光を浴びて花咲く桃の樹の下で遊ぶ女性像は、細くしなやかな手をし、今にも帛画の世界から飛びだしてきそうである。

彩色をつみかさね、墨線で輪郭を明確にする技法で、特に豊頬をきわだたせ、額や頬に花鈿《かでん》・靨《よう》鈿《でん》を施す化粧は、正倉院の樹下美人図につながるもので、アスターナ古墳から出土した美人図は、初唐から盛唐に流行した美人図の影響を受けているものと考えてよい。

シルクロードの東西文化が交錯する敦煌莫高窟の壁画にも美人図がみえる。

第三二九窟の説法図の下の部分に、蓮華を捧げもつ清純な女性が敷物にすわる姿態で描かれ、第三二二窟の南壁の説法図は、七尊像を天蓋と二本の聖樹がおおい、豊満な菩薩と樹の左右に飛天を配する構図になっている。

第一七窟は、一九〇〇年に道士の王円籙《おうえんろく》が発見した窟で、数万点にのぼる古文書や経典がうずたかく埋もれていたことから蔵経洞とよばれ、洪䛒《こうべん》の塑像が安置されており、敦煌が世界的に脚光を浴びる契機となった。

この窟の壁面に、樹の下に立つ美人図が描かれている。年数を経て節《ふし》くれだった樹幹の左側に、あげ巻きのような双髻に結った髪型をした丸顔の女性が立ち、左手に布をたらし、右手に先の曲った薙刀《なぎなた》のような杖をもつ。服装は裾を長く引いた寛潤な唐風のもので、ゆったりとしていて流れるように衣紋をつくり垂下する。心臓型の葉を茂らせているのは菩提樹である。樹幹にかばんがかけられており、これは遊楽にでかけるための入れ物であろうか。

## 絢爛たる大唐の美「陵墓彩色壁画」

唐王朝期の詩には、花咲き鳥啼《な》く樹園に遊ぶ美人図や遊宴の様子を詠んだものが多い。

菩薩蛮　　温庭筠《おんていいん》

額《ひたい》に蘂黄《ずいおう》の粧い美しく
うすぎぬの窓を隔ててほほえみし人
相見しは牡丹《ぼたん》のとき
しばしきてわかれしまま
その黒髪には翡翠《ひすい》のかんざし
かざしには番《つが》い蝶
ひとりのこころを誰か知る
月光に枝もたわわに花は咲き

黒髪に翡翠のかんざしをして、額の真ん中に蘂黄（ふさのはしにつけるかざり）の化粧をした女性と出会ったのは牡丹の咲くころであった。その人の心を知っているのは花だけかもしれない、と謳《うた》いあげる。

西のバグダットと並んで百万の人口を有する唐の都長安は、花と美人と絢爛《らんじゅく》たる文化が渦巻き、王宮をはじめ花街の楼閣に至る部屋まで飾りつけられ、目もあやに千姿万態娟《けん》（美しさ）を競ったことだろう。

唐文化の主役ともいえる美人たちは、髻《もとどり》（髪を中央に分け耳のあたりで輪にしたもの）をたらし、鬟《わげ》（束ねて輪にした髪）を結い、濃い眉墨《まゆずみ》（眉を墨でかく）をし、口元に紅をつけ、眉間には花鈿、頬には靨鈿の飾り化粧をし、花園を闊歩して人生を謳歌したのである。

中国の化粧法についての第一の研究者である原田淑人氏は『唐代女子化粧考』の中で、眉間の四個の白緑点を花鈿、口の左右にある白緑点を靨鈿と考定し、この化粧法のはじまりについて、つぎのように論述している。

宋代の婦人たちは顔面に花子《かし》を用いていたが、それは則天武后に仕えていた昭容上官氏《しょうようじょうかんし》が皇后の命令によって自分の顔に付けられた点（傷の跡）を隠すために初めて作ったものであると『酉陽雑俎《ゆうようざっそ》』に記されている。

しかしながら、それ以前に隋の文帝の宮殿では、女官たちが五色の花子を顔面に貼付《ちょうふ》していた。……『雑五行書《ざつごぎょうしょ》』につぎのように記されている。宋の武帝（四五四〜四六四）の娘であった寿陽公主《じゅようこうしゅ》が、一月七日に合章殿《がっしょうでん》の軒下で横臥していたとき、梅のはなびらが公主の顔に落下して「五出花《ごしゅっか》」を成した。そこで彼女はそれを手で払い落そうとしたけれども、全く落ちることなく、やっと三日後にそれを洗い落した。いっぽう、宮中の女性たちは寿陽公主の「五出花」を奇異なものと考えて、競ってそれにならった。これがおそらく、花鈿の創始であろうと『事物紀源』は述べている。

原田氏の指摘はロマンに満ちているだけでなく、中国の文献をもとにしており説得力がある。

安らかに寝る公主の顔に、はらはらと散った薄桃色の梅の花びらが春風にのって止まり、三日も離れない。その粧いはたちまち王宮を風靡《ふうび》し、宮女たちは眉間に花びらを描いた。この時世粧《じせい》を落梅粧《らくばい》と称したという。

時世粧とは流行という意味で、白居易の詩に、

時世粧、時世粧、城中より世でて、四方に伝う

とある。

原田氏は、さらに『事物起源』の記述をもとに、つぎのように述べている。

靨鈿の名称は、おそらく三国時代の呉の孫和《そんわ》（孫権の子）が誤って夫人の頬に傷をつけたことにはじまる。夫人の頬の傷を治すために医者が白獺（白いかわうそ）の髄などを用いて膏薬《こうやく》を調合して傷跡に塗ったが、膏薬には琥珀《こはく》が多く入っていたため傷が消えずに赤い斑点が残った。しかし、その結果、かえって夫人の美しさが増した。それを目のあたりにした孫和の愛妾たちが孫和の寵愛を得ようとして丹青で頬に点を描いた。これが靨鈿の創始である。

これらの根拠について、原田氏は「一として信を置くに足るものではない」と断定している。荒唐無稽の話ではあるものの、寿陽公主の「五出花」の話などには、歴史的事実を反映している要素もみられ、新しい化粧法が濃艶な夢を誘うものとして貴婦人の間で、大流行したことは確かであろう。

志田不動麿氏は、『旧唐書《くとうじょ》』に記されている花鈿の実体を考察して「支那に於ける化粧の源流」という論文を発表している。

それによれば、唐代の絵画に描写されている美人や女性俑の眉間にみられる花鈿を三種類に分け、「菱形」や「西洋梨形」の花鈿は、西域出土の壁画に描かれている菩薩像の眉間にある白毫相《びゃくごうそう》を模したものであるという。

唐王朝の宮廷には、全土から美人を集める「花鳥使《かちょうし》」と称する役人がいた。美人たちは花や鳥と同じように愛玩《あいがん》されていたようで、唐の皇帝玄宗（在位七一二～七五六）は、楊貴妃《ようきひ》を「解語《かいご》の花」（美人）と賞めたたえたという。

西安から西北へ八〇キロのところに唐三代皇帝高宗《こうそう》（在位六四九～六八三）と皇后の則天武后《そくてんぶこう》の合葬墓である乾陵《けんりょう》がある。乾陵の見どころは参道の両側に並ぶ石将、石馬、石獅子などの石像群であろう。

乾陵の近くに、高宗と則天武后の子どもたちや孫の墓があり、その墓に描かれている壁画には、樹木や草花、岩などの自然景観を背景にして、官女、官人が遊楽する群像が数多くみえる。

章懐太子《しょうかい》（高宗と則天武后の第二子）は、幼少時は李賢《りけん》と称し皇太子に任ぜられるが、謀反の罪で六八〇年（永隆元）に幽閉され、やがて自殺させられた人物である。武后の時代が終ってのちに復権がはかられ、乾陵の脇に壮大な墳墓が造営された。それは、六八四年（弘道二）のことで、墓に壁画が描かれたのは七一一年（景雲二）とされている。

この太子墓に描かれている壁画には、樹下に三人の美人が立ち、背後の樹に蝉《せみ》がとまる「観鳥捕蝉図《かんちょうほせん》」や「喜楽図」といった宮廷生活を反映した宮女たちの風俗が見事なタッチで活写されている。

また、懿徳太子《いとく》（中宗の長子）墓には、「團扇仕女図《だんせん》」、武后を批判した罪で死を賜った永泰公主《えいたいこうしゅ》（中宗の第七女で武后の孫）墓には、如意《にょい》や小箱をもつ「宮女図」、石槨《せっかく》の内外壁に庭を逍遙《しょうよう》するさまざまな姿態の宮女が線刻されている。

これら唐王朝壁画の美人図は、いずれも太い眉に切れ長の目をし、髪型を高髻《こうけい》に結っている。そして、上衣を腰より高い位置に着てロングスカートをはき、その上端は腋《わき》の下まで持ちあげられたハイウエストになっており、すらりとした姿に見せようとしている。さらに裳は、アコーディオンプリーツ風の仕立てで、スリムな線を出そうと縦の縞柄にするなどの工夫がこらされている。これが当時のトップモードだったのだろう。

描かれている宮女たちは、ふっくらとした顔ではあるが、いずれもスリムな体つきをしている。

四世紀後半から五世紀初めにかけて人物画の天才として活躍した人物に顧愷之《こがいし》がいる。彼は西晋の張華《ちょうか》（二三二〜三〇〇）が著わした『女子箴《じょししん》』の文章をもとに『女子箴図巻《じょししんずかん》』を著わしているが、この中で、「人は自分の容貌を飾ることは知っていても、心を美しく飾ることは知らない」といい、美しい心を絵画を通して表現している。

顧愷之の絵を熟視すると、額のはえぎわに十字状の線が認められる額黄《がくおう》と思われる化粧が施され、総じて女性の姿は細身である。また、彩色の女子俑などから判断すると、漢魏六朝、隋、初唐までは窈窕眉細腰の女性が美人の理想とされていたのだろう。

　宮詞　花蕊《かずい》夫人

殿前の宮女総《す》べて繊腰《せんよう》

観鳥捕蝉図（章懐太子墓）

團扇仕女図（懿徳太子墓）

初めて乗騎《じょうき》を学び怯《きょう》また嬌《きょう》
馬に上り得てよりわずかに走らんと欲し
幾回か鞚《こう》を抛《ほう》して鞍橋《あんきょう》を抱く

細腰の美人たる宮女が初めて乗馬をおそわり、馬が走りだす。手綱をすてて鞍に抱きつきおびえる有様は、何ともなまめかしいことよ、と詠じている。

## 中国の美人観・スリム型の西施《せいし》と豊満型の楊貴妃

中国における美人観が、スリム型から豊満型へと変わるのはいつごろからであろうか。

まず、スリム型美人の代表として西施《せいし》を取り上げよう。私たちにもなじみのある四文字熟語「臥薪嘗胆《がしんしょうたん》」「呉越同舟《ごえつどうしゅう》」が生まれた春秋戦国時代のことである。

越王勾践《えつおうこうせん》（在位前四九六～前四六五）は、会稽《かいけい》山で呉王夫差《ごおうふさ》（在位前四九五～前四七三）の軍に破れ和を請うた。その後、勾践は「会稽山の恥」を忘れずに胆《きも》を身近かにおいて、これを嘗《な》め雪辱の機会を待った。

それとともに勾践は、色仕掛け作戦として西施という女性を夫差に献上した。

西施は薪《まき》ひろいをする貧しい家の娘で美人であったが、いつも胸をおさえ眉を顰《ひそ》めていたという。それがまた美しさをきわだたせた。そこで、村の娘たちが真似をして顰《しか》めっつらをしたところ村人たちは逃げだした。「西施の顰《ひそみ》に倣《なら》う」という諺《ことわざ》は、ここから生まれたという。

西施のこの行動から推測して、彼女は胸に持病がある病気持ちではなかったのだろうか。少なくとも豊満な健康体とはいえず、痩せ型の美人であったと考えられる。

さて、薪ひろいをしていた西施が勾践の家臣の目にとまり、磨《みが》きをかけられ、范蠡《はんれい》（越の将軍）に伴われて呉王夫差に献上される。呉に行く途中、范蠡は西施に手をつけ、子どもを生ませたという。

夫差は、そんなこととは露知らず、越からおくられた西施の色香《いろか》に迷い愛におぼれ、ついに紀元前四七三年、越に攻められ自決させられ呉は滅亡する。

後日談として、西施は長江に身を投じたとも、范蠡といっしょに逃げたともいわれている。西施が実在したかどうかは不明であるが、スリム型の美人をヒロインに祭りあげたところに、当時の美人の基準が瘦せ型にあったことをうかがわせる話といえよう。

諸子百家の一人である荀子《じゅんし》の著『荀子』（前二三〇年ころになるといわれる書）には、楚の荘王が細腰の女性を好んだため、後宮の美人がダイエットをしすぎて餓え死にするものがでたという話が記されている。

前漢成帝《せいてい》（前三二～前七）の皇后になった趙飛燕《ちょうひえん》は、美人のほまれ高い実在の人物である。彼女は太液池《たいえきち》で舟遊びをするたびに、身が軽すぎるので風に飛ばされないように裾《すそ》を舟に結びつけたという。趙飛燕は歴史上の女性だけに現実味をおびた話といえよう。

後漢桓帝《かんてい》の側近の一人である梁冀《りょうき》の妻孫寿《そんじゅ》は、美人であり悪女でもあり、その美貌を利用して「よく妖態《ようたい》をなす」という姿態をあみだした。妖態とは、愁眉《しゅうび》、啼粧《ていしょう》、堕馬髻《だばけい》、齲歯笑《うししょう》、折腰歩《せつようほ》などをいう。

愁眉は眉を八の字にひそめた形にすること。啼粧は一度化粧をしたあと、眼の下の化粧を涙を拭《ぬぐ》ったという風情にすること。堕馬髻は馬から降りたはずみに髻《もとどり》ががっくりと傾いたという姿のこと。齲歯笑は歯の痛みをこらえて笑うような仕草《しぐさ》のこと。折腰歩は少し腰を痛めたようなおぼつかない歩き方のこと。

これらは、いずれも健康美あふれる潑溂《はつらつ》たる姿態とはいえず、どちらかといえば病的でさえある。孫寿の化粧

玄宗皇帝と楊貴妃の饗宴図

法は、スリム型の美人を意識したものであり、当時の男性の嗜《し》好《こう》を反映したものであった（『奈良美術の系譜』小杉一雄著参照）。

初唐時代の章懐太子墓や永泰公主墓に描かれている宮女たちは、顔はふっくらとしているものの体つきはスリムである。

これらの墓の壁画は、七一一年（景雲二）ころに描かれていることから、この時代までは美人の基準はスリム型であったと考えられる。

では、いつごろから美人の基準が豊満型に変わっていったのだろうか。少なくとも、盛唐時代の楊貴妃（七一九～七五五）のころには、豊満艶麗の美が理想とされるようになっていったようだ。

古今東西にひろく知られる絶世の美女楊貴妃を『旧唐書《くとうじょ》』后妃伝は、

豊満な容姿をほこり、歌舞をよくし、音律に長じ、智算《ちさん》人にまさる

と伝えている。踊りも歌も楽器の演奏もうまく、聡明で頭の回転もはやい。その上に豊満であったという。七四四年（天宝三）に、後宮に迎え入れられた楊貴妃は、玄宗（在位七一二～七五六）にともなわれて驪山《りざん》の温泉宮（華清池）に行幸した。

この時の様子を白居易は「長恨歌《ちょうごんか》」に、

眸《ひとみ》を廻《めぐ》らして一笑すれば百媚《ひゃくたい》生じ
六宮の粉黛《ふんたい》　顔色無し
春寒くして浴を賜う華清の池
温泉　水滑《なめ》らかにして凝脂《ぎょうし》を洗う
待兒《じじ》　扶《たす》け起せども嬌《きょう》として力無し
始めて是新たに恩澤《おんたく》を承《う》くるの時
雲鬢《うんびん》　花顔　金歩揺《きんほよう》
芙蓉《ふよう》の帳《とばり》　暖かにして春宵《しゅんしょう》を度《わた》る

と詠っている。

目を動かして笑えば魅惑的になり、さしもの宮殿の美女たちも消えてしまう。雲のように高い髷《まげ》を結い、蓮の花模様のカーテンのある寝室で春の夜をすごす。

楊貴妃が入浴する情景を「水滑らかにして凝脂を洗う」といっている。凝脂とはまっ白な肌のことをいうが、豊満な体つきであったがゆえに、水をはねるほど肌が脂ぎっていたにちがいない。

こうしてみると、「後宮の佳麗三〇〇〇人顔色なし」といわれるほど、玄宗の寵愛を一身に集めた楊貴妃こそは、豊満型美人の代表であり、皇帝がひねもす聞いても飽きないほど歌舞音曲にすぐれた才色兼備のファーストレディーであったのだろう。

美人を傾城《けいせい》、傾国と称するようになるのは『漢書』外戚伝にみえる李延年《りえんねん》の詩からである。

楊貴妃が、後宮のあまたの女性をしのいで愛を一人占めした傾国の美女といわれるように、玄宗が政治を忘れ、

**華清池**（西安郊外）

**楊貴妃像**（西安郊外・楊貴妃墓）

彼女にうつつをぬかすうちにクーデターがおき、唐王朝は傾きはじめる。

さて、樹下に美しい女性が立つ図様は、ユーラシア大陸に広く見ることができる。西はペルシア、東は中国から日本、そして、南はインドから東南アジアの仏跡、北はタクラマカン砂漠のオアシス都市など、そのひろがりはシルクロードとかさなりあう。

・インド——サーンチーのストゥーパ、ヤクシー像。マヤ夫人の釈尊誕生図。
・ペルシア——銀器や絵画に描かれたアナーヒーター女神像。
・西域——トルファンのアスターナ古墳。敦煌莫高窟。

・中国——唐代の墓。章懐太子墓や永泰公主墓の壁画。
・日本——正倉院宝物の「鳥毛立女屏風」

このようにみてくると、樹下美人図の図柄は、七世紀～八世紀に突然発生したものではなく、それぞれの古代文化の担い手となった民族が持っていた樹聖としての女神、地母神《じぼしん》、樹下人物、樹下動物などのイメージがかさなりあって、絢爛たる樹下美人像が誕生していったのだろう。

## 唐王朝の余香ただよう正倉院宝物

さて、正倉院の「鳥毛立女屏風」には、その下貼りに「天平勝宝四年」の年紀のある文書が使われており、この年の七五二年は玄宗の天宝一一年にあたる。

永泰公主墓・宮女図

屏風の図柄が唐王朝期の風俗画を模倣したものであることは間違いなく、楊貴妃に代表される豊満な美人図は、玄宗の開元・天宝期（七一二～七五六）に用いられたモチーフであったのだろう。

とすれば、中国において豊満美人が台頭し日の目をみるようになるのは、章懐太子墓にスリム型美人が描かれた七一一年以降のことで、玄宗時代には豊満美人観が定着し、王宮社会にもてはやされ、それが絵画の世界に登場していったことになる。

玄宗の開元期には、張萱《ちょうせん》といった士女《しじょ》画家が活躍し、曲眉豊頬《きょくびほうきょう》の艶美な士女画が流行していた。

七一〇年（和銅三）に平城に都が遷ってから、日本はたびたび遣唐使を送っている。

『旧唐書』倭国伝に、

得る所の錫賚《せきらい》（賜わりもの）、ことごとく文籍を市《か》ひ、海に泛《うか》べて帰る

とある。命をかけて海をわたった遣唐使が、唐文化の輸入に情熱をそそぎ、最新の情報をもたらしたことは想像にかたくない。

**遣唐使年表**

「入京年月」欄の○印は正月に在京したことを示す。史料で確認できない個所は空欄のまま。
「出発」「帰国」欄に入れた月は、史料で確認できる九州での発着月。

| 次数 | 出発 | 使人 | 航路 | 船数 | 入京（長安・洛陽）年月 | 帰国 | 航路 | 備考 |
|---|---|---|---|---|---|---|---|---|
| 1 | 舒明天皇2（六三〇） | 犬上三田耜<br>薬師恵日 | 北路？ | | | 六三二・8 | 北路 | 唐使高表仁ら来日 |
| 2 | 白雉4（六五三） | 吉士長丹（大使）<br>吉士駒（副使） | 北路？ | 1 | | 六五四・7 | 北路 | |
| | 同　7月？ | 高田根麻呂（大使）<br>掃守小麻呂（副使） | | 1 | | | | 往途、薩摩竹島付近で遭難 |
| 3 | 同　5（六五四） | 高向玄理（押使）<br>河辺麻呂（大使）<br>薬師恵日（副使） | 北路 | 2 | | 六五五 | 北路？ | 高向玄理、唐で没 |
| 4 | 斉明天皇5（六五九）8月 | 坂合部石布（大使）<br>津守吉祥（副使）<br>伊吉博徳 | 北路 | 2 | 顕慶4（六五九）閏10月〔○〕 | 六六一・5（第2船） | 北路 | 第1船は往途南海の島に漂着、大使らは殺される |

| | | | | | | | | |
|---|---|---|---|---|---|---|---|---|
| 5 | 天智天皇4（六六五） | 守大石・坂合部石積・吉士岐弥・吉士針間（送唐客使） | 北路 | | | 六六七・11 | 北路 | 唐使劉徳高を送る 唐使法聡来日 六六三 白村江の戦 |
| 6 | 同6（六六七） | 伊吉博徳（送唐客使） 笠諸石（送唐客使） | 北路 | | | 六六八 | 北路 | 唐使法聡を百済に送る 唐には往かずか |
| 7 | 同8（六六九） | 河内鯨 | 北路？ | | | （不明） | 北路？ | |
| 8 | 大宝2（七〇二）6月 | 粟田真人（執節使） 高橋笠間（大使） 坂合部大分（副使） 巨勢邑治（大位） 山上憶良（少録） | 南路 | | 長安2（七〇二）10月〔〇〕 | 七〇四・7（粟田真人） 七〇七・3（巨勢邑治） 七一八・10（坂合部大分） | 南路 | 六七六　新羅、朝鮮半島統一 道慈留学 |
| 9 | 養老元（七一七） | 多治比県守（押使） 大伴山守（大使） 藤原馬養（副使） | 南路？ | 4 | 開元5（七一七）10月〔〇〕 | 七一八・10 | 南路？ | 玄昉・阿倍仲麻呂・吉備真備・井真成ら留学。道慈帰国 |
| 10 | 天平5（七三三） | 多治比広成（大使） 中臣名代（副使） 平群広成（判官） 秦朝元（判官） | 南路？ | 4 | 同22（七三四）正月か〔〇〕 | 七三四・11（第1船） 七三六・5（第2船） 七三九（第3船） | 南路 | 玄昉・真備ら帰国 第4船、難破 |
| 11 | 同18（七四六）任命 | 石上乙麻呂（大使） | | | | | | 停止 |
| 12 | 天平勝宝4（七五二） | 藤原清河（大使） 大伴古麻呂（副使） 吉備真備（副使） | 南路 | 4 | 天平11（七五二）12月以前〔〇〕 | 七五三・12（第3船） 七五四（第2船） 七五四・4（第4船） | 南路 | 鑑真ら来日。帰途、第1船安南に漂着、大使藤原清河・阿倍仲麻呂、唐に戻り、帰国せず |
| 13 | 天平宝字3（七五九） | 高元度（迎入唐大使使） 内蔵全成（判官） | 渤海路 | 1 | | 七六一・8 | 南路 | 清河を迎える使の判官内蔵全成、渤海路により帰国 |

| | | | | | | | | |
|---|---|---|---|---|---|---|---|---|
| 14 | 同 5(七六一)任命 | 仲石伴(大使)<br>石上宅嗣(副使)<br>藤原田麻呂(副使) | | 4 | | | | 船破損のため停止 |
| 15 | 同 6(七六二)任命 | 中臣鷹主(送唐客使)<br>高麗広山(副使) | | 2 | | | | 7月、風波便なく渡海できず停止 |
| 16 | 宝亀8(七七七)6月 | 佐伯今毛人(大使)<br>大伴益立(副使)<br>藤原鷹取(副使)<br>小野石根(副使)<br>大神末足(副使) | 南路 | 4 | 大暦13(七七八)正月〔〇〕 | 七七八・10(第3船)<br>同 11(第4船)<br>同 11(第2船)<br>同 11(第1船舳)<br>同 11(第1船艫) | 南路 | 大使、病と称して行かず。<br>唐使孫興進来日<br>伊予部家守帰国<br>藤原清河娘喜娘帰国 |
| 17 | 同 10(七七九) | 布勢清直(送唐客使) | 南路 | 2 | 建中元(七八〇)2月 | 七八一 | | 唐使孫興進を送る |
| 18 | 延暦22(八〇三)<br>再 同 23(八〇四)7月 | 藤原葛野麻呂(大使)<br>石川道益(副使) | 南路 | 4 | 貞元20(八〇四)12月〔〇〕 | 八〇五・6(第1船)<br>同 6(第2船)<br>八〇六(第4船?) | | 第3船、往途肥前松浦郡にて遭難<br>最澄・空海ら帰国 |
| 19 | 承和3(八三六)7月<br>再 同 4(八三七)7月<br>再々 同 5(八三八)6月 | 藤原常嗣(大使)<br>小野篁(副使) | 南路 | 4 | 開成3(八三八)12月〔〇〕 | 八三九・8、10<br>八四〇・4、6 | 北路 | 副使、病と称して行かず<br>帰途新羅船9隻を傭って帰る<br>第2船、南海の地に漂流 |
| 20 | 寛平6(八九四)任命 | 菅原道真(大使)<br>紀長谷雄(副使) | | | | | | 大使菅原道真の上奏により停止 |

(東野治之著『遣唐使』岩波書店より)

八世紀、東アジアを支配した唐。その都長安は、イラン系のソグド商人やイスラム商人の活躍で東西の文物が行き来した。遣唐使に随行した留学生たちは、唐の最新の政治制度や文化を学んで帰国し、律令制度の改革にあたるとともに、シルクロードを経由して長安に伝えられた西アジアの文物などを平城京にもたらし、天平文化の花が咲いたのである。

こうしてみると、「鳥毛立女屏風」は、遣唐使による将来品の影響を受けて制作されたと考えてよいだろう。

『万葉集』の編者・大伴家持《おおとものやかもち》は、

春の苑　紅《くれない》にほふ　桃の花
下照《したで》る道　出で立つをとめ

と詠んだ。春の庭園に桃花が紅く咲き映えており、花が明るく照り輝く下かげの道に一人の乙女が立っている、といった風趣である。

「桃樹下美人」は、その発生の原義である「女性の生殖力」を表現する図柄として、最もふさわしいものといわなければならず、それが夢幻的なパラダイムとなって拡大していく。

「原始の女性は太陽であった」とのいい方は、ギリシア神の大地母神・デーメテールや日本神話のアマテラスなどの女神が具象化されたもので、男は狩猟と戦闘の役をにない、女は農業者として太陽祭儀を掌った。西洋のビーナスや東洋の樹下美人は、いずれも豊饒の女神を造形芸術として昇華させたもので、古代人は女性に秘められた力を見、美の源泉を求め、人間の想像力で可能な限りの意匠を凝らし、女性美の追求に精魂込めて取り組んだ。

ペルシア・インド・中国そして日本の空間に展開された女神崇拝、樹下美人図の発想は、永遠に続くゆるぎない楽園のイリュージョンであり、繁殖や生命の誕生に不思議な霊力を感じた人間の歴史の一点景なのであろう。

（児島建次郎）

## 主要参考文献

『樹下美人図考』森豊著、六興出版
『ガンダーラから正倉院へ』田辺勝美著、同朋社
『シルクロード』林良一著、精興舎
『奈良美術の系譜』小杉一雄著、平凡社
『正倉院への道』児島建次郎著、雄山閣
『インド美術史』宮治昭著、吉川弘文館

# 第一四章
# 二一世紀を迎えての地球文明の変動

## ハンチントン教授の『文明の衝突』が提起したもの

二一世紀の地球文明は、どんな道を歩みはじめているのであろうか。一九～二〇世紀の近代化の進展は、爛熟した文明をもたらしたが、一方、人心の荒廃や環境の破壊、伝統的な宗教の形骸化など豊かさの中の精神的貧困という文明病を生み出している。

二〇世紀は、革命と戦争と人間変革に象徴される時代であった。二度にわたる世界大戦は、進歩をとげた科学技術を使ったために幾千万の人々が犠牲になった。この悲惨な戦争をとめられなかった不幸な世紀でもあった。

私たちは、近代的な政治制度を確立したものの、人間の自然への畏敬の念を奪い、生命の最内奥の仕組みから宇宙空間までをも射程におさめ、世界のパラダイムを変えてしまった。

そして、二一世紀を迎えた地球文明は、宗教的熱情が民族的エネルギーと結合し、人種、言語、宗教に根ざす不寛容さが紛争の発火点となっている。

豊かさをもたらすと期待された産業主義は、世の中に拝金主義と文化の低俗化をもたらし、豊かな文明を獲得した人類は、かえって貪欲《どんよく》性が増してきたといえよう。

ホータンの子どもたち

一九九一年にソ連邦が崩壊してから後の国際社会をみていくと、世界のいたるところで、宗教や言語、思想や信条に根ざした民族紛争が続発している。このような傾向は、人間の性悪性を考えるならば、今世紀になってもおさまることはないであろう。

文明とは何か、文化とは何かという定義については、古来からいろいろな説がある。

東京大学の山内昌之教授は、著書『文明の衝突か、共存か』の中で、文明とは、

多様な文化要素の高度に成熟した複合体を基盤とし、統一的世界理念によって駆動《くどう》されている文化・政治・経済の統合的システム

といっている。

文化の概念については、一九世紀以来、多くの定義が認められてきた。今日、日常的に用いられる文化という表現に、英語のCultureを使った最初の人物は、人類学者のエドワード・タイラーである。一八七一年に著わした『原始文化』の巻頭に、

文化または文明とは、知識、信仰、芸術、道徳、法律、慣習その他すべての、社会の成員として人間が獲得した能力や習慣を包含する複合的総体である。

と定義している。

文明という言葉が、日本社会の中にセンセーショナルに取りあげられたのは、アメリカのハーバード大学教授のサミエル・ハンチントン氏の著書『文明の衝突』からであろう。一九九三年に発表された興味をそそるこの論文を契機に日本でも、文明論が語られるようになった。

ハンチントン教授は、

文明というものは、民衆の集団化、組織化を促す大きな枠組みである。文明は、言語、歴史、宗教、生活習慣、制度といった共通の枠組み、そして主観的な自己認識をめぐる共通の基盤や目的によって導かれる。

という。これはタイラーの文化の定義を継承したもので、文明と文化の概念に、本質的な違いはないとみている。

ハンチントン教授の『文明の衝突』の主なテーマは、文化と文化的なアイデンティティー、すなわち、最も包括的なレベルの文明のアイデンティティーが、冷戦後の統合や分裂あるいは衝突のパターンをかたちづくっているとしていることである。

第一部・歴史上初めて国際政治が多極化し、かつ多文明化している。

第二部・文明間の勢力の均衡は変化している。

第三部・文明に根ざした世界

第四部・西欧は普遍主義的な主張のため、しだいに他の文明と衝突するようになり、とくにイスラム諸国や中国との衝突はきわめて深刻になる。

ハンチントン教授は、世界の主要文明を西欧・儒教・日本・イスラム・ヒンドゥー・ラテンアメリカ・ロシア・アフリカの八つに分け、冷戦後の世界では、「西欧」対「非西欧」、特に西欧とイスラム、西欧と儒教の対立が深まり、戦争の危機に直面するという。

冷戦後におけるイデオロギーや国家間の対立から「文明の対立」が世界紛争の原因になると予測した『文明の衝突』で提起した仮説は、多くの議論をまきおこした。

たしかに、ハンチントン教授の指摘する「文明の衝突」は、シルクロードの周辺で起きており、これを断層線（フォルト・ライン）という言葉を使って説明している。

つまり、現在の世界にみる地域紛争や民族問題などは、異なった文明の世界を互いに隔てる断層の線に沿って起きているという。

例えば、カシミールの帰属をめぐるインド（ヒンドゥー）文明とイスラム文明、ギリシア正教とイスラム文明の境界にあたるボスニア・ヘルツェゴヴィナ、中国文明とイスラム文明の境域にあたる新疆《しんきょう》ウイグル自治区やチベット自治区など。

この他にも、イスラエルのエルサレムやアフガニスタン、イラクなどの紛争は、シルクロードにおける「文明の衝突」と考えてもよいだろう。

ただ、古代から今日までシルクロード世界に展開された「文明の衝突」は、いっぽうで文明の接触でもあり交流でもあった。複数の文明と文化が出会った時、それぞれの民族は、自分たちだけが持っている生活様式や習慣が絶対的なものではなく、多様なものであることに気付く。

ギリシア人は、ペルシア人をバルバロイと呼んだ。アレクサンドロス大王（前三五六〜前三二三）は、ギリシアを支配した後、東方遠征（前三三四〜前三二四）に出発し、エジプトからアジアに入るが、そこでメソポタミアやペルシア帝国の文化に接し、多くのことを学び、コスモポリタニズム（世界市民主義）的な東西の融合という大理想の実現をめざすことになる。

大王は、アッシリアのかつての首都で廃墟となっているニムルドの無人の城砦を見たり、アケメネス朝ペルシア（前五五〇～前三三〇）の支配の根幹をなす「王の道」などの様子を自分の目で確かめ、ペルシア帝国の建設者キュロス二世（前五五九～前五三〇）が、征服したバビロン人に対して寛大に振舞った事実を知る。

**ヘレニズム文化**
**世界市民的風潮**

ギリシア文化
（ポリスを中心にした民主主義社会・人間をモデルにした写実的な彫刻）

オリエント文化
（メソポタミア・アケメネス朝ペルシアと続く文化）

←

**ガンダーラ美術の誕生**

インドに建国されたクシャーン朝（紀元後一～三世紀）時代に、ガンダーラ地方で、ギリシア彫刻の影響を受けて、仏像が誕生。

バビロンに入城（前三三一）したアレクサンドロス大王は、バビロンの伝統を尊重し、アッシリアやペルシア帝国の君主の先例を踏襲しながらバビロンの王として振舞い、平和裏に新しい支配者として受け入れられたという。

ペルシア帝国の打倒をめざすアレクサンドロス大王の政治的配慮と幾世紀もの動乱をくぐりぬけてきた古都バビロンの老練な知恵や生命力の両者が結合した瞬間であった（『アレクサンドロスの征服と神話』参照）。

一〇年にわたる大王の遠征は、ギリシア文化とオリエント文化が融合したヘレニズム文化（ギリシア精神）を東方のインドにまで伝えることになる。

やがて、インドを統一したイラン系遊牧民のクシャーン朝三代目のカニシュカ王（在位後一三〇～一七〇）の時代に、ヘレニズム文化の影響を受けて、初めて写実的な仏像が造られることになる。

フランスの考古学者フーシェは、仏像の誕生について、

ギリシア文化を父に、仏教徒を母にして生まれた東西文化交流の結晶である。

といっている。

古代ギリシア文化は、インドやアフガニスタンなどのシルクロードに伝えられただけでなく、日本にまでたどりついている。

ギリシアのパルテノン神殿を飾る列柱のエンタシス（柱身の胴につけられたふくらみ）の様式は、法隆寺金堂や唐招提寺金堂に痕跡をとどめており、ギリシア彫刻の特徴を示すアルカイックスマイル（古拙の微笑）は、法隆寺金堂の釈迦三尊像や興福寺の旧山田寺仏頭などの仏像に面影がみられる。

こうしてみると、ハンチントン教授のいう「文明の衝突」に関する理論は、シルクロード世界における文明相互の交流や吸収といった積極的な評価に多少欠けているようにも思える。

ただ、現代世界を見わたすと、九・一一テロやイラク戦争などを通してイスラム文明と西欧文明との対決を裏付ける現象も起きており、文明の衝突理論の新たな検討がせまられるのかもしれない（『シルクロード紀行№11参照』）。

冷戦の終結によって、世界の新秩序となると期待されたグローバリズムは、他国の事情はおかまいなしにグローバリゼーションの浸透をせまるというアメリカイズムを撒き散らし、その事が新しい動きをおこさせている。

これまでの国家対国家という対立軸は、二〇〇一年のニューヨーク世界貿易センタービルの爆破事件を契機に、テロ対国際社会という構図に変わってしまった。

私たちは、テロを武力によって根絶できるかという問いに答えられないだけでなく、グローバル化が進む世界

でおきている文化や宗教などの価値観の衝突に対応できる能力を備えているかが、厳しく問われている。いまや、世界は海図なき航海をさまよいつつあり、新たな世界的価値意識の構築にむけて力をふりしぼらなければならない。

## 二一世紀を迎えての地球文明のキーワード

二一世紀における地球文明のキーワードとは何であろうか。私は、今世紀を迎えて露頭《ろとう》をあらわしている人類的、地球的危機の中から、五つの課題を取り上げたい。

### ① 地球環境の破壊・地球温暖化

私たちは厳しい自然に働きかけ、自然を開発することによって豊かな暮らしを手に入れてきた。ところが、かけがえのない地球は、汚染や破壊が進み病気になりかけている。

アメリカ元副大統領のアル・ゴア氏が、地球温暖化についてのスライドを見せながら世界各地を講演してまわる記録映画『不都合な真実』が大きな反響を呼んでいる。さらに、同じタイトルの本が出版されているが、その内容は衝撃的である。ゴア氏は、数々の写真を使って地表面の大きな変化を説明している。

例えば、一九七〇年には雪と氷河に覆われていたキリマンジャロが、二〇〇五年には一塊の雪と氷河を残すのみとなっている様子が写しだされる。さらに、アルプスの氷河やパタゴニアの氷河は、七〇～八〇年のちに消滅するという。

近年の異常気象を示す数字も不気味な地球の変化を感じさせる。日本では二〇〇五年から二〇〇六年にかけて史上最多の台風に見舞われ、アメリカでも史上最大のハリケーンに襲われた。同じようにヨーロッパやアジアでも大洪水が発生しており、これらは二酸化炭素（$CO_2$）の増加にともなうものだという。

では、これらの写真や数字の先に見えるのは何であろうか。ヒマラヤ氷河を水源とする黄河をはじめ、メコン、ガンジス川などの七大河川の水量の減少によりアジアの多くの人々は、深刻な飲み水不足に悩まされる。また、太平洋の島は海水面の上昇により消滅し、バングラデシュやインドのコルカタでは数千万の人々が家を失い、サンフランシスコ湾では地形が変わり「世界地図を描き直さなければならないだろう」と警告している。ゴア氏は、ノーベル平和賞を受賞したが、その事は、地球温暖化が戦争や核の拡大と同じように人類の生存を脅かす深刻な問題であることを意味している。

さらに、国連の「気候変動に関する政府間パネル＝ＩＰＣＣ」が二〇〇七年に発表した第四次報告書は、地球温暖化の深刻な被害を防ぐために時間的余裕がないことを明確にしている。報告書の骨子は、つぎのような内容である。

**IPCC 報告書骨子**

ＩＰＣＣ第一作業部会報告書骨子は次の通り。

一、気候の温暖化は明白
一、一九〇六年から二〇〇五年の気温上昇は〇・七四度
一、海面は一九六一年から二〇〇三年の間に年一・八ミリの割合で上昇
一、温暖化が人為的温室効果ガスの増加で引き起こされた可能性がかなり高い
一、二十一世紀中の平均気温上昇は一・一度から六・四度
一、今世紀中の海面上昇は十八センチから五十九センチの範囲
一、大気中の二酸化炭素濃度が上昇し、海洋の酸性化が進行

二〇〇一年の報告書では、今世紀末の地球の平均気温の上昇は、五・八度としていたものを、今回は、最大六・四度の上昇が予測されると上方修正している。

そして、ＩＰＣＣは、人間が排出した二酸化炭素などの温室効果ガスが気温上昇を起こしている「可能性がかなり高い」と指摘している。

人類は、間氷期と氷期の繰り返しを生きぬき繁栄しつづけてきた。人類史上、初めて遭遇している急激な温暖化が私たちの生活にどのように影響を与え、地球の危機をどう切り抜けるのかの英知が求められるとともに、いま、ライフスタイルの見直しが迫られている。

シルクロードの街で香辛料を売っている

### ② 人口爆発と食糧問題

日本の人口の少子高齢化が進む中で、世界の人口は爆発的に増えている。アラブ社会、インド、パキスタンなどの人口増加で、二〇五〇年ころの世界人口は、九〇億に達すると予想され、人口爆発の問題が顕在化している。はたして、現在の食糧事情で食糧不足に悩まされない世界が持続できるか。水不足も深刻である。

飢餓《きが》問題を協議する国連食糧農業機関（ＦＡＯ）の報告によれば、世界で八億二千万人が飢餓に苦しんでおり、この数を二〇一五年までに半減させるためには、毎年二千万人を飢餓から救わなければならないが、実際には三百万人が死亡しているという。

このほか、水不足も深刻で、世界の人口の六分の一にあたる一〇億人が汚染された水を飲み、これが原因で毎年三百万人が死亡している現実がある。

一方、日本社会をながめてみると、日本人の食生活に欠かせないマグロの周辺が騒がしくなっており「すし好きの日本」に欧米諸国から批判が起きている。

四半世紀前、各国が捕鯨をやめようとしていたのとは異なり、マグロとすし文化は世界に広がりつつあり、中国ではマグロの需要が急増し、ロシアやイギリスなどでは、回転寿しが人気を呼んでいる。

ところが、近年、マグロ類の資源量が大幅に減り、各海域では国際機関がマグロの漁獲制限を行なっているのが実情である。

そうした中で、日本人はどれくらいのマグロを食べているか。一九五〇年、世界のマグロ類の総漁獲量は二四万トンだったが、二〇〇〇年には一八四万トンに激増した。このうち、二〇〇四年の日本のマグロ消費量は五八万トンで、三七万トンを輸入に頼っている。

特に、トロとして人気のあるミナミマグロは、九〇%が日本で消費されている。数年前、日本漁船がミナミマグロを乱獲していた実態が明らかになり、国際機関から資源管理の責任が追求された。

マグロ消費大国として将来にわたって日本人がマグロを食べ続けるためには、国際社会との協力が強く求められるのであり、それが破られた時、日本の回転寿しからマグロが消えるかもしれない。

地球は人間を何人まで養うことができるか。一人一人に問いかけられている問題である。

### ③ 生命倫理・人間は生命を操作できるか

代理母の出現は、男女の性の結合によって生命が誕生するというこれまでの概念を変えてしまった。

日本では、タレントの向井亜紀さん夫妻がアメリカの女性を代理母にして子どもを産んでもらい、双子を実子として出生届を出そうとして拒否され、関心を集めた。

この件は裁判になり、東京高裁では、向井さんの実子であると認めたアメリカ・ネバダ州の裁判所の決定を認め、出生届を受理するよう指示した。ところが、最高裁では、たとえ自分たちの精子・卵子による子どもであっても、代理出産してもらった子は実子としては認められないとする判決が下された。

シルクロードに生きる女性たち

生殖医療が進歩し、これまで考えられなかった形で子どもが産まれるという現実をつきつけた問題であった。

現代医学は、クローン人間の誕生までも可能にした。クローン羊ドリー誕生のニュースが世界を驚かせたのは一九九六年のこと。それから、マウス、牛、豚、猫などのクローンがつぎつぎに産まれた。

そして、ついにクローン人間づくりを自らの「使命」とする科学者があらわれる事態になった。フランスの女性化学者ブリジッド・ボワセリ博士は、「クローン人間づくりは基本的人権の一部だ」と主張し、核を除いた卵子に体細胞の核を移植する「クローン胚《はい》」をつくることを明らかにし、大激論がかわされた。

それから数年たった今日、クローン人間づくりは「人間存在への挑戦だ」として、日本やイギリスでは「クローン人間禁止法」

を制定したが、クローン人間の誕生は、絵空事ではなく現実味を帯びている事も事実である。人間は生命をどこまで操作できるのであろうか。

### ④ 民族と宗教

第二次世界大戦後、世界は半世紀にわたって冷戦が続いたが、ベルリンの壁の崩壊、一九九一年のソ連邦の解体などの歴史的事件を経て、世界に平和がおとずれると期待された。

ところが、ボスニア・ヘルツェゴビナ、アフガニスタン、イラクでの戦争をはじめ、ニューヨークでのビル爆破事件にみられるテロの多発など、世界は宗教と民族に根ざした紛争がとどまることを知らず、地球上に難民や飢餓がひろがっている。

イスラム社会でのテロや紛争は、世界の人びとに「生きるとは何か」という根源を問いかけている。

### ⑤ 多様性の中の民族共存

世界はグローバルスタンダードが普及する中で、日本の内外では弱肉強食的な社会情勢が広がりつつある。混沌とする世界で民族が平和的に生きていくためには何をしなければならないか。

二一世紀にむけての地球文明の変動をみると、世界は統合化にむかいつつも、分散の動きも加速している。アメリカ圏、ヨーロッパ圏（EU諸国）、アラブ圏、アジア圏など。

今世紀に入って激化しているのは、民族紛争や人口の爆発、環境破壊、南北経済格差などによる難民の流出などであり、これによって世界で民族の大移動がおき、「難民の世紀」になりかねない。

資源や環境問題、人口の爆発などは、単に一国の問題にとどまるものではなく、世界的な問題であり、一九世紀、二〇世紀的な「国民国家」という狭い観点にとどまっていたのでは一歩も進まない状況に落ち入っている。

## 地球文明の危機を克服するために「世界学」を提唱

このようなドラスティックな地球文明の変革をうけて、比較文明学会の会長を務めた伊東俊太郎氏は、現代の地球は文字通り一つになっているとして、『比較文明』の著書の中で、「世界学」なる発想を提唱し、その研究こそが問題解決の道だと述べている。

文明の十字路・カシュガルのバザール

> 地球的な関連をもった人類の問題を、世界的な視野で考え、その解決方法を組織的に探究する学問を総称して「世界学」と名づけたい。

真の「世界共同体」は、諸民族の文化の多様性をこそ前提にし、その真価を積極的に認め、それを強化していくものでなければならないという。

何か、ある特定文化の絶対性や普遍性を押し売りするのではなく、さまざまな民族の固有な文化の価値を認めあい、その豊かな多様性をよろこび、地球上の文化のエントロピー（情報の不確定度を示す量）の不毛な増大を防がねばならないのである（『比較文明』伊東俊太郎著参照）。

地球規模で世界的問題に取り組まなければならない時代を迎えて、私たちは、自分の身辺だけにしか目をむけないエゴイズムや自分の仲間だけをひいきにするネポティズムをこえて、人類全体を同胞とするような公平な意識をもつ必要があろう。

そして、自分の国が世界人類のあるべき道に反して間違った道を進んでいれば、それを人類の立場において厳しく批判できるような、より高次な洞察力を養い、多様な価値観を認めあう、「多様性の中の共存」の哲学を構築するための知恵をもたなければならない。

私は、伊東氏の考え方に強い賛意を表する一人である。シルクロードの研究をはじめて、つくづく世界学的な研究が、あらゆる領域においてなされるべきであることを痛感している。

宗教、民族、風土、歴史、文化、政治、経済などを包括した世界を視野におき、その中に、日本を位置づけるような「世界学」の研究をもっと進めていくべきであろう。それが、異なる民族、異なる文化を相互に理解しあう根源になることはいうまでもない。

二一世紀の地球文明は危機的状況に直面しているといわなければならない。

二〇〇三年四月のある日、私はテレビの画面にクギ付けとなり、はかり知れぬ衝撃を受けた。映像は、バグダッドのイラク国立博物館に暴徒が乱入し、収蔵品の多くが持ち去られた様子である。

テレビは、博物館内が散乱し、傷ついたメソポタミア文明時代の神像の頭部が床にころがりおち、職員たちが途方にくれている様子を映し出していた。このニュースが、世界に大きな衝撃を与えたことはいうまでもない。

一九八八年、「シルクロード」をメインテーマに、NHK・奈良県・奈良市の主催による「なら・シルクロード博覧会」が奈良公園を主会場に半年間にわたって開かれた。その時、イラクから七二点の文化財をお借りして展示したが、そのうちの六〇点がテレビに映し出されたイラク国立博物館の所蔵品であった。

私は、博覧会にかかわった一人として、遥かなるシルクロードをこえて、奈良の地までやってきたメソポタミア文明の秘宝が、どうなったのかと心傷む思いにかられずにはいられなかった。

このような地球文明が抱える危機を克服するためには、人間と自然の共存、民族と民族の共存といったシステムをつくり、多様な民族が共存できる多元的世界を構築していかなければならない。

ただ、言葉で「多様性の中の共存」といっても、紛争が絶えない現代の世界では、その実現への道は険しい。現代の地球上におきている変革期は、人類の集団がこれまで成長発展してきたものとは異なり、国民国家をこえて、新たな「世界共同体」への歩みを始めたということであろう。

だからこそ、私たちは「民族の共存」の理念を高く掲げ、世界の平和システムの建設にむけて努力していかなければならないのである。

**（児島建次郎）**

**主要参考文献**

『シルクロードのロマンと文明の興亡』児島建次郎著、雄山閣
『比較文明』伊東俊太郎著、東京大学出版社
『文明の衝突か、共存か』山内昌之著、東京大学出版社
『比較文明』小林道憲著、比較文明学会
『文明の衝突』サミエル・ハンチントン著、鈴木主税訳、集英社

# あとがき

シルクロードって何だろう。私は何度か自問してみる。シルクロードには、諸民族の英知が梭《ひ》となって往き交い、民族が融合し東西文化が交流したという雄大な錦織がイメージされる。

ユーラシア大陸の舞台は、農耕民と騎馬遊牧民が死闘のドラマを展開しただけではなく、冒険、欲望、正義、愛など、人間が文明を確保してから今日までの、あらゆる情念に出会える場所である。それが人々を魅了してやまない理由であろう。

広大なユーラシア大陸の内陸部を東西に走る道、炎熱の流砂を越え、酷寒の高嶺を縫う道を、「なら・シルクロード博覧会」で総合プロデューサーを務めた作家の井上靖氏は「歴史の道」「文明の道」と呼んだ。

民族の英知とロマンをメインテーマにしたこの博覧会は、一九八八年に奈良公園を主会場にＮＨＫ・奈良県・奈良市が主催したものであった。

私は、ＮＨＫの一員として、博覧会に直接かかわり、井上靖氏に何度かインタビューする機会を得るとともに、多くの事を教えていただいた。

中でも、河西回廊と敦煌莫高窟を舞台にした小説『敦煌』についての執筆エピソードは私にシルクロードへのドラマとロマンを掻立ててくれるものであった。二〇年前の事である。

博覧会の目玉は、シルクロード沿道諸国からお借りした文物であった。ソ連（現在のロシア）、中国、イラク、パキスタン、ギリシアなど一〇ヵ国からお借りした塑像や彫刻、遺跡からの出土品など六四九点の出展文物は、シルクロードの東西交流の様子を理解するだけでなく、日本文化に影響を与えたものも多く、博覧会開催中に足を運んで下さった六〇〇万人を超える人々を魅了せずにはおかなかった。入場者から、「多くの感動をありがとう」というメッセージをいただいた事が、昨日の出来事のように思い浮かぶ。

インドに誕生した仏教文化に興味を持っていた私は、この博覧会を契機にシルクロードの研究に身を投じることを決意した。

洛陽の龍門石窟・奉先寺大仏　旅の仲間とともに

ただ、それは、シルクロードの旅人たちが峻険を越え、熱砂を渡るほどの苦難の道ではないにしても、想像以上に険しくいばらの道であった。

ユーラシア大陸の歴史・文化・民族・宗教・政治・経済・風土・地理など、あらゆる学際的な知識を身につけなければならず、多くの先学の書に目を通さなければならない。

しばし、途方にくれ、挫折感を味わうことも度々あった。

私は、志《こころざし》がくじけそうになり、袋小路に入った状態を打破するためには、シルクロードに生きる人々を知り、その歴史遺産を訪ねる事が必須だと考え、フィールドワークすることにし、その拠点として敦煌を選んだ。

幸いにして、知り合いの敦煌研究院の方々が暖かく迎えてくれ、毎年一ヵ月ほど敦煌に滞在し、ここを拠点にしてオアシス都市に出かけ、シルクロード社会に展開された歴史を学

敦煌莫高窟　旅の仲間とともに

び人々の暮らしに触れ、今日まで残っている遺産を自分の目と足で確かめ、その体験を出版物として世に出していった。

これらの紀行文や論文を読んで下さった方々から様々な感想や批評をよせていただいたことも、大いなる励みとなった。

こうした中で、特にうれしかったのは、二〇〇〇年に敦煌研究院が主催した「二〇〇〇年敦煌学国際学術討論会」に招待していただいた事である。

この国際学会には、世界各国から一八〇人の学者が集まり、六日間にわたり各国の学者の研究成果を交えた熱い討論が繰りひろげられた。

この学会に出席した事で私は、あらためてシルクロードが世界各国の学者の重要な研究テーマである事を認識し、それぞれのポジションからアプローチしている事を実感するとともに、私に新たな研究への情熱と意欲を掻立ててくれることになった。

ＮＨＫが一九八〇年に「シルクロード」を放送してから、日本でもシルクロードへの関心が高まり、今もシルクロードを旅する人たちが大勢いる。

この放送から二五年経った二〇〇五年に「新シルクロード」が放送され、二〇〇七年に第二部の「新シルクロード・激動の大地をいく」が放送された。第二部の舞台は、中央アジア、南ロシア、シリア、レバノン、トルコ、イスラエルなどである。

インドのタージ・マハル　旅の仲間とともに

そこに映し出されたのは、民族や宗教の対立の狭間で自分の生活を守ろうとして懸命に生きる人々の表情であり、二一世紀の激動する世界そのものの姿であった。

かつてのシルクロードは、今やオイルロードになっているというコメントは、変貌するシルクロード世界の貧富の格差を象徴する言葉として強く胸に焼きつくものであった。

本書は「なら・シルクロード博覧会」から二〇年経った節目と、二〇一〇年に奈良が「平城遷都一三〇〇年」を迎えることにちなみ、出版のはこびとなったものである。

シルクロードの終着駅は奈良といわれる。その象徴が正倉院宝物であることはいうまでもない。

本書は、シルクロードから平城京へと連なる文化交流の様相を、あらゆる角度から考察しようということで企画したものである。

文章は、ヘロドトスの物語的歴史書といわれる『歴史』を意識したものをはじめ、旅日《たび》記的な紀行文、遺跡調査における成果報告、論文調のものなど、多様な内容と構成になっている。四人の執筆者が、それぞれのアングルでシルクロードにトライした。

京都大学の樋口隆康名誉教授は、京都大学中央アジア学術調査隊長としての海外調査をはじめ、ガンダーラ、バーミヤーン、中国などの遺跡調査を行なってきた。今も、イランやパルミラの調査にかかわり、二〇〇八年三月まで、シルクロード学研究センターの所長を務めていた我が国シルクロード学のパイオニア的存在である。

大阪教育大学の山田勝久教授は、私がNHKの北海道に勤務していた頃からの知友である。

これまでに、四十数回にわたってシルクロードに足を運び、新疆ウイグル自治区から多くの留学生を大学に迎え、公私にわたって留学生の面倒を見つづけている。

日本人として最初に楼蘭の壁画を調査したり、未公開遺跡としての南新疆のキバン千仏洞やトクズサライ仏教寺院、古代・亀茲国のアゲ故城やアアイ石窟などを踏査し、論文や著書で幅広く発表しているシルクロード通である。

滋賀県立大学の菅谷文則教授は、永年、奈良の橿原考古学研究所に勤務し、古墳の発掘調査にあたってきた考古学者で、中国の遺跡調査も手がけてきた日本考古学界の第一人者である。

私とは「なら・シルクロード博覧会」の開催にあたって、博覧会を共に支えた友で、中国の出展文物といっしょに来寧した甘粛省博物館の張朋川《ちょうほうせん》氏の世話をするとともに、帰国の折には、送別会をひらいた仲である。

私は、一九九八年に河西回廊を旅したのであるが、この旅で甘粛省博物館の館長に就任していた張朋川氏にお会いし、館内を案内していただくなどお世話になった。館内には、博覧会の時に奈良の地で見た文物が展示されていて、感激ひとしおであった。

さらに、二〇〇〇年の敦煌学国際学術討論会の時にも、同じ分科会に参加したり、夕食を共にするなど旧交を温めた。「なら・シルクロード博覧会」で出会い、その後の私のシルクロード研究に刺激を与えてくれた一人である。

カンボジア・アンコールワット　旅の仲間とともに

私は、フィールドワークで、毎年、二〜三回シルクロードの旅を続けている。近年は、多くの人といっしょに観光の目的で出かける事が多い。

二〇〇八年には、チムールの青の都サマルカンド、二〇〇九年には、トルコからエジプトへの旅を計画している。さらに、ギリシアのアテネ、イタリアのローマ、イランのペルセポリス、ロシアのエルミタージュ美術館などへ行き、シルクロードの歴史の証人たちとめぐりあいたいと思っている。

『アラビアンナイト』の主人公アリババが「開けゴマ」といって目もくらむ財宝を手にしたように、シルクロードの旅は、謎に満ちた千古の歴史への旅立ちであり、私たちは、旅を通して無限の宝物を得ることが出来よう。

旅とは、未知をこの手に獲得する方法である。それにしても、何と遙かな旅路であろう。その道行きは、そのまま人類文明史のわだちでもある。

天山山脈　旅の仲間とともに

シルクロードの旅をしていると、シルクロードとは、「シルク」ではなく、人間が、人間の情念が通った道以外の何者でもない事を実感する。

私は、最近古本屋で一冊の興味深い本にめぐり会った。それは、東京大学教授を務めた伊東俊太郎氏の著書『比較文明』である。

伊東氏は、この本の中で、

地球的な連関をもった人類の問題を、地球的な視野で考え、その解決方法を組織的に探究する学問を総称して「世界学」Globology と名づけたい。現代の変革期は疑いもなく、従来の国家単位の考え方をのりこえて、この「世界学」的な新しい発想を随所に必要としている時代である。

と述べ、「世界学」なる学問を提唱している。

紛争や貧困が激化し混沌とした社会が続く二一世紀世界を俯瞰《ふかん》する時、伊東氏の言うグローバルな視点から世界をとらえ、ナショナリズムをこえる「文明間の対話」こそが緊急の課題であろう。

歴史的に東西の文化を広く受け入れて、それらを等距離において人類全体のために公平にして必要な考察を行なう「世界学」の地盤は、日本にこそ適切に準備されているものであり、日本はこうした研究において世界の前線に立つべきではないか。

私は、シルクロード学とは、「世界学」の中核をなすジャンルに位置する学問である事を確信するとともに、これを「平和学」と名付けてもよいと思う。

こんにちほど、新しい価値を創造するための「人間力」が求められる時代はない。つまり、内外の知を融合して新しい知を創造し、倫理観のある人間関係をつくるための文明統合的価値観の構築である。それは、地球大規模の多民族の共存と調和であり、文代的多様性への寛容さを持ちながら、文化的弱者を擁護《ようご》するまなざしでもある。

シルクロードを研究する事は、単に過去の歴史や文化を見ていく事だけではなく、未来思考へとつながるものである。過去―現在―未来へと結ぶ道こそ、シルクロードの本質なのである。

私は、これからも体力と気力の充実をはかり、シルクロードの旅をつづけ、シルクロードとは何かを問い続けたいと思っている。

本書の出版にあたって、雄山閣出版社の宮田哲男社長と宮島了誠編集長には、心よく出版を引き受けて下さり、多くの助言をいただいた。謝してお礼申し上げる。

本書が、シルクロードをこよなく愛する人、シルクロードに魅了されて旅を続けている人、そしてシルクロードに関心をもち「知《ち》の探求」をめざす人への一助になれば、これにまさる喜びはない。

二〇〇八年新春　京都の北野天満宮に参拝して記す

児島建次郎

# 執筆者紹介

**児島建次郎**（こじま・けんじろう）

一九四一年生まれ。日本大学法学部卒業後、NHKにアナウンサーとして入局。スペシャル番組や衛星放送を通して古代文化を紹介。

一九八八年、NHKと奈良県が主催した「なら・シルクロード博覧会」にかかわり、シルクロードの研究をはじめる。現在、白鳳女子短期大学教授。近大姫路大学講師。研究テーマは、「シルクロード文化論」「日本語表現法」。年に数回ユーラシア大陸の旅を続けている。著書に『シルクロードのロマンと文明の興亡』『敦煌の美と心』『正倉院への道』『仏陀の道』など多数。

**樋口隆康**（ひぐち・たかやす）

一九一九年生まれ。第一高等学校、京都帝国大学大学院修了。一九六二年からパキスタン、アフガニスタンなどの仏教遺跡の調査やシリアのパルミラ遺跡の発掘にあたる。京都大学文学部教授、奈良県立橿原考古学研究所所長、シルクロード学研究センター長を経て現在京都大学名誉教授、泉屋博古館館長。著書に『バーミヤーンの石窟』『ガンダーラへの道』『シルクロード学の提唱』『シルクロード考古学』『蘇るバーミヤーン』『アフガニスタン　遺跡と秘宝』『地中海シルクロード遺跡の旅』ほか。

**山田勝久**（やまだ・かつひさ）

一九四三年生まれ。早稲田大学国語国文学専攻科修了。北京大学研修。跡見学園女子短期大学講師・北海道教育大学教授・大阪教育大学附属池田中学校校長・大阪教育大学学長補佐を歴任。現在、大阪教育大学教授、ＮＨＫ文化センター「シルクロード」講師。日本人として初めて楼蘭の陵墓の壁画を三次にわたって調査した。パルミラやサマルカンドなどの生の古代遺跡を調査し、西域踏査は48回に及ぶ。著書に『唐代文学の研究』『唐詩の光彩』『シルクロードのロマンと文明の興亡』（共）ほか。

**菅谷文則**（すがや・ふみのり）

一九四二年奈良県生まれ。関西大学文学研究科修士課程卒業。のち、北京大学考古系留学。奈良県立橿原考古学研究所をへて、滋賀県立大学人間文化学部教授。考古学・シルクロード学。主な著書に、『シルクロード大文明展』（編著）一九八八年。『トルファン出土絹織物の研究』（共著）二〇〇〇年。『唐史道洛墓』・『北周田弘墓』（編著）勉誠出版、一九九九年・二〇〇〇年。『シルクロード文明を支えたソグド人』サン・ライズ出版、二〇〇八年。

悠久《ゆうきゅう》なるシルクロードから
平城京《へいじょうきょう》へ

2008年 4 月10日　印刷
2008年 4 月21日　発行

編　者　児《こ》島《じま》建《けん》次《じ》郎《ろう》

発行者　宮　田　哲　男

発行所　株式会社　雄　山　閣
〒102-0071　東京都千代田区富士見 2-6-9
振替 00130-5-1685　電話 03(3262)3231
FAX 03(3262)6938
印刷　新日本印刷株式会社
製本　協栄製本株式会社


ISBN978-4-639-02014-1　C1022